이 '행복론'을 우리 한국인들에게 바칩니다.

국립중앙도서관 출판시도서목록(CIP)

행복의 깊이. 2, 삶의 의지에 대하여 / 지은이: 반경환. -- 대전 :
지혜, 2012
p. ; cm. -- (반경환 문학전집 ; 02)

ISBN 978-89-97386-05-5 04810 : ₩13000
ISBN 978-89-97386-03-1(세트) 04810

행복론[幸福論]

191.6-KDC5
171.4-DDC21 CIP2012000322

행복의 깊이 2

'삶의 의지'에 대하여

행복의 깊이 2

'삶의 의지'에 대하여

반 경 환

지혜

행복의 깊이 2 – 삶의 의지에 대하여

시의 효과는 진정제 효과와 강장제 효과, 그리고 흥분제 효과와 영생불사의 효과가 있다는 것이 나의 주장이며, 나는 적어도 새로운 명명의 힘으로서 언어의 기원 자체를 정복하고 싶었던 것이지, 마치, 김현처럼 '감싸기 이론' 따위를 도용하거나, '불세출의 대형비평가'라는 가짜 꼬리표를 달고 싶었던 것은 아니다. 시의 진정제 효과가 강장제 효과로 그 허물을 벗지 못하면 파멸할 수밖에 없게 되고, 강장제 효과는 흥분제 효과로, 흥분제 효과는 진정제 효과로, 그리고 마지막으로 그 셋의 효과가 영생불사의 효과로 허물을 벗지 못하면 파멸할 수밖에 없게 된다.
— 본문 중에서

낙천주의자는 죄를 짓고 죄악을 정당화할 수 있는 인간이며, 죄를 짓지 않는다는 것은 그의 존재를 포기하는 것과도 같다고 하지 않을 수가 없다. 낙천주의자에게 있어서 세계는 범죄의 표상이며, 그는 신성모독을 통해서 자기 자신의 존재의 정당성을 확보해 나가지 않으면 안 된다. 모든 낙천주의자는 '나는 신성모독을 범한다, 고로 존재한다'라고 외치지 않으면 안 되고, 또한 '세계는 나의 범죄의 표상이다, 고로 행복하다'라고 외치지 않으면 안 된다. 이것이 낙천주의자의 제일의 법칙이며, 자기 자신의 존재의 정당성을 확보해 나가는 방법인 것이다.
— 본문 중에서

외국어는 죽은 언어이며, 모국어는 살아 있는 언어이다. 외국어가 죽은 언어인 것은 한 민족의 역사와 전통을 파괴시키는 것은 물론, 바로 그 언어에는 피정복자들을 유혹하여 도덕적으로 타락시키는 교묘한 술책이 내포되어 있기 때문이다. 또한 모국어가 살아 있는 언어인 것은 자기 민족의 역사와 전통을 보존해 주는 것은 물론, 수많은 외세들의 거센 도전을 물리치고 그 민족구성원들을 더욱더 결집시켜주고 있기 때문이다.

— 본문 중에서

이 세상에는 앎처럼 기쁘고 즐거운 것도 없고, 앎처럼 슬프고 고통이 따르고 무용한 것도 없다. 또한 앎처럼 너그럽고 인자하고 관용적인 미덕도 없고, 앎처럼 무자비하고 배타적이며 온갖 특전과 특혜로 포장되어 있는 것도 없다. 앎은 지상 최대의 명예이고 재산이며 권력이고, 앎은 천변만화하는 요술쟁이이다. 어떻게 앎을 소유한 자가 有罪가 되고 행복하지 않을 리가 있겠으며, 어떻게 앎을 소유하지 못한 자가 無罪가 되고 행복할 수가 있겠는가! 앎에 의해서 선과 악, 진리와 허위, 주인과 노예, 성과 속, 행복과 불행, 남근중심주의와 여성차별, 유색인과 무색인, 지식인과 비지식인, 만물의 영장과 짐승, 스승과 제자, 지배자와 피지배자, 전문가와 비전문가 등이 구별되고, 앎에 의해서 온갖 계급적인 질서와 다양한 삶의 투쟁과, 또한 그만큼의 다종 다양한 이기주의들이 출현하고 있다고 할 수가 있다.

— 본문 중에서

앎에의 의지는 권력에의 의지이며, 권력에의 의지는 타인들에 대한 생사여탈권을 갖는 권리라고 말할 수가 있다. 타인의 말과 타인의 사유 앞에서 무릎을 꿇거나 경의를 표하는 것이 그것을 반박할 수 있는 힘이 없기 때문인 것처럼, 우리 인간들이 절대적이고 강력한 조상이나 신들에게 첫 아이를 바치거나 수많은 신전과 예배당을 짓고 면종복배하는 것도 그들을 부정할 수 있는 아무런 힘도 없기 때문이라고 할 수가 있다. 앎의 주체자는 모든 인간들을 노예로 취급하고 있는 자들이고, 권력의 주체자 역시도 자기 찬미의 도덕을 통하여 모든 인간들을 노예로 취급하는 자들이라고 할 수가 있다. 권력을 생산하지 않는 앎도 앎이 아니고, 앎을 생산하지 않는 권력도 권력이 아니다. 오늘도 권력이 앎을 손짓해서 부르면, 앎은 두말하지 않고 달려가 권력을 끌어안고 권력에 입을 맞춘다. 권력은 멋지고 사내답고 늠름하고, 앎의 유방을 더듬고 앎의 자궁 속에다가 언제나 새로운 후손의 씨앗을 뿌릴 수가 있고, 앎은 아름답고 간교하고 교활하고, 권력의 수염을 쓰다듬으며, 때때로 정상적인 체위가 아닌, 소위 역전된 체위로서 그토록 오래되고 황홀한 오르가즘을 맛볼 수가 있다. 모든 사상이나 이론은 종족창시자와도 같은 '지배자의 권력 표시'라고 할 수가 있으며, 그 주체자들은 결코 고귀한 귀족제도와 성자의 영웅주의를 부정하거나 회의하는 서툰 짓을 자행하지는 않았던 것처럼도 보인다.

— 본문 중에서

자기 자신의 무모한 용기, 혹은 무지에의 의지를 통해서 단 하나의 이데올로기를 진리라고 믿는다는 것, 수많은 종교와 신화보다는 一神敎에 집착하여 남아메리카의 원주민들을 학살하거나 이교도들을 무자비하게 탄압한다는 것, 모든 사상과 이념을 말할 때조차도 자기 자신의 신앙고백과 독단주의를 내세울 줄 안다는 것, 타인의 의견이나 타산지석의 교훈을 묵살하고 독자적인 판단과 독자적인 행동을 할 줄 안다는 것, 훌륭한 적이거나 못난 적이거나 간에 무조건 그들을 경멸하고 싸늘하게 비웃을 줄 안다는 것, 자기 자신은 도덕적 정당성이나 윤리적인 선을 갖고 있다고 믿는다는 것, 유토피아, 낙천주의, 천국, 지상낙원 등의 구원론과 지복천년설을 믿어 의심하지 않는다는 것, 이 모든 것이 무모한 용기, 혹은 무지하기 때문에 그만큼 낙천적인 자의 자기찬미의 도덕이 아니라면 무엇이고, 그리고, 또한 그만큼의 천진성과 명랑함이 아니라면 무엇이란 말인가!
— 본문 중에서

확실히 합리주의자나 사회주의자들은 그들의 이성에 대한 신념과 광기 때문에 무지에의 의지를 그만큼 무모하고 용기 있게 실천하게 된다. 이러한 무지에의 의지는 대단한 용기와 선동적인 힘과 집단 내부의 결속력으로 작용하게 되고, 그들은 다같이 공허한 사상이나 이념을 포기하지 못한 채, 무지에의 수렁 속으로 빠져들게 된다. 그들의 이성은 비이성이 되고, 그들의 합리주의는 비합리주의가 된다. 모든 인간의 삶에는 망각이 필요한데, 이것은 우리 인간들에게 밝은 대낮만이 아니라 어두운 밤이 필요한 것과도 같다. 이성, 역사, 합리주의, 기억, 진리 등의 앎만을 추구하는 사람은 등잔 밑이 어둡듯이 휴식을 모르는 인간과도 같고, 마치, 카토—그는 그 달콤한 잠에서 깨어나자마자 곧바로 할복자살을 결행했다고 한다—와도 같이 모든 것(죽음의 공포)을 망각하고 또 망각할 줄 아는 사람은 순간이라는 말뚝에 묶여 사는 동물과도 같다. 좀 더 과감하게 극단적으로 말한다면, 기억이 없으면 살아갈 수가 있지만, 망각이 없으면 어떤 삶도 가능하지가 않다. 이성, 역사, 합리주의, 기억, 진리 등에는 일정한 어둠이 배어 있기 마련이며, 그 어둠에 익숙해지지 않으면, 인간이든, 역사이든, 민족이든, 문화이든, 살아 있는 모든 것은 마침내 치명적인 해를 입고 파멸하게 된다.
— 본문 중에서

고귀하고 강한 민족, 독자적인 사상과 독자적인 이념으로 무장되어 있는 민족, 제1급의 정신에 걸맞게 모든 가치판단을 내릴 수 있는 민족, 선악을 넘어서서 언제, 어디서나 자기 자신의 미덕을 긍정하고 개나 돼지와도 같은 이민족들을 지배할 수 있는 민족, 청동보다도 더욱더 빛나는 위대한 제국의 민족—, 이러한 민족들의 근본 신조는 민족은 민족 자체만을 위해서 존재해서는 안 되며, 보다 선택받고 우수한 민족이 그들을 지배하고 이끌어 가야 한다는 신념이라고 할 수가 있다. 도덕의 진실은 위해, 폭력, 착취를 할 수 있는 힘으로 무장되어 있으며, 그것은 오딧세우스의 진실과도 일치한다고 할 수가 있다. 미국의 야만적인 노예제도의 역사는 전인류의 치욕으로 기록될 수가 있겠지만, 오늘날 인류의 행복과 세계 평화를 제멋대로 외치고 있는 자들이 바로 그들이라는 사실을 우리는 결코 잊어서는 안 된다. 도덕의 진실은 오딧세우스와도 같은 그리스인들이 갖고 있고, 매우 잔인하고 호전적인 미국인들이 갖고 있다.

— 본문 중에서

거짓말은 아주 유익하고 유용한 도구이며, 우리 인간들은 거짓에의 의지를 통하여 이 세상의 삶을 긍정하고 찬양하면서 살아간다고 할 수가 있다. 거짓말은 진실보다도 더 시야가 넓고 더 지혜롭다. 거짓말은 악마가 애용하고 있는 말이며, 악마는 그 거짓말을 통해서 수천 년 동안이나 신을 부정하고 행복하게 살아간다. 행복의 이데올로기에 사로잡혀서 진리의 상대성을 인정하지 않았던 아리스토텔레스의 목적론적 윤리설도 거짓에의 의지가 담겨 있는 말이고, 언제, 어느 때나 '네 스스로 보편적인 입법원리에 따라서 행동하라'는 칸트의 법칙론적 윤리설도 거짓에의 의지가 담겨 있는 말이다.

— 본문 중에서

거짓말의 사회적 기능이나 그 유형의 범주들은 매우 다종 다양하고 복잡할 수도 있겠지만, 우리 인간들은 오늘도, 지금 이 순간에도 거짓말이라는 나무 위에다가 자기 자신의 둥지를 틀고 아주 행복하게 살아가고 있는 것이다. 진실이, 혹은 매우 선명하고 편협한 도덕 감정이, 마치, 세찬 비바람처럼, 거짓말의 나무와 모든 낙천주의자들의 존재의 집을 위태롭게 하지만, 거짓말의 줄기와 뿌리와 가지들은 너무나도 깊고 견고하고 튼튼하다. 우리 인간들의 존재의 집은 거짓말이라는 반석 위의 집, 어떠한 천재지변이나 수많은 강적들의 물리적인 공격으로부터도 안전하고, 또 안전하기만 하다. 통치자의 거짓말을 할 수 있는 권리, 스승이나 의사나 판사나 검사가 거짓말을 할 수 있는 권리, 인간과 인간을 위한 이타심에 의해서 거짓말을 할 수 있는 권리, 명문의 기원으로서의 부와 행복의 기원으로서의 부를 위해서 거짓말을 할 수 있는 권리, 차마, 양심의 가책 때문에 괴롭기는 하지만, 처절한 생존경쟁의 장에서 살아남기 위한 배신으로서의 거짓말을 할 수 있는 권리, 상대방의 위해나 폭력에 맞서서 아주 지능적인 간계로서의 거짓말을 할 수 있는 권리, 불필요한 상대방의 호기심이나 쓸데없이 타인의 사생활을 침해하려는 자들에 대하여 거짓말을 할 수 있는 권리, 정당방어로서의 거짓말과 오입을 하고서도 하지 않았다고 말할 수 있는 권리, 법을 어기고도 법을 어기지 않았다고 말할 수 있는 권리와 자기 아들이나 아버지를 보호하기 위해서 너무나도 뻔뻔스러운 거짓말을 할 수 있는 권리, 위대한 제국의 건설이든, 지상낙원이든, 하늘 나라의 천국이든 간에 사상과 이념으로 무장하고 수많은 민족과 대중들을 사로잡기 위해 전혀 근거도 없고 검증되지도 않았지만, 그러나 돌 속의 내장을 뚫고 들어가 돌부처의 마음마저도 움직일 수 있는 달콤한 말로써 거짓말을 할 수 있는 권리 등—, 이러한 거짓말들은 얼마나 다종다양하고 아름답고, 또 유용하고 필요한 거짓말이라고 할 수가 있는 것일까? 거짓말은 우리 인간들의 삶을 보다 넓고 아름답고 풍요롭게 하는 역동적인 에너지이며, 모든 거짓말들은—그것이 도덕적이든, 부도덕적이든지 간에—조건 없이 허용되지 않으면 안 된다.

— 본문 중에서

거짓말은 너무도 쉽고 뻔뻔스럽고 진실은 너무나도 어렵고 처절하다고 진실에의 의지가 말한다. 그러나 진실은 거짓말을 너무도 학대하고 못 살게 굴고 거짓말만이 더욱더 처절하고 고독하다고 거짓에의 의지가 말한다. 그러나 또 자세히 살펴보면, 진실이 거짓말의 머리채를 붙잡고 거짓이 진실의 멱살을 움켜잡고 있는 것 같지만, 그들은 아리스토텔레스나 칸트와도 같은 도덕군자들의 눈을 피해서 은밀한 연애와 낮 뜨거운 정사까지도 즐기고 있는 것처럼 보인다. 모든 선악이 그렇듯이, 진실과 거짓은 서로 서로 하나의 끈으로써 이어져 있고, 그것들은 또한 도덕적 가치판단의 양면을 이루고 있다고 해도 과언이 아니다.

— 본문 중에서

|제3 개정증보판 저자서문|

'꽃 중의 꽃'은 사상이며, 그 향기는 온 우주를 가득 채운다.

소크라테스의 사상도 아름답고 향기롭지만, 플라톤의 사상도 아름답고 향기롭다. 데카르트의 사상도 아름답고 향기롭지만, 칸트의 사상도 아름답고 향기롭다. 니체의 사상도 아름답고 향기롭지만, 쇼펜하우어의 사상도 아름답고 향기롭다.

인간은 나약하지만, 사상의 힘은 강하다. 우리가 이 어렵고 힘든 세상을 참고 살아갈 수가 있는 것은 이 '사상가라는 이름'의 '수호신'이 있기 때문이다.

나의 꿈은 우리 한국인들을 '사상가와 예술가의 민족'(고급문화인)으로 육성하는 것이었고, 따라서 이 '행복론'을 우리 한국인들에게 헌정할 수가 있게 되었다.

나는 대한민국의 역사상, 최초로, 낙천주의 사상을 정립했고, 우리 한국인들을 '사상가와 예술가의 민족'으로 인도할 수 있는 힘을 갖고 있다.

나의 『행복의 깊이』에는 천재생산의 교수법이 들어 있고, 우리 한국인들을 입시지옥으로부터 해방시켜 줄 수 있는 비법이 들어 있다.

나의 『행복의 깊이』에는 우리 한국인들이 고급문화인이 될 수 있는 비법이 들어 있고, 모든 인간들이 아름답고 행복한 삶을 살 수 있는 비법이 들어 있다.

초, 중, 고등학교의 모든 교과과정은 하루바삐 '독서중심의 글쓰기 교육'으로 바뀌지 않으면 안 된다. 모든 초, 중, 고등학교의 교과과정은 대학에서 최고급의 논문, 즉, 사상과 이론을 정립하기 위한 예비교육 과정에 지나지 않는다.

사상만이 고귀하고 사상만이 영원하다.

나는 지난 20년 동안, 얼굴도, 이름도 없는 인간으로 살아왔고, 또, 살아가고 있다.

한국사회에서 내 얼굴을 아는 척 하는 자, 내 이름을 언급하는 자도 곧바로 금기의 인물이 될 수밖에 없다.

이것이 '아버지 살해자', 즉, '신성모독자의 운명'인 것이다.

내가 연출해낸 '도서출판 지혜'에서 이 『행복의 깊이』를 출간하게 되어서 정말 기쁘다.

나는 늙고 쇠약해 가고 있지만, 이 『행복의 깊이』는 영원불멸의 삶을 살아가기를 바란다.

2012년 1월 '愛知의 숲'을 거닐면서…

|개정증보판 저자서문|

『행복의 깊이』는 나의 눈물, 나의 피와 땀, 그러나 이 『행복의 깊이』는 나의 사상의 신전의 가장 아름답고 풍요로우며, 또한 그만큼 비옥한 텃밭이다.

우리 인간들의 '삶의 양식'과 '삶의 의지'가 자라나고, 우리 인간들의 행복한 '삶의 세목들'이 자라난다.

大철학예술가인 시간이 오늘도 무릎을 꿇고 무한히 예배를 드리고 있는 곳—.

시간은 영원한 시간이고 그 도취의 밀도는 무한히 황홀하고 경건하기만 하다.

나는 死神의 맏형님, 나는 그 死神에게 나의 사상의 신전에는 머리카락 한 올도 드러내지 않도록 명령을 내려둔 바가 있다.

나는 너희들에게 가장 아름답고 멋진 삶과 가장 아름답고 멋진 죽음을 권한다.

아아, 낙천주의 사상이여!

아아, 행복의 깊이여!

이 책은 1997년 국학자료원에서 『한국문학비평의 혁명』으로 출간

되었던 것이지만, 약간의 수정과 보완을 거쳐서, 애초에 내가 의도하고 기획했던 대로 『행복의 깊이』 제2권으로 다시 출간을 하게 되었다.

아아, 나는 행복하고, 또 행복하다.

2006년 3월 1일 아침,
'서양의 사상과 이론'으로부터 '대한독립만세'를 부르짖으면서,
그리고, 또다시,
'愛知의 숲'을 거닐면서—.

|저자서문|

나는 『한국문학비평의 혁명』을 탈고하고, 해발 812미터의 천마산의 정상에 올라설 수가 있었다. 희뿌연 아침 안개와 흐린 날씨 때문에 밝은 태양과 좀 더 멀리 멀리 이 세상을 바라볼 수가 없었지만, 동쪽으로는 마석의 읍내와 천마산의 스키장이 한 눈에 들어오고 있었고, 서쪽으로는 수락산을 비롯하여 북한산과 오남리의 은항아리 계곡이 한 눈에 들어오고 있었다. 나는 방한모와 장갑을 벗고 눈을 한 움큼 뭉쳐 먹으면서 니체의 다음과도 같은 글을 떠올려 보지 않을 수가 없었다.

씌어진 모든 것들 가운데서 나는 피로 쓴 것만을 사랑한다. 피로 써라. 그러면 너는 피가 곧 정신이라는 것을 경험하게 되리라.

타인의 피를 이해한다는 건 쉬운 일이 아니다. 나는 책읽는 게으름뱅이들을 증오한다.

독자들을 아는 사람은 그 독자를 위해 더 이상 아무 것도 하지 못한다. 독자에게 또 한 세기를, ―그러면 정신 자체가 악취를 풍기게 되리라.

모든 사람들이 다 읽는 법을 배우게 된다면, 그것이 오랜 뒤엔 결국 저술뿐만 아니라 사고까지 망쳐 놓으리라.

일찍이 정신은 신이었고 그 다음엔 정신은 인간이 되었고, 지금은 천민으로까지 되었다.

피와 경구警句로 쓰는 사람은 읽혀지길 원하는 게 아니라 마음으로 외어지기를 원한다.

산맥 중에서 가장 가깝게 가는 길은 산봉우리에서 산봉우리까지이다. 그러나 그러기 위해서는 긴 다리를 갖고 있어야만 한다. 경구는 산봉우리여야 한다. 그리고 그 경구를 듣게 되는 자는 몸이 크고 키가 큰 자라야 한다. 희박하고 순수한 공기, 가까운 위험, 즐거운 악의로 가득찬 정신. 이런 것들은 서로 잘 맞는다.

나는 내 주위에 요괴를 갖고 싶다. 나는 용감한 사람인 까닭이다. 유령들을 겁주어 내쫓아버리는 용기는 스스로를 위해 요괴를 만들어낸다. 용기는 비웃고 싶어하는 것이다.

나는 이제 더 이상 너희들이 느끼듯 느끼지 않는다. 이 구름을 나는 내 밑으로 내려다 보고 있고, 나는 그 어두움과 무거움을 넘어서 웃지만, 그러나 바로 이것이 너희에게는 번개 구름인 것이다.

— 니체, 『짜라투스트라는 이렇게 말했다』에서

천마산의 정상에는 아직 한 사람도 올라와 있지 않았고, 까마귀 두 마리가 어렵고 힘든 길을 헤쳐온 나를 환영이라도 한다는 듯이, 천마산의 깎아지른 듯한 절벽 사이를 선회하고 있었다. 나는 방한모와 장갑을 다시 끼면서, 산 아래의 설경과 눈꽃이 하얗게 피어난 나뭇가지들을 바라다 보았다. 때 이른 11월의 폭설과 영하 10도의 추운 날씨와 수천 년, 혹은 수억 년의 만고풍상을 겪으면서도 꿋꿋하게 참고 견뎌 온 천마산과 그 우거진 숲이 만들어낸 아름다운 천국이라고 하지 않을 수가 없었다. 천마산의 설경은 천마산이 붉디 붉은 피로써 쓴 경구이었고, 나는 그 경구를 판독할 수 있는 대한민국의 유일한 종교철학자—나는 종교철학자로서 변신을 시도하고 있는 중이다—였다. 천마산의 아름다운 설경을 이해한다는 것은 나의 붉디 붉은 피 자체가 또 하나의 천마산을 형성하고 있지 않으면 안 되는 일이었다. 타인의 피를 이해한다는 것은 그러니까 내가 타인의 피가 되지 않으면 안 되는 일이었다. 천마산이 아름다운 천국으로서 나에게 다가오고 있었고, 나는 또 하나의 아름다운 천국이 되어서 천마산에게로 다가가고 있었다. 나는 천마산과 손을 맞잡고 수많은 산봉우리와 산봉우리 사이를 건너 뛰어 다니고 있었고, 이 세상을 아름답고 넓고 풍요롭게 바라다 보고만 있었다. 모든 낙천주의자들은 희박하고 순수한 공기, 가까운 위험 속에서 살지 않으면 안 되었고, 다른 한편, 즐거운 악의로써 모든 유령들을 겁주어 쫓아내 버리지 않으면 안 되었다.

나는 한국문단에서 영원히 생매장을 당하는 아픔을 겪을 수밖에 없었지만, 또다시 부활하는 기쁨을 맛볼 수가 있었고, 존경하는 스승과 친구들을 잃어버리는 아픔을 겪을 수밖에 없었지만, 위대한 단독자로서의 사상의 자유를 획득할 수 있는 기쁨을 맛볼 수가 있었다. 나는 외디프스가 아버지를 살해하고 스핑크스의 수수께끼를 풀었듯이, 진정한 낙천주의자가 되기 위하여 한국 사회의 제3세계적인 문화적 풍토병과 비평의 만장일치제도를 발밑으로 깔아뭉개버리지 않을 수가 없었다. 나는 현대 민주주의 사회의 어중이 떠중이들과 어울려 살 수밖에 없었던 지난 세월의 때를 씻어버리기 위하여 해발 812미터의 표지가 붙어 있는 암벽에 기대서서 시원한 오줌줄기를 갈겨버리지 않을 수가 없었다. 나는 총과 칼과 화약 냄새를 피우는 전쟁을 좋아하지 않고 있었고, 그것보다는 가장 찬란하고 화려한 인식의 전쟁을 더욱더 좋아하고 있었다. 징기스칸이나 나치의 예에서 드러나고 있듯이, 무기의 성과는 더 좋은 무기에 의해서 순식간에 사라져 갈 수도 있지만, 문화의 성과는 인류의 역사가 소멸되지 않는 한 영원히 사라져 갈 수가 없는 것이었다. 나는 소크라테스와 플라톤과 쇼펜하우어와 니체처럼, 철학자가 지배하는 세계를 꿈꿀 수밖에 없었으며, 현대의 문화 전쟁은 어차피 철학자들에 의해서 주도될 수밖에 없다고 생각하고 있었다. 철학자는 모든 학자와 모든 사제들과 모든 인간들을 그들의 노예, 혹은 군졸들로 취급해 버리는 오만불손한 두뇌의 소유자이며, 선악을 넘어서서 모든 법과 도덕과 질서와 가치들을 재창조해낼 수가 있는 미래의 인간이기도 했다. 내가 소크라테스, 플라톤, 아리스토텔레스, 데카르트, 스피노자, 칸트, 라이프니츠, 헤겔, 쇼펜하우어, 니체, 소포클레스, 아이스킬로스, 에우리피데스, 호머, 아리스토파네스, 셰익스피어, 괴테 같은 세계적인 대석학들을 그토록 사랑하고 존경하는 것은 그들을 단칼에 베어버리고, 언젠가는 인류의 역사에 있어서 가장 위대한 스승이 되고 싶었기 때문이었다. 나는 좀 더 강력한 적을 사랑하고 있는 용감한 전사이기도 했고, 지식을 사랑하고 있는 지식을 위한 전사이기도 했다. 인간은 한없이 나약하고 왜소하지만, 앎은 더없이 건강하고 키가 크고 사시사철 늘 푸른 소나무처럼 청정하고 변함이 없었다. 나는 천마산의 정상에서 시원한 오줌줄기를 갈기고 있었지만, 그 오줌줄기는 벌써 대청호의 푸른 수면을 이루고 있었다. 나는 대청호의 푸른 물과 그 숲 사이를 거닐면서, 수천 년을 찍어누르듯이 나의 붉디 붉은 피로써 거대한 사상의 신전을 세울 수가 있을 것이었다. 나는 낙천주의의 창시자로서 한국인의 미래의 희망이었고, 나의 독창적인 사상과 이론은 또하나의 대청호의 푸른 물과 그 숲을 이루게 될 것이었다. 나는 한국문단에서 영원히 생매장을 당했지만, 이 세상은 아름답고 넓고 풍요로웠다. 또한 나는 존경하는 스승과 모든 친구들을 잃어버렸지만, 이 세상은 아름답고 넓고 풍요로웠다.

이 『한국문학비평의 혁명』이라는 글을 연재하면서 나는 너무나도 어렵고 힘든 처지에 몰릴 수밖에 없었다. 첫째도 공부, 둘째도 공부, 셋째도 공부…… 나는 공부만을 진정으로 사랑하고 있는 한 사람의 공부벌레였다. 이 공부벌레가 제일 견디기 힘들고 참기 어려운 것은 무엇보다도 가난의 굴레였다. 공부하기에 알맞게 조련이 되어 있고, 군더더기가 하나도 없는 나의 몸에 언제쯤 羽化登仙의 날개가 돋아날 수가 있을까? 하루에 열 시간씩, 열두 시간씩, 오오, 天馬 페가수스처럼, 오오, 天馬 페가수스처럼!

1992년 『시와 시인』을 문학과지성사에서 출간한 이후, 『행복의 깊이』에서부터 최근에 연재를 끝낸 『한국문학비평의 혁명』에 이르기까지, 나의 모든 문학비평 행위는 그 스승들에 대한 도전의 형태—왜냐하면 그것만이 그 스승들의 훈도에 대한 최선의 보은이기 때문이다—를 띠고, 또 그것을 넘어서서 한국문학 이론의 정립을 위해서 최선의 노력을 다해 왔다고 해도 과언이 아니다. 그 결과, '나는 신성모독을 범한다, 고로 존재한다'와 '세계는 나의 범죄의 표상이다, 고로 행복하다'라는 두 개의 명제를 동시에 밀고 나가면서 『행복의 깊이』—이 책은 다시 한 권의 이론서로 쓸 예정이다—를 천착해낸 바가 있고, 시의 네가지 효과—진정제 효과, 강장제 효과, 흥분제 효과, 영생불사의 효과—를 명명하고, 쇼펜하우어의 염세주의와 니체의 건강한 염세주의를 전복시키면서 내 나름대로의 낙천주의를 양식화시킬 수가 있게 되었다. 언젠가 나에 대한 배은망덕한 놈이라는 꼬리표가 떨어지고 '신성모독'에 대한 사면복권이 이루어진다면, 제1장 「영원불멸의 삶에 대하여」, 제2장 「앎에의 의지」, 제3장 「무지에의 의지」, 제4장 「진실에의 의지」, 제5장 「거짓에의 의지」로 되어 있는 『한국문학비평의 혁명』이 빛을 보게 되고, 한국문학사상 최초로 한국문학 이론을 정립한 책으로 읽혀질 수 있기를 대청호반을 거닐면서 기대를 해본다.

그러나 매우 착잡하고 불안해 진다. 한국 사회의 교육제도는 유태사회의 반대방향에서, 살아 있는 참 교육은커녕, '스승은 진리이며 진리는 신성하다'라는 나의 말대로 '비평의 만장일치제도'가 양성화되어 있고, 수많은 천재와 미래의 주인공들의 백만 두뇌를 가장 확실하게 무력화시키는 어중이 떠중이들의 생산에 여념이 없는 것처럼 보인다. 한국 사회는 앎이 육화되지 않은 사회이며, 타인의 두뇌와 심장으로 움직이는 교육제도에 의해서 박제화된 사상과 이념만을 가르치고 있는 사회라고 해도 틀림이 없다. '나는 읽히지 않을 것이다, 나는 결코 정당하게 평가를 받지 못할 것이다'라는 확신과 함께, 그러나 돌멩이 하나를 힘차게 호숫가에 던져본다. 맑고 잔잔하고 푸른 수면에 자그만 파문이 일어난다. 어쨌든 기분이 좋고 최고급의 지혜에 대한 사랑과 함께, 앎에의 의지가 증폭되어가고 있는 것을 느끼지 않을 수가 없다.

인류의 역사상, 새로운 사상과 이론이 제대로 받아들여지고 수용된 적은 한 번도 없었다. 한국문학이 문화선진국의 수준으로 올라서기 위해서는 누군가가 살신성인의 자세로 자기 한 몸을 희생하지 않으면 안 되는 일이었다. 독창적인 사상과 이론은 제일급의 지식인에게는 언제나 야심만만하고 도전적인 과제라고 하지 않을 수가 없다. 학연, 지연, 그리고 모든 면에서 완전히 자유로운 한 사람의 인간이 그 과제를 온몸으로 이행하지 못할 이유가 없었다. 나는 자랑스럽고 떳떳하게, 이 『한국문학비평의 혁명』이라는 책을 이 세상에 내놓게 되었다.

1997년 가을, 대청호반에서

|차례|

일러두기

참고문헌은 각 장의 말미에 표기했으며, 본문 중 인용문 표기는 (1: 23)으로 표기했다.

(1: 23)은 1권의 책 23면을 말한다.

제1장 영원불멸의 삶에 대하여
— 낙천주의란 무엇인가?

우리 인간들의 주변에는 기독교의 사제와 종교학자들이 이루 헤아릴 수 없을 정도로 많이 있지만, 나는 그들에게서 최소한도의 비판적인 지성이나 학자적인 양심을 발견할 수가 없었다. 그들은 성경이란 하나님의 말씀을 전파하는 경전이요, 그것에 대한 비판은 있을 수도 없고, 있어서도 안 된다는 식의, 무조건적인 믿음만을 역설하고 있는 것처럼도 보인다. 그들에게 있어서 믿는 것은 보이지 않는 것의 실상이자 구체적인 증거이지, 의심하고 비판하는 것이 지식인의 제일 과제라는 사실은 애시당초부터 안중에도 없었던 것처럼도 보인다. 가령, 아벨과 야곱은 하나님에 의해서 선택받은 사람들이고, 가인과 에서는 선택받지 못한 사람들이라는 고정관념이 바로 그것이라고 할 수가 있다. 왜 하나님은 가인의 제물을 받지 않고 아벨의 제물만을 받았으며, 또한, 왜 에서에게 축복을 내리지 않고 야곱에게 축복을 내렸는가? 왜 하나님은 맏아들과 농부와 사냥꾼—농부인 가인과 사냥꾼인 에서는 다 같이 맏아들이다—을 버리고, 맏아들이 아닌 두 목동들에게 축복을 내렸는가? 특정 종교나 특정 신앙 안에서의 생활은 진실과 진리에 대한 왜곡 의지로 점철되어 있다는 말도 있지만, 그들은 가인과 아벨, 혹은 에서와 야곱의 관계에서, 하나님의 선택과 축복이 중요하다고 생각하지, 가인과 에서의 사회적인 출생의 불운이나 원한 맺힌 저주 감정에 대해서는 어떠한 양심의 가책조차도 없었던 것처럼 보인다. 기독교의 사제와 종교학자들은 비판적 지성이나 학자적 양심은커녕, 하나님 앞에서 무장해제를 당한 판단의 어릿광대들일 뿐이고, 수많은 사실들의 왜곡과 탈락으로 점철되어 있는 성경이라는 텍스트 앞에서 무조건 무릎을 꿇어버린 어중이 떠중이들이라고 해도 과언이 아니다. 기독교의 사제와 종교학자들에게 있어서 성경은 하나님의 말씀이고 진리이며, 하나님의 말씀은 언제나 거룩하고 신성하기 때문일는지도 모른다.

하지만 나는 성경을 최고급의 위대한 이야기 책이면서도 이 지구 상에서 가장 위대한 유태민족의 신화가 담겨 있는 경전이라고 생각한다. 성경에는 종족을 보존하겠다는 미명 아래 아버지인 롯에게 술을 권한 후, 근친상간을 범하는 두 딸의 이야기를 비롯하여, 조강지처와 첩 사이의 갈등의 이야기도 나오고, 동성연애자와 우상숭배자들, 그리고 800세와 900세까지 장수하고 있는 웅대한 규모의 인간들의 이야기도 나온다. 아브라함이 애굽왕에게 거짓말을 하는 장면과 야곱이 사냥을 나간 에서로 변장하여 형 대신 아버지의 축복을 받게 되는 교활한 장면도 나오고, 생식기능의 강화차원에서 비롯된 할례의식을 하나님과의 언약의 징표라고 미화하고 양식화시키고 있는 장면과 살생을 금한 십계명의 교훈에도 불구하고 가나안의 이교도들에게 무자비한 살생을 감행하고 있는 장면도 나온다. 뿐만 아니라, 언제, 어느 때라도 푸르고 푸른 목초지를 찾아서 떠날 준비가 되어 있는 유목민들의 삶의 장면도 나오고, 하나님이 이 세상을 물로써 깨끗하게 심판했음에도 불구하고 수많은 신성모독과 죄악들이 만발하고 있는 장면도 나온다. 유태민족은 수천 년 동안이나 이역 땅으로 떠돌아 다녔음에도 불구하고 오랜 역사와 전통을 지닌 민족이며, 또 하나의 경전인 『탈무드』가 말해 주듯이, 수많은 위기, 불행, 곤궁, 우연들 앞에서도 언제나 최고급의 지혜와 함께 그것을 곧바로 실천할 수 있는 힘의 감정을 지닌 민족이라고 하지 않을 수가 없다. 성경은 수렵민족이나 농경민족의 신화가 아닌, 유목민족의 역사가 담겨 있는 신화이며, 가인(농부)과 에서(사냥꾼)가 버림을 받고, 두 유목민인 아벨과 야곱이 축복을 받는 것은 너무나도 당연하다고 하지 않을 수가 없다. 신화와 종교란 인류학자 뒤르켐이 말한 바가 있듯이 사회에 대한 변장된 예배이며, "자기 지식이 간접화된 형태"라고 할 수가 있다(1: 53)*. 신화와 종교란 "인간 행위에 대한 사회의 요청을 구현하면서 전통이 신성화된 것"이고, 절대적인 한계 상황에서의 우리 인간들의 자기 극복, 혹은 자기 초월을 그 목적으로 삼는 것을 말한다(1: 26). 성경에서 가인과 아벨이 맏아들임에도 불구하고 버림을 받고 아벨과 야곱이 축복을 받는다는 것은 성경 자체가 유목민의 입장에서 유목민의 신화를 집대성한 것이라고 해도 틀림이 없다. 구약성서의 인간들은 거짓말을 잘하고, 교활하고, 진실되고, 믿음이 있고, 일부다처제와 혈연을 중시하고, 우상숭배와 간통과 도둑질과 통음난무에 잘 빠져들고 있는 것이 사실이긴 하지만, 아벨과 야곱의 경우에서 보듯이, 언제나 그들은 그들의 삶을 긍정하고 찬양한다는 사실이 더욱더 중요한 것처럼도 보인다. 아벨을 편애하고 아벨의 제물만을 받는 것도 하나님의 뜻이고, 아버지인 이삭을 속이기 위하여 에서로 변장한 야곱에게 축복을 내리는 것도 하나님의 뜻이다. 하나님의 축복은 선악의 의미를 떠나 있고, 하나님의 축복만 있으면 얼마든지 아름답고 행복한 삶이 가능해진다. 이러한 신화와 종교에 대한 사회 역사적 배경과 그 본질을 몰 이해하게 되면 특정 민족의 신화를 마치, 보편적이고도 절대적인 것처럼 받아들이게 되고, 타인의 말과 타인의 사유 앞에서 노예적인 복종 태도를 띠게 된

* (1: 53)은 1의 책 53면을 말한다.

다고 해도 과언이 아니다.

신화와 종교란 "진실에 대한 가장 교묘한 최종적 탈출구"라는 말을 가로지르면서 진실을 왜곡시키거나 "허위를 지키려는 의지"로써 점철되어 있다고 할 수가 있다(2: 83). 왜냐하면 신화와 종교란 절대적인 한계 상황에서 우리 인간들의 삶을 긍정하고, 가장 찬란한 인식의 제전으로서 낙천주의를 양식화시켜 놓은 것이기 때문이다. 신이란 "거인적 경지로 드높아 가는 인간들이 스스로 자기 문화를 戰取하며, 우리 인간들과 결속하도록 강요한" 상징적 존재이지, 사실 그대로의 초월적인 절대자가 아니다(3: 74). 불완전한 인간이 자기 극복과 자기 초월을 話頭로 삼는다는 점에서, 신은 항상 우리 인간들의 편이어야만 하고, 예수가 포도주를 자신의 피로, 빵을 자신의 육신으로 변모시켰듯이, 언제 어느 때라도 우리 인간들의 축복을 내려주지 않으면 안 된다. 왜냐하면 "인간은 자기 스스로 얻어낸 지식을 가지고 신들의 목숨을 수중에 넣고 그들을 규제하기" 때문이고, 바로 거기에는 진실을 왜곡시키거나 허위를 지키려는 의지에 대한 아무런 양심의 가책도 있을 수가 없기 때문이다(3: 74). 신은 절대적인 유일 신이기도 하고, 人神同形으로서의 불완전한 인간과의 친구이기도 하고, 우리 인간들의 신성모독 앞에서 여지 없이 무릎을 꿇어버리는 나약한 존재이기도 하다. 신화와 종교와 신 등은 문화 인류학적인 개념이며, 그것들은 모두 우리 인간들의 이상을 반영하는 최고급의 지혜의 원천이라고 하지 않을 수가 없다. 이처럼 신화와 종교의 생성, 그리고 다양한 제신들의 탄생에 대해서 눈을 뜨게 되면, 특정의 신화나 종교에 대한 범주적인 오류를 벗어나서 우리 인간들이 낙천주의를 양식화시키기 위해서 얼마나 피 눈물나게 노력해 왔는지를 알게 된다.

나는 거리를 헤매고 돌아다니면서 찾고 기도했다. 하나님아,

구름들 속에, 신기료 장수의 집 뒤에 숨어 있는 하나님아,
내 영혼이 나타나게 해다오. 아직 말을 더듬는 어린 아이의
고통스러운 영혼아, 나에게 길을 가르쳐다오.
나는 다른 사람들처럼 되기는 싫다. 나는 새로운 세계를 보고 싶다.
— 마르크 샤갈, 「나의 생애」 에서

아름다운 이 세상을 지배하고
선인들을 환희의 끈으로서 이끌어 준
선경에서 온 그대, 아름다운 존재여!
아, 그대들이 기쁨으로 봉사했던 시절은
여전히 빛나고 있었기에,
얼마나 다르고, 달랐던가!
그대의 사원은 여전히 꽃으로 장식됐으니,
아마투스의 비너스 사원이여!
— 실러, 「희랍의 제신」 에서

마르크 샤갈의 '하나님'은 구름 속에도, 신기료 장수의 집 뒤에도 숨어 있는 하나님이며, 우리 인간들의 예배와 기도에 반응하는 하나님이라고 할 수가 있다. 그 하나님은 절대적인 유일 신이기도 하고, 우리 인간들과 숨박꼭질을 하는 다정다감한 이웃이자 친구이기도 한 하나님이다. 또한 그 하나님은 人神同形으로서 시인과 함께 살고 있는 하나님이기도 하고, 우리 인간들의 미래의 행복에 대하여 응답하고 있는 하나님이라고 하지 않을 수가 없다. 마르크 샤갈이 서정적인 언어와 그 아름다움을 통해서 예술가로서의 '독창적인 개성'과 '새로운 세계'를 간절하게 기원하고 있다면, 쉴러는 '희랍 제신'들의 생성과 소멸의 역사를 통해서 "아름다운 이 세상을 지배하고/ 선인들을 환희의 끈으로서 이끌어 준" 제신들과 그 제신들이 우리 인간들에게 "기쁨으

로 봉사했던 시절"을 노래해 놓고 있다고도 할 수가 있다. 신화와 종교는 우리 인간들의 가장 찬란한 인식의 제전이고, 모든 앎에의 의지가 그렇듯이 유토피아적인 낙원에의 향수로 가득차 있다고 해도 과언이 아니다. 어떻게 우리 인간들과 숨바꼭질을 하듯이 "구름들 속에, 신기료 장수의 집 뒤에 숨어 있는 하나님"의 세상이 아름답다고 하지 않을 수가 있겠으며, 또한 어떻게 축복과 은총으로 가득찬 "아마투스의 비너스 사원"을 아름답다고 하지 않을 수가 있겠는가! 우리 인간들은 생물학적 존재가 아니라 사회적 존재이며, 종교에 대한 예배는 그 사회에 대한 변장된 예배에 지나지 않는다.

이제 우리는 성경이 최고급의 위대한 이야기 책이면서도 이 지구 상에서 가장 위대한 유태민족의 신화라는 사실을 잊어서도 안 되고, 다른 한편, 아브라함의 가계가 거짓말과 교활함과 위선과 瀆神으로 가득차 있다는 것을 부정적으로만 주목해서도 안 된다. 만일, 그렇게 된다면, 구약성경의 이야기를 절대적으로 믿어버리는 것은 물론, 모든 것을 瀆神이냐, 아니냐의 문제로 단순화시켜 버리게 될 것이고, 유태인들의 낙천주의를 염세주의로 채색시켜 놓게 되는 중대한 오류를 범하게 될는지도 모른다.

> 방바닥을 닦는 것은 살갗을 닦는 것이다. 방바닥을 닦지 못하면 몸이 더러워진다. 아무리 씻어도 금방 더러워진다. 아내의 몸이 더 더럽게 보인다. 두렵다. 방바닥을 닦지 못할까봐 두렵다. 닦아도 닦아도 안 지워질까 두렵다. 걸레가 떨어질까봐 물이 안 나올까 두렵다. 아내는 도망칠 것이다. 나 혼자 더러운 아들을 키워야 할 것이다. 아들은 커서 더러운 여자를 만나 더러운 아이들을 낳고 기뻐할 것이다. 더러운 아브라함은 더러운 이삭을 낳고 더러운 이삭은 또 더러운 야곱을 낳고 인간은 전혀 새로운 족속의 조상이 될 것이다.
>
> — 박찬일, 「더러운 야곱」 전문

박찬일의 저녁 시집, 『화장실에서 욕하는 자들』은 시집 전체가 비판적인 지성과 풍유의 공간으로 되어 있는 아름다운 시집이긴 하지만, 「더러운 야곱」은 성경에 대한 부정적인 인식 아래, 유태인들의 낙천주의를 염세주의로만 이해하고 비판해 놓은 시라고 할 수가 있다. 따라서 야곱의 거짓말 잘하고, 교활하고, 위선과 독신으로 가득차 있는 삶을, 사실 그대로 받아들이고 이해하지—거짓말, 교활, 위선, 독신 자체가 우리 인간들의 아주 소중한 삶의 일부라는 점에서—못한다면, "더러운 아브라함은 더러운 이삭을 낳고 더러운 이삭은 또 더러운 야곱을 낳는다"는 염세주의자의 관점 아래, 이 세상을 더없이 저주하고, 헐뜯고, 비방하게 된다. 시인은 이 세상을 아름답고 풍요롭게 바라보지도 않고, 도덕적 선—정직하고, 영리하고, 착하며, 신앙심이 깊은 사람—이라는 터무니 없는 환상에 사로잡혀서, 불결의 실제적인 닦아냄보다는 '닦아냄'이라는 행위 자체에 대한 맹목적인 광신에 사로잡혀 있는 것처럼도 보인다. 시인은 「더러운 야곱」에서 야곱의 가계, 아니, 야곱의 가계로 지칭되는 인류의 문화사에 대한 전면적인 염세주의를 드러내 놓고, 기독교적인 세계관의 반대편에서, '닦아냄'의 주체자로서의 맹목적인 광태의 모습을 보여주고 있는 것처럼도 보인다. 그에게는 불결의 실제적인 닦아냄보다도, 아니, 그 행위의 결과나 목적보다도 '닦아냄'이라는 행위 자체가 더욱더 소중한데, 왜냐하면 그의 가족들을 비롯하여 인류의 문화사 자체가 더욱더 더럽고 불결하게 오염되어 있을 뿐이기 때문이다. 가히 흉조의 시선이며, 두꺼비를 잡아먹는 것이 더 나을는지도 모르는 무서운 결벽증이라고 하지 않을 수가 없다.

하지만 정직, 지혜, 선, 독실한 신앙, 이타적인 사랑, 순결, 공정한 부의 분배, 평화, 자유, 평등이 아주 소중한 것과 마찬가지로 거짓, 교활, 악, 신성모독, 이기적인 사랑, 근친상간, 혹은 민족주의, 재산소유욕, 전쟁, 억압, 불평등도 다같이 필요하다. 조금도 지적 편견이 없는 생리학적인 입장에서 바라보면, 거짓, 교활, 악, 신성모독, 이기적 사랑, 근친상간, 혹은 민족주의, 재산소유욕, 전쟁, 억압, 불평등 자체도 제거해 버릴 수 없는 아주 중요한 삶의 일부이며, 그것을 제거한다는 것 자체가 아름다운 생을 적대시하고, 우리 인간들의 미래를 암매장하려는 작태일는지도 모른다. 이러한 염세주의는 태어나지 않는 것이 최선이며, 이윽고 죽어버리는 것이 次善이라는 실레노스가 최초의 교조이며, 실레노스의 최후의 제자는 우리 인간들의 삶을 고통과 권태로만 이해하고 있는 쇼펜하우어일는지도 모른다.

> 이미 보아온 바와 같이 인식의 능력도 없는 자연물도 그 내면적인 본질은 한결같이 목표가 없는, 그리고 쉴 사이 없는 부단한 노력이다. 이것은 동물이나 인간을 관찰해 보면 더욱 잘 나타나 있다. 그 모든 본질은 충족시킬 수 없는 갈증과 같은 욕망과 노력이다. 그러나 결국 모든 욕망의 근원은 동물이나 인간이 본질적으로 본래 지닌 바 부족, 결핍 그리고 고통이다.
>
> 이와 반대로 너무 손쉽게 원하는 것을 손에 넣을 수 있기 때문에 욕망이 감퇴하여 욕망의 대상이 없어지면 이번에는 무서운 공허와 권태에 빠지게 마련이다. 즉, 자기의 본질과 생존 자체가 감당할 수 없는 부담이 된다. 이러한 삶은 마치 시계추처럼 삶의 본질적인 구성 부분인 고통과 권태 사이를 왔다 갔다 하고 있는 것이다. 이 사실은 이상한 말이기는 하지만 인간이 모든 고뇌를 지옥으로 추방한 뒤에는 천국에 권태밖에 남지 않는다는 것을 의미한다고 하겠다.
>
> — 쇼펜하우어, 『의지와 표상으로서의 세계』 (8: 53)

쇼펜하우어는 '세계는 의지의 표상이다'라는 명제를 정식화시킨 바가 있지만, 그것을 창조적 진화가 아닌, 생명 부정에의 의지로서 채색시켜 놓았다고 해도 틀림이 없다. 그는 우리 인간들의 삶 자체를 프로이트처럼 고통과 쾌락으로 보지도 않고, 다른 한편, 이 세상의 사회적 하층민들의 삶을 따뜻하게 위로하고 어루만져 주고 있는 기독교와 불교를 낙천적으로 이해하지도 않는다. 또한 그는 우리 인간들이 어쩌다가 손쉽게 욕망의 대상이나 행운을 움켜잡았다고 하더라도 '권태밖에 남아 있지 않은 천국'을 강조하지, 즐거운 고통—분명한 목적이 있고 혹독한 통과의례로서의 고통—속의 쾌락이나 하늘을 찌를듯한 환희에의 기쁨은 아예 언급조차도 하지 못한다. 우리 인간들의 삶은 곤공, 결핍, 곤경, 불안, 비명, 포효의 연속이고, '연기된 사망'이라는 假死 상태의 삶을 살고 있다는 것, 이것이 쇼펜하우어의 철학의 핵심이자 그가 우리 인간들에게 내린 파산선고일는지도 모른다.

그러나 쇼펜하우어의 철학을 하루바삐 제거해야 할 암종처럼 이해하거나 가장 경멸적인 의미에서, 떼거지적인 사고법에 사로잡혀 있는 철새들처럼 때늦은 유행의 사조처럼 이해해서는 안 된다. 그는 기독교와 불교를 염세적으로, 유태교와 이교를 낙천적으로 이해한 종교적 기반 위에서 형이상학에 대한 철학적 의미와 인간학적 수용 문제를 폭넓게 천착해 나간 제일급의 철학자—임마뉴엘 칸트의 제자로서—이자 인류의 역사에 있어서 가장 위대한 철학자인 니체의 단 하나뿐인 스승이라고 할 수가 있다. 형이상학이란 우리 인간들의 존재, 죽음, 영혼불멸, 신, 종교, 도덕 등을 탐구하는 학문이고, 쇼펜하우어는 이러한 형이상학적인 話頭들을 토대로 하여, '가능하면 아무도 해치지 말고 도와주라'는 윤리학의 근본명제를 정립했으며, 따라서 자살자의 철학이 아닌 성자의 철학을 완성했다고 하지 않을 수가 없다. 그는 이기주의와 도덕적 가치를 극단적으로 대립시켰으며, "어떤 행위가 그 동기로서 이기적인 목적을 갖고 있다면 그 행위는 결코 도덕적인 가치를 갖고 있다고 할 수 없다"라는 단정적인 극언도 결코 주저하지 않았다 (8: 187). 동성과 연민은 그의 윤리학의 두 축이며, 그는 삶에의 의지와 성욕조차도 거절함으로써 행복한 염세주의자의 길을 걸어갔던 것처럼도 보인다. 그의 철학은 부처와 예수와도 같은 성자의 철학이며, 타인들과 이웃에 대한 관심으로 하염없이 퍼져나가고 있는 이타적인 사랑의 철학이기도 하다.

쇼펜하우어의 철학은 동정과 연민의 철학이며, 삶에의 의지를 부정하는 철학이기도 하고, 결코 자살을 인정하지 않고 있는 순교자와 고행자의 철학이기도 하다.

볏가리 하나하나 걷힌
논두렁
남은 발자국에
딩구는
우렁껍질
수레바퀴로 끼는 살얼음
바닥에 지는 햇무리의
下棺
線上에서 운다
첫 기러기 떼
— 박용래, 「下棺」 전문

사랑처럼 항상
새로운 목청으로
올 가을도 불러내는 바람 찬바람

가을나무 옷 벗듯
세상 벗어버리고
낡은 庵子 한 채로 들어 앉고 말자

초라한 내 몸 하나 품어 안고도
산은 깊은 산
어둠도 깊은 적막이 될듯
구린 세상에서 밀려다니던 땡초
홀연 돌아와 앉은 낡은 암자 한 채
부처도 보살도 감히 못 바라고

암자 한 채로 허물어지자
나 혼자서 치열한
수행에 들자
— 유안진, 「入山」 전문

박찬일의 「더러운 야곱」이 유태민족의 신화와 그들의 낙천적인 삶을 이해하지 못한 채, 인간 존재에 대한 근본적인 염세주의를 드러내 놓고 있는 시라면, 박용래의 「下棺」은 쓸쓸하고 텅빈 초겨울의 정경 묘사를 통해서, 비록, 부정적이긴 하지만, 매우 아름다운 염세주의를 드러내 놓고 있다고 하지 않을 수가 없다. "볏가리 하나하나 걷힌/ 논두렁"도 쓸쓸하고, 존재의 의미를 상실한 채, "남은 발자국에 / 딩구는/ 우렁껍질"도 쓸쓸하다. "수레바퀴로 끼는 살얼음/ 바닥에 지는 햇무리의/ 下棺"도 쓸쓸하고, 밝은 미래의 전망이 없는 "첫 기러기떼"의 울음소리도 쓸쓸하다. 그러나 운다는 것은 쓸쓸함, 분노, 증오, 슬픔 등에 대한 사회적인 고발 성격이 강한 동사이고, 그 운다는 동사를 위해서 '텅빈 논두렁', '우렁껍질', '살얼음', '햇무리의 下棺' 등의 이미지가 필요했던 것인지도 모른다. 극도로 탐미적인 언어의 절제와 상징적이고도 아름다운 이미지들의 결합을 통해서, 박용래가 강조하고 있는 것은 시의 진정제 효과이고, 아름다운 염세주의자의 미학일는지도 모른다. 그는 불모의 염세주의적인 세목들을 고발하면서도 그 감정들을 진정시키고, 염세주의 속에 들어 있는 쾌락의 즐거움을 결코 놓치지 않고 있는 것처럼도 보인다. 왜냐하면 그의 「下棺」은 염세주의자의 시로서는 지나치게 아름답기 때문이며, 괴테적인 의미에서, 아름다움을 창조한 자는 절대로 행복하지 않을 리가 없기 때문이다.

박용래가 염세주의를 드러내 놓으면서도 마치, 염세주의를 위한 고행자나 순교자처럼, 그것을 은밀하게 즐기고 있다면, 유안진은 좀 더 극단적인 차원에서 염세주의 철학의 실천 주체가 되어가고 있는 것인지도 모른다. 또스트예프스키의 『악령』에 나오는 키릴로프처럼, 우리 인간들은 원초적인 태어남 자체를 막을 수는 없지만, 그러나 그 잘못을 바로 잡을 수는 있다. 키릴로프의 죽음은 자유 의지의 실천이자 신의 부재 증명이고, 그 주체자의 죽음을 통해서 우리 인간들의 삶을 해방하겠다는 人神으로서의 죽음이다. 죽음은 예수와도 같은 순교자의 죽음도 있고, 로미오와 줄리에트 같은 달콤한 죽음도 있고, 콜로노스의 외디프스와도 같은 밝고 명랑한 죽음도 있다. 또한 『오딧세우스』에 나오는 목사처럼 두려움에 벌벌 떠는 개 같은 죽음도 있고, 평범하고 범상한 인간들처럼 느리고 더딘, 그래서 경멸적인 혐오감만이 일어나는 죽음도 있고, 키릴로프처럼 자기 자신이 신이 되기 위한 자발적인 죽음도 있다. 유안진의 죽음은 예수의 죽음과도 같이 비극적이지도 않고, 로미오와 줄리에트 같이 달콤하지도 않지만, "구린 세상에서 밀려다니던 땡초"의 한계를 벗어나 낡은 "암자 한 채로 허물어"진 열반의 그것이라고 할 수가 있다. 유안진의 「入山」은 키릴로프의 정반대 방향에서—키릴로프의 죽음이 그로테스크하고 음산하며, 자기과시적이고 도발적인 죽음이라는 의미에서—入神의 경지에 접어든 죽음이며, 내가 '영적 부활의 현재화'라고 부른 낙천주의자로서의 죽음이다. 왜냐하면 유안진은 예수와 부처처럼, 처절한 고통과 절망을 사랑하고 있기 때문이고, '최고의 선과 신들의 경지'와도 같은 아름다운 영적 부활의 세계를 창조해 놓고 있기 때문이다.

박용래도 삶에의 의지를 부정하면서 그 부정에 의지하고, 유안진도 삶에의 의지를 부정하면서 그 부정에 의지한다. 그들의 삶은 「더러운 야곱」과도 같은 광태의 삶이 아니라, 그 광태를 진정시키는 삶이고, 순교자나 고행자처럼 염세주의를 하나의 미학 원리로서 양식화시키고 있는 삶이라고 할 수가 있다. 그들의 염세주의는 아름다운 염세주의이며, 낙천주의로서도 얼마든지 설명이 가능한 염세주의이다. 쇼펜하우어는 낙천주의를 극단적으로 비난하고 폄하하고 있지만, 기독교와 불교가 사회적인 하층민들을 따뜻하게 위로하고 어루만져 주고 있는 것처럼, 그 역시도 삶에의 의지로부터 해방된 '최고의 선과 신들의 경지'와도 같은 낙천주의자의 삶을 살다가 갔다고 하지 않을 수가 없다.

니체가 그의 책, 『도덕의 계보』에서,

> 인간적인 것에 대한 증오, 동물적인 것에 대해서는 더 한층의 증오, 물질적인 것에 대해서는 더 한층의 증오, 이성과 관능에 대한 공포, 행복과 미에 대한 공포, 모든 가상과 변화와, 생성과, 죽음과, 원망과, 욕망 그 자체로부터 도망치려는 願望, 이 모든 것이 의미하는 바는—감히 시도해 본다면—허무에의 의지이며, 삶에 대한 혐오이며, 삶의 가장 근본적인 전제들에 대한 반역이다. 그러나 이것은 하나의 의지이며 의지로서 남아 있다!…… 그래서 처음에 말했던 것을 결론으로 말한다면, 인간은 아무 것도 의지하지 않는 것보다 오히려 허무를 의지한다(5: 170).

라고, 모든 염세주의자들을 비판했던 것처럼 염세주의와 낙천주의는 배타적인 관계가 아니며, 야누스의 얼굴과도 같다고 하지 않을 수가 없다.

하지만 낙천주의는 쇼펜하우어가 이해했던 것처럼, "종교에서는 물론 철학에서도 진리를 가로막는 근본적인 오류"도 아니고(8: 340), 니체가 이해했던 것처럼, "일단 비극 속에 침투해 들어가면 비극의 디오니소스 영역을 점차 잠식"해 버리고 있는 것도 아니다(3: 96). 낙천주의자는 퇴폐적인 쾌락원칙을 지향하고 과도한 광태의 삶으로 빠져버릴 위험성이 있는 것이기는 하지만, 수많은 비극의 주인공들이 우리 인간들의 무한한 가능성과 자기 문화를 戰取하기 위하여 살신성인을 하고 있는 것처럼, 낙천주의가 없으면 우리 인간들의 삶은 가능하지도 않았을 것이다. 쇼펜하우어의 철학은 낙천주의를 몰 이해하고 낙천주의와 염세주의를 대립시킨 철학에 불과하며, 니체의 철학은 쇼펜하우어의 염세주의를 건강한 염세주의로 비판한 바가 있긴 하지만, 비극의 주인공의 삶을 낙천주의자의 삶으로서 이해하지 못한 철학에 불과하다고 해도 과언이 아니다. 이것이 내가 쇼펜하우를 존경하고, 니체를 존경하고 있는 만큼 그 위대한 스승들에 대한 최고의 報恩인 셈이다. 낙천주의자가 스승을 사랑한다는 것은 죄를 짓는다는 것이며, 죄를 짓지 않는다는 것은 그의 존재를 포기하는 것과도 같다.

모든 인간들의 삶은 근본적으로 힘에 의지하고 있는 삶이며, 타인과 이 세상이 모두 망하더라도 자기 자신만은 살아남으려는 욕망으로 가득차 있는 삶이다. 힘에 의지하고 있는 삶은 엄청난 기쁨이 증대하고 있는 삶이며, 언제, 어느 때라도 신진대사의 촉진과 함께, 풍요롭고 아름다운 삶이 가능해 지고 있는 삶이다. 힘에 의지하고 있는 삶은 모든 장애를 극복하려고 하고 있는 삶이며, 최악의 경우, 아무 것도 의지하지 않는 것보다는 염세주의, 혹은 허무에의 의지를 실천하고 있는 삶이라고 할 수가 있다. 남녀 간의 성교, 종족보존, 넓고 아늑한 터전, 영양섭취, 다종다양하고 화려한 의상, 제일의 천성을 버리고 제이의 천성을 얻으려는 앎에의 의지와 고등교육, 無知에의 의지, 진실에의 의지, 거짓에의 의지, 문명과 문화, 성의 해방, 가장 확실하고 중요한 두자의 대싱으로서의 육체, 과학혁명, 산업혁명, 종교, 신, 신성모독, 득죄신화, 도덕과 풍습의 윤리, 역사와 전통, 씨족, 단체, 직업, 정당, 국가, 민족, 세계시민, 스포츠, 오락, 도박, 사기, 전쟁, 평화, 우생학과 종의 건강, 자연의 혜택과 자연보호, 전체주의, 자본주의, 공산주의, 탈현대 산업사회, 실존주의, 구조주의, 탈구조주의 등—. 이 모든 것이 우리 인간들이 자기 문화를 긍정하고 찬양하기 위한 가장 찬란한 인식의 제전이며, 낙천주의를 양식화시켜 놓은 것들이 아니던가? 기독교와 불교와 수많은 신화들은 무엇을 의미하고, 공산주의와 자본주의는 무엇을 의미하는가? 우리 인간들은 하이데거의 말대로 '세계내 존재'이며, 아리스토텔레스의 말대로는 무리를 지어 살 수밖에 없는 사회적 동물이기도 하다.

정상과 비정상은 권력의 조작이며, 사회 자체가 거대한 감옥이라고 역설했던 미셸 푸코도 극단적인 염세주의자이고, '앙티 외디프스'라는 명제로서 지배체제의 전복과 탈영토화만을 외쳤던 들뢰즈와 가타리도 극단적인 염세주의자들이다. 인간이 인간을 혐오한다는 것은 있을 수도 있고, 또 건강한 문화를 위해서는 바람직할 수도 있지만, 극단적인 염세주의는 그 수명이 오래가지도 못하고, 대중적인 기반을 폭넓게 확산시킬 수도 없을 것이다. 어떻게 '인간적인 것에 대한 증오와 이성과 관능에 대한 공포로만 이루어진 삶이 가능하고, 또 어떻게 행복과 미에 대한 공포와 원망뿐인 삶이 가능할 수가 있단 말인가? 의지박약하고 말기 문화적인 인간들이 강조하고 있는 반이성, 반역사, 반인본주의가 소중한 것처럼 이성, 역사, 인본주의도 다 같이 소중하다고 하지 않을 수가 없다. 요컨대 낙천주의는 우리 인간들의 삶을 향유할 수 있는 최고급의 지혜이자, 모든 기적을 불러일으킬 수 있는 구원론으로 작용하고 있다고 해도 틀림이 없는 것이다.

모든 시와 예술은 행복한 꿈의 한 양식으로서 낙천주의를 양식화시

킨 것이다. 가령, 유하의

우리나라 신식 국자는 무슨 국자? 일명 신식민지 국독자?
처음 코카콜라가 등장했을 때 웬 간장이냐며 국에 뿌린 년도 있긴 있을라
난 느껴요—코카콜라, 언제나 새로운 맛 신식 국독자로 떠먹는 코카콜라
그때마다
톡 쏘는 맛처럼 떠오르는 여자가 있다 코카콜라 씨에프에서
팔꿈치로 남자를 때리며 앙증맞게 웃는 여자, 그 몇 프레임 안 되는 장면 하나가 방영되자마자 연예가 일번지 압구 정동 일대가
술렁였댄다 그것 땜에 애인 있는 남자들의 옆구리가 순식간에 멍들었다는데……
왜 그 시에프가 히트했는가에 대한 항간의 썰들은 분분하다

라는, 「콜라 속의 연꽃, 심혜진論」도 하나의 구원론으로서 작용하고 있고, 장정일의

내가 그의 단추를 눌러준 것처럼
누가 와서 나의
굳어 버린 핏줄기와 황량한 가슴속 버튼을 눌러 다오
그에게로 가서 나도
그의 전파가 되고 싶다.

우리들은 모두
사랑이 되고 싶다.
끄고 싶을 때 끄고 켜고 싶을 때 켤 수 있는
라디오가 되고 싶다

라는, 「라디오같이 사랑을 끄고 켤 수 있다면」도 하나의 구원론으로서 작용하고 있다.

만일 키취 미학이 "의사 사물, 즉 시뮬레이션, 복사품, 모조품, 스트레오타잎" 등의 조잡한 세목들과 등가를 이루고 있는 것이라면, 유하와 장정일의 시는 그것을 전파하는 광고의 언어로서 되어 있다고 하지 않을 수가 없다(9: 155). 광고의 언어는 "톡 쏘는 맛처럼" 달콤하고, '신식민지 국가독점자본주의'라는 모멸적인 사회학의 용어마저도 부드럽게 녹여버리는 마력으로 작용한다. "난 느껴요—코카콜라", 우리는 그 광고 속의 여자 모델 앞에서 이성이 마비된 건장한 노예처럼 무릎을 꿇거나, '라디오같이 사랑을 끄고 켤 수 있다면'이라는 키취 미학의 송가를 불러대지 않으면 안 된다. 유하가 광고의 언어를 통해서 세태 풍자적으로 키취 미학을 패러디해 본 것이라면, 장정일은 광고의 언어를 통해서 기성 세대의 고전적인 가치관—김춘수의 「꽃」이 존재론적 탐구와 구원의 문제를 그 핵심 주제로 하고 있다는 점에서—을, 보다 적극적으로 야유하고 패러디해 본 것이라고 하지 않을 수가 없다. 그들의 키취 미학은 하나의 단순한 유행의 물결이 아니라, 소비사회의 이데올로기를 전파하고 있는 것 같고, 또한 낙오자의 정서나 염세주의자의 정서보다는 하나의 기적을 불러 일으키는 구원론으로 작용하고 있다고 하지 않을 수가 없다. 신식민지 국가독점자본주의 사회에서도 "톡 쏘는 맛처럼 떠오르는 여자"가 있다는 것이 그렇고, "우리들은 모두/ 사랑이 되고 싶다/ 끄고 싶을 때 끄고 켜고 싶을 때 켤 수 있는/ 라디오가 되고 싶다"라는 키취 미학의 송가가 그렇다. 키취 미학은 소비사회의 이데올로기의 산물로서, 소비를 통해서만이 모든 명예와 부와 행복이 가능하리라는 환상을 심어주고 있는 것인지도 모른다.

모든 것을 올림프스처럼 드높은 곳에서 내려다 볼 줄 아는 고귀한 인간의 고귀한 사상도 필요하고, 사시사철 대쪽같은 긍지와 자부심도 필요하다. 또한, 한없이 값싸게 살면서도 끝끝내 고귀한 인간의 전형과 사랑의 대상마저도 창조하겠다는 피그말리온적인 장인 정신도 필요하고, 최고급의 인간들과 사귀면서 不死의 신들과의 결투마저도 사양하지 않았던 위대한 영웅들의 용기도 필요하다. 하지만 이러한 위대한 비극의 주인공들을 비웃으면서 한없이 가볍고 천박해 지고 있는 것이 키취 미학의 주체자들이라면, 진정한 의미에서의 구원론은 무엇이고, 낙천주의란 무엇인가라는 문제와도 대결하지 않으면 안 된다.

現代式 橋梁을 건널 때마다 나는 갑자기 懷古主義者가 된다
이것이 얼마나 罪가 많은 다리인 줄 모르고
植民地의 昆蟲들이 二四시간을
자기의 다리처럼 건너다닌다
나이 어린 사람들은 어째서 이 다리가 부자연스러운지를 모른다
그러니까 이 다리를 건너갈 때마다
나는 나의 心臟을 機械처럼 중지시킨다
(이런 연습을 나는 무수히 해왔다)

그러나 문제는 이러한 反抗에 있지 않다
저 젊은이들의 나에 대한 사랑에 있다
아니 信用이라고 해도 된다
"선생님 이야기는 二十년 전 이야기이지요"
할 때마다 나는 그들의 나이를 찬찬히
소급해 가면서 새로운 여유를 느낀다
새로운 歷史라고 해도 좋다

이런 驚異는 나를 늙게 하는 동시에 젊게 한다
아니 늙게 하지도 젊게 하지도 않는다

이 다리 밑에서 엇갈리는 기차처럼
늙음과 젊음의 분간이 서지 않는다
다리는 이러한 停止의 증인이다
젊음과 늙음이 엇갈리는 순간
그러한 速力과 速力의 停頓 속에서
다리는 사랑을 배운다
정말 희한한 일이다
나는 이제 敵을 兄弟로 만드는 實證을
똑똑하게 천천히 보았으니까!
— 김수영, 「現代式 橋梁」 전문

우리 인간들은 누구나 공동체 사회에서 태어나 공동체 사회가 제공하는 편익을 누리면서 살아가지, 호랑이나 곰처럼 모든 것을 저 혼자서 해결해야만 하는 단독자로서는 살아가지 못한다. 또한 우리 인간들은 상부상조하고 공동체 사회를 갈고 닦으면서 살아가지, 상호 간의 불신과 반목과 그리고 풍습의 미덕을 해치면서 살아가지는 못한다. 그리스 신화 속의 에피메테우스는 우리 인간들을 창조하기 이전에, "힘, 민첩성, 교활함, 모피, 날개, 껍질" 등과도 같은 것을 다른 동물들에게 모두 주었고, 그의 형, 프로메테우스는 人神同形과 직립보행, 그리고 문명과 문화의 원동력인 귀중한 불을 우리 인간들에게 전해 주었다고 한다(10: 87). 우리 인간들이 사회적 동물로서 모여 살게 된 것은 에피메테우스의 바보 같은 짓 때문일는지도 모르고, 그 결과로서, 두 손과 두뇌를 사용할 수 있다는 것 이외에는 어느 것 하나도 우월한 것이 없게 되었는지도 모른다. E. H. 카아의 말대로, 우리 인간들은 '생물학적 존재에서 사회적 존재로' 자연스럽게 변모하게 된 것이며, 다른 말로 하자면 '역사적 인간'이 되었다고 할 수가 있는 것이다. 공동체 사회의 구성원으로서의 인간은 사적인 자유와 권리보다도 도덕, 법, 제도, 질서, 예의범절 등이 더욱더 중요하고, 사적인 소원이나 욕망의 추구보다도 공동체 사회를 위한 위대한 업적이 더욱더 중요하다. "로빈슨 크루소 신화의 영속적인 매력은 사회로부터 독립된 개인을 상상해 보려고 한 점"이지만, 로빈슨 크루소 역시도 추상적 개인이 아니라, 요크 출신의 영국인이며, 성경을 갖고 다니는 독실한 기독교 신자에 불과하다(11: 53). 로빈슨 크루소는 공동체 바깥에 있는 사람이며, 어떤 사회적 안전보장 장치도 없고, 비참, 소외, 망명, 추방이라는 뜻에 부합되는 인물에 지나지 않는다. 로빈손 크루소가 무인도에서 자유롭게 살아가지 못하고 영국인이라는 사실과 기독교에 더욱더 매달리듯이, 우리 인간들은 제 아무리 사적인 소원이나 욕망을 추구한다고 하더라도, 보이지 않는 손에 의해서 공동체 사회를 위한 사회적 동물로서 살아갈 수밖에 없는 것인지도 모른다.

김수영이 「現代式 橋梁」에서 노래하고 있는 것은 대한민국, 혹은 공동체 사회의 구성원으로서 과거의 역사에 대한 반성과 함께, 구세대와 신세대 간의 사랑과 용서와 화해의 주제라고 해도 틀림이 없다. '현대식 교량'의 저쪽은 "식민지의 곤충"과도 같은 인물들이 살고 있고, '현대식 교량'의 이쪽은 아버지 세대의 부끄러운 죄(역사)를 용서하고, 사랑과 화해로서 이끌어 가야 할 새로운 세대들이 살고 있다. 「現代式 橋梁」은 구세대와 신세대를 이어주는 매개체이긴 하지만, 그러나 그 사랑과 용서와 화해의 역사가 저절로 우연히 이루어지고 있는 것은 아니다. '식민지의 곤충'으로서의 김수영이 "심장을 기계처럼 중지"시킬 수밖에 없었듯이, 그가 속한 시대의 사회와 역사를 참담게 반성할 때만이 사랑과 용서와 화해는 가능할 수밖에 없는 것이다. 모든 시대의 훌륭한 시인들은 동시대를 비판하고 동시대를 비판함으로써 그 시대에 참여하고 있는 인물들이지, 언제나 낮은 곳에서 고산영

봉들만을 바라다 보는 속물 교양주의자들을 뜻하지는 않는다. 김수영은 현재에서 과거를 내려다 보는 인물이며, 또한 시대를 초월해서 미래의 한국의 역사를 내려다 보는 인물이기도 하다. 그는 항상 순교를 의식하고, 그 순교의 길을 통하여 최대의 행복과 즐거움을 얻을 수가 있었던 것처럼도 보인다.

> 현대시는 이제 그 '새로움의 모색'에 있어서 역사적인 徑間을 고려에 넣지 않으면 아니 될 필연적 단계에 이르렀다. 연극성의 와해를 떠받치고 나가야 할 역사적 지주는 이제 개인의 신념이 아니라 인류의 신념을, 관조가 아니라 실천하는 단계를 밟아 올라가고 있다. 그리고 이러한 실천은 윤리적인 것 이상의, 作品의 image에까지 강력한 영향을 끼치는, 보다 더 근원적인 것으로 되어 있다. 현대의 순교가 여기서 탄생한다. 죽어가는 자기를 바라볼 수 있는 자기가 아니라, 죽어가는 자기—그 죽음의 실천—이것이 현대의 순교다. 여기에서 image는 바라볼 것이 아니라, 자기가 바로 image이다.
>
> — 김수영, 「새로움의 摸索」(12: 171)

김수영은 '새로움의 모색'이 무엇인지 알고 한국인의 신념, 혹은 인류의 신념을 밀고 나간 인물이며, 한국현대시사에 있어서 최초의 문화적 영웅이라고 해도 과언이 아니다. 그는 그 '죽음의 실천'을 통해서 과거와 현재와의 단절된 매듭을 이어주고, 구세대와 신세대 간의 사랑과 용서와 화해를 통해서, "적을 형제로 만들어 내는" 기적을 연출해 냈던 것이다. 그는 「現代式 橋梁」을 통해서 '역사적 인물'이 되어갔으며, 영원불멸의 삶을 얻을 수가 있었던 것이다. 낙천주의자는 최대의 고통과 위험—김수영이 '식민지의 곤충'으로부터 '역사적 인물', 혹은 '문화적 영웅'이 되기 위해서 온몸으로 뜨겁게 몸부림쳐 왔듯이—속에서 행복하게 살아가고 있는 인물이며, 하나의 구원론을 완성해 나가고 있는 인물이라고 할 수가 있다.

고대 그리스의 대철학자이며 소요학파의 창시자인 아리스토텔레스는 그의 『시학』 제9장에서 "시는 역사보다도 더 철학적이고 더 진지하다"고 말하고 있는데, 왜냐하면 "시는 보편적인 것을 말하고, 역사는 개별적인 것을 말하고" 있기 때문이다(13: 50). 즉, 시인은 앞으로 일어날지도 모르는 예측 가능한 일을 이야기하고, 역사가는 실제로 일어난 일을 이야기한다는 것이 아리스토텔레스의 핵심적인 발언의 요지라고 할 수가 있다. 역사란 "역사가와 사실과의 상호작용 과정"이며, "현재와 과거와의 끊임없는 대화"라고 역설했던 E. H. 카아의 말이 아니더라도, 아리스토텔레스의 발언은 그의 역사에 대한 인식적 오류와 함께, 『시학』의 저자로서의 배타적인 이기주의의 소산이라고 하지 않을 수가 없다(11: 51). 인류의 문화유산, 혹은 과거의 전통과 습관과 교훈을 미래에 전달하고자 하는 역사학의 목표가 어떻게 개별적인 행위로만 국한될 수가 있겠으며, 제 아무리 우리 인간들의 역사가 왜곡과 탈락으로 점철되어 있다고 하더라도, 위대한 역사가들의 끊임없는 사실의 발굴과 재조명 과정이 없었더라면, 어떻게 오늘날과도 같은 고도의 문명과 문화의 성취가 가능할 수가 있었겠는가? 시인이 개별적인 것을 지양하고 보편적인 것을 추구한다면, 역사가도 개별적인 연대기와 사실의 숭배를 지양하고 보편적인 것을 추구한다고 할 수가 있다. 시와 역사가 보편적/개별적, 혹은 시적 진실/사실숭배로 대립되지 않는 한, 아리스토텔레스의 발언은 "역사는 시보다도 더 철학적이고 더 진지하다"라는 극단적인 역사가의 말을 가능하게 하고 있는 말에 지나지 않는다. 어떠한 지적 편견이나 배타적인 이기주의를 버리고 바라보게 되면, 역사가들 역시도 사실의 숭배나 개별적인 연대기를 지양하고 객관적이고 보편적인 '역사'를 추구한다고 하지 않을 수가 없다.

시는 역사보다도 더 철학적이고 더 진지하다는 아리스토텔레스의 발언이 그의 역사에 대한 인식적 오류와 함께, 그만큼 배타적인 이기주의의 소산이기는 하지만, 다른 한편으로는 플라톤의 '시의 무용성론'에 대한 정교한 반론임에는 틀림이 없는 것같다. 플라톤이 이성과 합리성의 이름으로 시의 역사적 기원이나 사회적 기능을 조금도 인정하지 않았다면, 쟝 리카르두와 아도르노는 시와 예술에 대한 지나친 기대와 쓸모 없는 목적론 때문에 시와 예술의 유용성론을 배격했다고 할 수가 있다. 플라톤이, 시는 이성보다는 감정에 호소하기 때문에 우리 인간들이 이상을 탐구하고 관찰하는 데 해가 된다고 보았다면, 쟝 리카르두와 아도르노는 예술을 위한 예술과 인간 해방을 위한 예술을 다같이 비판하고, 진정한 문학을 구원하기 위하여 '시와 예술의 무용성론'을 옹호한 것이라고 할 수가 있다. 플라톤의 무용성론은 시의 생성보다는 소멸—시는 아녀자와 노예들을 위한 것이다라는 말이 그것이다—에 기여하고 있는 무용성론이며, 쟝 리카르두와 아도르노의 무용성론은 시의 소멸보다는 생성—문학은 그것이 있다는 것만으로도 인간의 굶주림을 추문으로 만든다는 말이 그것이다—에 기여하고 있는 무용성론이다. 플라톤의 후예들은 이상적인 공화국이나 정치적인 입장에서 사회주의적인 리얼리즘을 주창했던 자들이고, 아리스토텔레스의 후예들은 매우 역설적이기는 하지만, 쟝 리카르두와 아도르노라고 해도 틀림이 없다. 쟝 리카르두나 아도르노의 무용성론은 쓸모 없음의 유용성론—쓸모 없는 것이 우리 인간들을 해방시킨다는 것이 그것이다—이고, 문학에 대한 有形無形의 도전과 시련과 절망과 함께, 그만큼의 새로운 기대와 희망이 섞여 있는 말이라고도 할 수가 있는 것이다.

그러나 시는 쓸모 없기 때문에 우리 인간들의 삶을 해방시켜 주는 것도 아니고, 사회주의자나 공산주의자들이 시를 그들의 선전—선동의 도구로 삼았다고 해서, 시의 유용성론이 일거에 소멸될 수 있는 것도 아니다. 시의 역사적 기원이나 사회적 기원을 따져보더라도 시는 본질적으로 쓸모 있는 것이고, 이러한 유용성론은 정치적인 상황의 논리나 어떠한 지적 편견을 뛰어 넘어서 존재하고 있는 것일는지도 모른다. 시의 역사적 기원은 "마법의 노래나 주문"이었다는 니체의 말에도 가닿아 있고, 시의 사회적 기능은 종교적 기능과 교육적 기능, 그리고 축제적 기능에도 가닿아 있다. 시의 사회적 기능에 대해서는 이미『행복의 깊이』제1권에서 상세하게 살펴본 바가 있지만(14), 우리 인간들은 마법의 노래나 주문을 통해서 악마마저도 유순하게 만들고, 빛과 진리와 예언의 신인 "아폴로마저도 자기 편으로 함으로써 미래를 강제"할 수가 있었던 것이다. 왜냐하면 어원상, 선율은 '진정제'를 의미하기 때문이고, 우리 인간들은 마법의 노래나 주문만 있으면 무엇이든지 할 수가 있었기 때문이다. 예컨대, "마법의 노래나 주문으로 어떤 일을 촉진시키는 것; 신의 출현, 근접, 경청을 강요하는 것; 미래를 자기 뜻에 따라 만드는 것; 과도한 불안, 광기, 연민, 또는 복수로부터 그 자신의 영혼을 정화시키는 것"이라는 말이 그렇고, "인간 자신의 영혼뿐만 아니라 최초로 사악한 영혼도 시구가 없었다면 아무 것도 아니었던 것"이라는 말이 그렇다(4: 139).

시의 진정제 효과는 다음과 같은 허수경과 최승호의 시에서도 살펴볼 수가 있다.

내일은 탈상
오늘은 고추모를 옮긴다.

홀아비 꽃대 우거진 산기슭에서
바람이 내려와
어린 모를 흔들 때

막 옮기기 끝낸 고추밭에
편편이 몸을 누인 슬픔이
아랫도리 서로 묶으며
고추모 사이로 쓰러진다.

슬픔만한 거름이 어디 있으랴

남녘땅 고추밭
해빛에 몸을 말릴 적
떠난 사람 자리가 썩는다
붉은 고추가 익는다
— 허수경, 「탈상」 전문

찬 달빛 아래 기괴한 고목의 그림자는 매서운 바람에 부르르 떨고, 처마 밑 비어 있는 제비집엔 묵은 진흙들이 붙어 있을 뿐입니다. 북춘천의 벌판에서 커다란 번데기처럼 웅크리고 이 겨울을 나고 있습니다. 너무 걱정하지 마세요. 마른 손가락들은 그 어느 때보다, 나의 허물로부터 허물인 나까지 찢어놓을 기세니까요.
— 최승호, 「북춘천에서」 전문

이미 박용래와 유안진의 시를 분석할 때 '진정제 효과'를 암시한 바가 있지만, 우리 인간들은 삶의 불안, 광기, 연민, 또는 복수로부터 그 자신의 영혼을 정화시켜주는 시가 없으면 잠시도 살아갈 수가 없고, 아폴로의 출현을 강제하고 미래를 예언하는 시가 없어도 결코 살아갈 수가 없다. 테르판드로스도 시의 진정제 효과에 의하여 자기 자신의 소요를 가라 앉혔으며, 엠페도클레스는 그 자신의 광인을 달랬고, 다른 한편, 다몬은 사랑에 빠져 수척해진 젊은이를 회복시켰다고 한다. 영혼의 적절한 긴장과 조화를 위해서라도 노래를 부르지 않으면 안 된다는 것이 의술의 신인 아스클레피오스의 처방이었고, 우리 인간들은 시와 노래에 의해서 영생불사의 인간이 되었던 것인지도 모른다. 시의 진정제 효과는 아리스토텔레스의 카타르시스 효과와도 일맥이 상통하고, 그것은 '감정의 정화'를 의미하는 윤리적 견해를 가로지르면서, '감정의 배설'을 의미하는 의학적 견해를 향해 폭넓게 퍼져 나가고 있다고 하지 않을 수가 없다.

시의 진정제 효과는 감정의 정화를 의미하는 윤리적인 견해로서도 싱싱하게 살아 있고, 감정의 배설을 의미하는 의학적인 견해로서도 싱싱하게 살아 있다. 허수경도 "막 옮기기 끝낸 고추밭에/ 편편이 몸을 누인 슬픔"을 진정시켜가고 있고, 최승호도 "북춘천의 벌판에서 커다란 번데기처럼 웅크리고 이 겨울을 나고" 있으면서도, 그 고통을 진정시켜 가고 있다. 그들에게 삶의 불안, 광기, 연민, 공포, 고통 등으로부터 자기 자신을 진정시켜주는 시가 없었더라면, 어떻게 살아갈 수 있었을까를 묻고 싶고, 그 시들이 미래를 강제할 수 있는 힘이 아니라면, 어떻게 쇼펜하우어적인 염세주의의 미학을 극복할 수 있었을까를 묻고 싶다. 허수경은 "편편이 몸을 누인 슬픔 속"에서도 고추모를 옮기며 "슬픔만한 거름이 어디 있으랴"를 깨달아 가고 있는 시인이며, 최승호는 "북춘천의 벌판에서 번데기처럼 웅크리고 이 겨울을 나고" 있으면서도, "너무 걱정하지 마세요, 마른 손가락들은 그 어느 때보다도 나의 허물로부터 허물인 나까지 찢어 놓을 기세니까요"라고, 삶에의 의지를 피력하고 있는 시인이다. 허수경의 슬픔은 슬픔이 아니라, "떠난 사람의 자리가 썩는다/ 붉은 고추가 익는다"라는 시구에서처럼, 미래의 시제에서 행복으로 전유되고 있는 슬픔이며, 최승호의 고통 역시도 고통이 아니라, 이카루스의 후예로서 羽化登仙하고 있는 고통이라고 할 수가 있다. 열 번, 백 번을 말한다고 해도 허물을 벗지 못하는 뱀이나 번데기는 파멸하지 않을 수가 없다. 허수경의 슬픔은 그녀의 존재의 집이고, 최승호의 번데기 역시도 그의 존재의 집이다. 절대절명의 "위기나 곤궁에 처해 있을 때에도 술을 들거나 자살하는 일이 제일 드문 것이 유태인들"의 미덕이라면, 허수경과 최승호는 염세주의적인 한계를 벗어나서 성자의 미덕, 혹은 낙천주의자의 미덕까지도 지녔다고 하지 않을 수가 없다(6: 152). 어떻게 시는 "무관심하게 즐거움을 주는 것"이라는 칸트의 말이 절대적인 진리로 작용할 수가 있겠으며, 어떻게 "의지의 한결같은 야비한 주장으로부터"의 해방이라는 쇼펜하우어의 말이 절대적인 진리로 작용할 수가 있겠는가? 아리스토텔레스, 칸트, 쇼펜하우어의 말들을 쫓아가면, 시의 진정제 효과가 강조되지만, "시는 행복에의 약속"이라는 스탕달과 니체의 말을 쫓아가면—그들 역시도 진정제 효과를 벗어나서 새로운 명명의 힘으로 강조하지 못한—시의 '강장제 효과'가 나타나게 된다(5: 112). 말의 엄밀한 의미에서, 삶의 불안, 광기, 연민, 공포, 고통 등으로부터 우리 인간들을 진정시켜주는 것이 진정제 효과라면, 신의 출현, 근접, 경청을 강요하는 것, 미래를 자기 뜻에 따라 만드는 것은 우리들의 삶을 고양시켜주는 강장제 효과라고 할 수가 있다. 아리스토텔레스와 쇼펜하우어와 니체와 스탕달 등은 과도한 흥분을 진정시켜주는 것만을 알았지, 우리들의 삶을 고양시켜 줄 수 있는 '강장제 효과'는 알지도 못했다. 또한 그들은 삶의 의지와 힘의 의지가 있다는 것만을 알았지, 진정제의 반대 명제로서 흥분제 효과나 영생불사의 효과가 있다는 것은 알지도 못했다.

시의 효과는 진정제 효과와 강장제 효과, 그리고 흥분제 효과와 영생불사의 효과가 있다는 것이 나의 주장이며, 나는 적어도 새로운 명명의 힘으로써 언어의 기원 자체를 정복하고 싶었던 것이지, 마치, 김현처럼 '감싸기 이론' 따위를 도용하거나, '불세출의 대형비평가'라는 가짜 꼬리표를 달고 싶었던 것은 아니다. 시의 진정제 효과가 강장제 효과로 그 허물을 벗지 못하면 파멸할 수밖에 없게 되고, 강장제 효과는 흥분제 효과로, 흥분제 효과는 진정제 효과로, 그리고 마지막으로 그 셋의 효과가 영생불사의 효과로 허물을 벗지 못하면 파멸할 수밖에 없게 된다. 시의 강장제 효과는

얼음 풀린 냇가
세찬 여울물 차고 오르는
은피라미떼 보아라
산란기 맞아
얼마나 좋으면
혼인색으로 몸단장까지 하고서
좀 더 맑고 푸른 상류로
발딱발딱 배 뒤집어 차고 오르는
저 날씬한 은백의 유탄에
봄햇발 튀는구나

오호, 흐린 세월의 늪 헤쳐
깨끗한 사랑 하나 닦아 세울
날랜 연인아 연인들아

라는, 고재종의 「날랜 사랑」이 그 수일한 예에 해당되고, 다른 한편,

좋은 목수는
못의 크기와 나무의 각도에 따라
가장 힘 받을 부분에 정확한 조준으로
못을 박는다

못은 박을 때보다 잘못 박아
뺄 때가 훨씬 힘이 든다
한번 구부러진 못은 다시 휘어지기 쉽고
펴서 다시 박는다 해도 부러져
다시 쓰기가 어렵다
진짜 목수는 단 일격에 나무의 급소를 강타해
다시는 금가지 않을 옹벽을 구축한다
굳센 사랑의 기둥을 세운다
목수는 물에도 못을 박을 수 있을까
나무의 살과 뼈,
향기까지 맡아볼 수 있을까
혈관 속에 흐르는 피냄새까지
정확하게 찌를 수 있을까
세상 모나고 거칠고 딱딱한 곳엔
늘 크고 단단한 못이 필요하다
좋은 목수는 그것들을 순하게 길들여
수평과 수직을 긋는다
수평과 수직이 만나는 화평의 마을에
한 채의 든든한 사랑의 집을 짓는다

라는, 유용주의 「목수」도 그 수일한 예에 해당된다.

모든 유기체는 저마다 힘을 사용하고 싶어하고, 모든 삶의 자장을 자신의 힘을 과시할 수 있는 투쟁의 무대로서 활용하고 싶어한다. 힘에의 의지는 국가와 국가 간의 전쟁이든, 노동자와 자본가 계급 간의 투쟁이든, 혹은 개인과 개인들 간의 싸움이든 간에, 그 궁극적인 목표는 세계정복운동이고, 불완전한 인간의 탈을 벗어던지고 절대적이고 완전한 신이 되고 싶다는 욕망의 소산이라고 하지 않을 수가 없다. 힘에 의지하고 있는 자는 날이면 날마다 강장제를 복용하며 그 힘을 사용하고 싶어하지, 치명적인 상처를 입은 자처럼 삶의 불안, 광기, 연민, 공포, 고통 따위 등만을 치유하고 싶어하지는 않는다. 또한 힘에 의지하고 있는 자는 생의 약동이나 창조적 진화를 위해서 자나 깨나 모든 장애를 극복하고 싶어하지, 염세주의적인 체념이나 의지박약함으로 주저앉고 싶어하지는 않는다. 모든 인간들의 삶은 근본적으로 힘에 의지하고 있는 삶이며, 타인과 이 세상이 모두 망하더라도 자기 자신만은 살아남으려는 욕망으로 가득차 있는 삶이다. 힘에 의지하고 있는 삶은 엄청난 기쁨이 증대하고 있는 삶이며, 언제, 어느 때라도 신진대사의 촉진과 함께, 풍요롭고 아름다운 삶이 가능해 지고 있는 삶이라고 할 수가 있다.

「날랜 사랑」의 기쁨은 힘이 증대하고 있는 기쁨이며, 창조적 진화가 가능해 지고 있는 기쁨이다. 날랜 사랑의 시인은 산란기를 맞이한 '은피라미떼'와 자기 자신을 동일시하고, 그 영적 합일의 감정을 힘에의 의지와 창조적 진화에 맞먹는 기쁨으로 노래하고 있는 것인지도 모른다. 고대의 상징을 하나의 비유로서 차용해 본다면, 시인과 은피라미떼는 우뚝 솟아오른 남근 자체이고, "얼음 풀린 냇가"의 "세찬 여울물"은 풍요로운 자궁 자체라고 할 수가 있다. 만일, 남근이 삽이고 여성이 밭이라면, 세찬 물살을 거슬러 올라간다는 행위는 밭을 갈고 씨앗을 뿌린다는 행위이며, 종의 보존과 증진의 최고의 법칙이라고 할 수가 있다. 발정기에는 어떠한 두려움이나 죽음마저도 외면을 하지 않고 자기 짝을 찾아나서는 동물들을 생각해 보고, 일상생활에서는 이기적인 욕망의 포로가 되어 있는 상류 계급의 인사가 가진 것이라고는 몸 하나뿐인 여성과의 불륜 관계를 생각해 보라! 남녀 간의 사랑은 힘에 의지하고 있는 사랑이며, 창조적 진화가 가능하리라는 믿음에 기초하고 있는 사랑이다. 남녀 간의 사랑에 의해서 엄청난 기쁨과 아름다움이 증대되고, 새로운 종의 탄생에 의해서 영생불사의 삶이 가능해 진다.

고재종이 회복기의 환자로서 "흐린 세월의 늪"과도 같은 가시밭길을 걸어왔다면, 유용주 역시도 "한번 구부러진 못은 다시 휘어지기 쉽고/ 펴서 다시 박는다 해도 부러져/ 다시 쓰기 어렵다"는 암흑기를 거쳐 왔다고 할 수가 있다. 고재종은 남녀 간의 낭만적인 사랑의 차원에서 힘에의 의지와 창조적 진화의 기쁨으로 우리 인간들의 삶을 고양시켜 나가고 있고, 유용주는 헤라클레스의 노역과도 같은 세속적인 일을 통해서, 우리 인간들의 삶을 고양시켜 나가고 있다. 따지고 보면, 돈이 돈을 낳고 진리가 되어버린 시대에 "수평과 수직이 만나는 화평의 마을"과 "한 채의 든든한 사랑의 집을 짓는다"는 것 자체가 시대착오적인 일이며, 다른 한편, 대부분의 합법적인 사기꾼들이 위해, 폭력, 착취를 일삼으며 기회주의적인 삶을 살아가고 있는 마당에, "나무의 살과 뼈/ 향기까지 맡아볼 수 있을까"라는 시구에서처럼, 일 자체의 기쁨을 강조하고 있는 것 자체가 시대착오적인 일일는지도 모른다. 하지만 대부분의 사람들이 어렵고 힘들고 더러운 일을 기피한다고 하더라도 대쪽같은 장인 정신과 성자의 영웅주의는 반드시 필요하고, 우리는 그것을 통해서 이 세상을 긍정하고 찬양하는 방법을 진정으로 배우지 않으면 안 된다. 유용주는 '목수'라는 장인 정신과 성자의 영웅주의를 통해서 우리 인간들의 삶을 고양시켜 나가고 있는 시인이며, 그 객관적인 상관물로서 "수직과 수평이 만나는 화평의 마을"을 창조해 가고 있는 시인이라고 하지 않을 수가 없다. 사회학자들은 사회는 개인보다 크고 우리 인간을 부양해 준다고 말하지만, 다른 한편으로는 한 개인의 행위가 그 시대의 핵심이고 본질이라는 헤겔의 말도 가능해 진다는 사실을 결코 잊어서는 안 된다. 아름다운 사회, 평화로운 공동체 사회는 그 자체로서 선험적으로 존재하고 있는 것도 아니고, 위대한 개인의 장인 정신과 성자의 영웅주의를 떠나서 진정제 효과에만 매달리고 있는 어중이 떠중이들에 의해서 구성될 수 있는 것도 아니다.

시에 있어서의 진정제 효과는 과도한 흥분이나 치명적인 상처를 입은 자들을 치유해 주기도 하지만, 힘에의 의지와 창조적 진화의 힘으로 작용하지는 못한다. 시에 있어서의 강장제 효과는 우리 인간들을 힘에의 의지와 창조적 진화의 힘으로 이끌어주기는 하지만, 최고의 삶의 정점에서 진정한 삶을 향유할 수 있는 힘으로 작용하지는 못한다. 삶의 불안, 광기, 연민, 공포, 고통 따위 등을 진정시켜주는 진정제도 필요하고, 힘에의 의지와 창조적 진화의 힘으로 우리 인간들의 삶을 고양시켜주는 강장제도 필요하고, 삶의 정점에서 그것을 향유할 수 있는 흥분제도 다같이 필요하다. 어떻게 삶의 불안, 광기, 연민, 공포, 고통 따위 등이 흥분제가 필요한 상황과 무관할 수가 있겠고, 또한 어떻게 흥분제가 필요 없는 진정된 삶만이 가능할 수가 있단 말인가? 진정제가 없으면 강장제도 필요가 없고, 강장제가 없으면 진정제도 필요가 없다. 강장제가 없으면 흥분제도 필요가 없고, 흥분제가 없으면 강장제도 필요가 없다. 또한 흥분제가 없으면 진정제도 필요가 없고, 진정제가 없으면 흥분제도 필요가 없다. 따라서 시에 있어서의 흥분제 효과는 광기와 착란의 현상으로, 다른 하나는 하늘을 찌를듯한 환희에의 기쁨으로 나타나고 있다고 하지 않을 수가 없다.

당연의 세계는 물론의 세계를 길들이고
물론의 세계는 우리의 세계를 길들이고 있다,
당연의 세계에 소송을 걸어라
물론의 세계에 소송을 걸어라
나날이 다가오는 모래의 점령군,

하루종일 발이 푹푹 빠지는 당연의 세계를
생사불명, 힘들여 걸어오면서, 세상에서 가장 무거운 싸움은

그와의 싸움임을 알았다,
물론의 모래가 콘크리트로 굳기 전에
당연의 감옥이 온 세상 끝까지 먹어치우기 전에
당연과 물론을 양손에 들고
아삭아삭 내가 먼저 뜯어먹었으면
— 김승희, 「세상에서 가장 무거운 싸움 2」에서

경찰은 데모를 하였다
납치범들의 졸개인 경찰은 무장을 하고
주인 앞에 몰려와서 데모를 하였다
최루탄을 쏘고 군화발로 짓이기며
과격시위를 하였다
쇠몽둥이를 들고 곤봉을 휘두르며
극렬시위를 하였다
공장 앞에 몰려와
극렬하게 데모를 하였다

노동자들은 진압에 나섰다
저들의 살상 무기를 막자고
지게차가 나섰다 포크레인이 나섰다
깃발을 들고 함성으로 나섰다
주인인 노동자들은 피흘리며 진압에 나섰다
— 백무산, 「경찰은 공장 앞에서 데모를 하였다」에서

시에 있어서의 흥분제 효과는 우리 인간들의 이성을 마비시키고 미치광이나 기인이나 바보처럼 살아가게 하는 효과도 있지만, 우리 인간들이 자아를 망각한 존재의 무근거 상태로서 최고의 삶의 정점을 향유할 수 있는 효과로도 작용한다. "천재에게는 한 알의 소금 대신에 미치광이 풀"이 필요하다는 말도 있고, "광기에 의하여 최고의 재산이 그리스로 왔다"라는 말도 있다(6: 27). 또한 우리 인간들의 일상생활은 "흥분하기 위해서 항상적인 폭력을 필요"로 한다는 말도 있고(9: 28), '사랑스러운 광기'와 '부드러운 광기'를 옹호했던 쇼펜하우어의 말도 있다. "투기장의 로마인, 십자가의 법열에 취한 기독교인, 화형장이나 투우장의 스페인인, 비극을 보러 몰려드는 현대 일본인, 피비린내 나는 혁명에 향수를 느끼는 파리 변두리의 노동자, 무조건 『트리스탄과 이졸데』에 열광하는 바그너에 심취한 여인들"을 생각해 보고(2: 165), "공포에서 쾌감을 맛보는 것, 공포에 굴복하지 않기 위해 자진해서 그것에 뛰어드는 것, 파멸의 이미지를 눈 앞에 떠올리는 것, 파멸이 불가피하다는 것" 등을 생각해 보라! 또한 "멋진 위험"에서 쾌감을 맛보는 것을 생각해 보고, 이슬람교 수도승들의 황홀 상태나 중남미인들의 광란적인 회전과 축제, 그리고 마약, 술, 스포츠, 섹스 등과도 같은 흥분제의 발명에 뛰어난 유럽인들을 생각해 보라!(15: 21) 이제 시에 있어서의 흥분제 효과를 거절하기 이전에, 우리 인간들은 흥분제 없이 어떻게 살아갈 수 있을 것인가를 묻지 않으면 안 되고, 새삼스러울 것도 없지만, 고급문화가 어떻게 해서 형성되어 왔는가를 생각해 보지 않으면 안 된다. 동양인들도 흥분제의 발명에 뛰어나고, 서양인들도 흥분제의 발명에 뛰어나다. 시에 있어서의 흥분제 효과가 없다면, 진정제 효과는 물론, 강장제 효과나 영생불사의 효과마저도 가능하지가 않다.

시에 있어서의 흥분제 효과는 힘의 감정이 최고도로 충족되어 있는 상태이며, 그것이 파멸에의 의지이든, 아니든 간에, 어떠한 행동도 서슴지 않고 자행할 수 있는 상태라고 할 수가 있다. 김승희는 마치, 극단적인 공포에서 쾌감을 맛보고 있는 것처럼, “당연의 세계”와 “물론의 세계”와의 싸움을 하고 있고, 백무산은 마치, 파멸에의 의지처럼, “쇠몽둥이를 들고 곤봉을 휘두르는” 납치범(지배계급)들과의 더욱더 어렵고 힘든 싸움을 하고 있다. 김승희의 싸움은 눈에 보이지 않는 대상과의 싸움이고, 백무산의 싸움은 구체적이고 분명한 대상과의 싸움이다. 눈에 보이지 않는 대상과의 싸움에도 “당연의 세계에 소송을 걸어라/ 물론의 세계에 소송을 걸어라”에서처럼 흥분제 효과가 필요하고, 눈에 보이는 대상과의 싸움에도 “지게차가 나섰다/ 포크레인이 나섰다/ 깃발을 들고 함성으로 나섰다”에서처럼, 흥분제 효과가 필요하다. 김승희와 백무산의 싸움은 호전적인 인간들의 싸움도 아니고, 사적인 개인의 이익이나 일시적인 타협을 위한 싸움도 아니다. 또한 그들의 싸움은 ‘안식일 중의 안식일’과도 같은 휴식을 얻기 위한 싸움도 아니고, 뜻하지 않은 신의 은총에 의해서 끝장을 볼 수 있는 싸움도 아니다. 그들의 싸움은 그 주체자들의 성숙과 노동자 계급의 삶의 질을 높이기 위한 싸움이라는 점에서, 끊임없이 이어져야만 하는 싸움이고, 궁극적으로는 행복한 사회를 위한 낙천주의자의 싸움이라고 하지 않을 수가 없다. 낙천주의자는 죄를 짓고 죄악을 정당화할 수 있는 인간이며, 죄를 짓지 않는다는 것은 그의 존재를 포기하는 것과도 같다고 하지 않을 수가 없다. 낙천주의자에게 있어서 세계는 범죄의 표상이며, 그는 신성모독을 통해서 자기 자신의 존재의 정당성을 확보해 나가지 않으면 안 된다. 모든 낙천주의자는 ‘나는 신성모독을 범한다, 고로 존재한다’라고 외치지 않으면 안 되고, 또한 ‘세계는 나의 범죄의 표상이다, 고로 행복하다’라고 외치지 않으면 안 된다. 이것이 낙천주의자의 제일의 법칙이며, 자기 자신의 존재의 정당성을 확보해 나가는 방법인 것이다.

나도 한때는 詩人이고자 했었노라, ㅎㅎㅎ
굉장히 열심히 세수도 않고 다니고
때묻은 바바리 코우트의 깃을 세워 올리면서
봉두 난발한 머리카락의 비듬을 자랑했거니,
이미 내 등이 꺼꾸정하게 굽은 뒤에
형사 콜롬보가 기막힌 포옴으로 수입되었었노라
무엇인가 비웃는 듯한 미소를
하시라도 지우지 않으려고 노력하면서
먼 허공에서 아물거리는 하늘과,
바람과 별과 詩만을 바라보는
내 순수 고독의 시선하며
그것을 담은 詩展 팜플렛을, 오호호
저 무지 몽매한 중생들에게
노나 주었었노라

항상 국가와 민족의 앞날을
걱정하면서, 우주 평화를 걱정하면서
尹東柱의 혈서를, 에즈라 파운드를
옆구리에 끼고 다녔었노라
어디 나도 한번 머엇있게 살아 볼려고
오른손을 번쩍 번쩍 치켜 들면서
인생이란 뭐 다 그런 거라고, 아무 때고 간에
떠나고 싶을 때 훅 떠날 수 있는 거라고
목에 힘 꽉 주어 엄격하게 단언하면서

귀족처럼 우아하게 酒店 할미집을
들락거렸었노라

때로는
끓어오르는 詩興을 가누지 못하여
별로 인적이 뜸하지 않은 오솔길을
홀로 사색에 잠겨 비틀거리곤 했었노라
납작하니 짓밟힌 꽁초를 주워 피우면서
李小龍이처럼 절묘한 비명을 질러댔었노라,
아카! 아카카카!
— 박남철, 「詩人演習」에서

김승희도 하늘을 찌를듯한 환희에의 기쁨을 향유하고 싶어하고, 백무산도 하늘을 찌를듯한 환희에의 기쁨을 향유하고 싶어한다. 하지만 그들은 하늘을 찌를듯한 환희에의 기쁨은커녕, 최고의 삶의 정점에 올라서지도 못하고, 극단적인 흥분제 효과에 의해서 광기와 착란 체험에 압도되어가고 있는 것처럼도 보인다. 김승희의 흥분제 사용은 공포에서 쾌감을 맛보고 있는 것처럼 '생사불명'의 내적 폭발의 단계에 다다랐고, 백무산의 흥분제 사용 역시도 '지게차'와 '포크레인'을 몰고 나서는 것처럼, 파멸에의 의지를 완성하는 외적 폭발의 단계에 다다랐다고 해도 과언이 아니다. 김승희와 백무산의 흥분제 효과는 하늘을 찌를듯한 환희에의 기쁨보다는 광기와 착란 체험에 머무르고 있지만, 박남철의 「詩人演習」은 하늘을 찌를듯한 환희에의 기쁨을 노래해 놓고 있는 시라고 하지 않을 수가 없다. 「詩人演習」에는 "때문은 바바리 코우트의 깃을 세울" 수 있는 자유도 있고, "형사 콜롬보"보다도 앞섰다는 긍지도 있고, "바람과 별과 詩만을 바라보는/ 내 순수 고독의 시선하며/ 그것을 담은 詩展"을 "저 무지몽매한 중생들에게" 나누어 줄 수 있는 친절함과 자비심도 있다. 뿐만 아니라, "항상 국가와 민족의 앞날"과 "우주평화"를 걱정하는 진지한 사색과 고민도 있고, "윤동주의 혈서"와도 같은 순수한 열정과 기개도 있고, "인생이란 뭐 다 그런 거라고, 아무 때고 간에/ 떠나고 싶을 때 훅 떠날 수 있는 거라고"에서처럼, 생사를 초월한 환희에의 기쁨도 있다. 박남철은 샤먼이나 이슬람교의 수도승처럼, 최고의 삶의 정점을 향유하고 있는 시인이며, 그 환희에의 기쁨을 위해서, 어깨에서 나무가 자라나고, 수염에서 새들이 둥지를 틀 때까지, 이처럼 「詩人演習」을 되풀이 하고 있는 것인지도 모른다.

시에 있어서의 흥분제 효과는 광기와 착란 체험으로 이어지기도 하고, 하늘을 찌를듯한 환희에의 기쁨으로 이어지기도 한다. 광기와 착란 체험은 미치광이나 기인이나 바보에서처럼, 부정적인 체험으로 이어지지만, 하늘을 찌를듯한 환희에의 기쁨은 영생불사의 효과로 이어진다. 진정제 효과는 강장제 효과로, 강장제 효과는 흥분제 효과로 이어지고, 흥분제 효과는 다시 진정제 효과로 이어진다. 이 세 과정은 원환적인 순환과정이며, 영생불사의 효과를 위해서 최선의 과정으로 짜여져 있다고 할 수가 있다. 다시 말하자면 영생불사의 효과는 흥분제 효과 중에서 하늘을 찌를듯한 환희에의 기쁨에서만 추출될 수 있는 어떤 것이라고 하지 않을 수가 없다.

나는 지금 병이 깊지만 나의 몽매를 몸으로 깨우치는 이 전폭의 매질이 오히려 안락하다 비로소 나는 감추었던 것들 다 몸으로 불고 있다 이렇게 편안한 걸 괜히 그랬다 어둠만 골라 디뎠다 나는 나의 병을 끝까지 데리고 가리라 그와 함께 놀리라 나는 분명히 쾌차할 것이다 벌써 순백의 은총 하나가 내 곁에 당도해 있다 그는 맨발로 걸어왔다 우리집엔 요즈음 天使 한 분이 와 계시다 우리 식구들은 그 아기 天使의 옹알이 소리로 교감하는 聖家族이 되어 있다 아무 부족함이 없다 우리집의 말씀은 우리집의 構文은 날마다 '최초의 사물 앞에 최초로 서 있다' 그분께서 내게 그와 함께 걸음마를 가르치신다

— 정진규, 「몸詩 78—병에 대하여」 전문

나무 심는 사람 엘지아 부피에,
한 프랑스 작가가 알려준 神人,
알프스 고지대 버려진 땅에
나무 심어 물을 내고 새들을 부르고
죽은 땅을 살려 생명을 붐비게 한
글 모르는 시골 사람,
세상일 아랑곳하지 않고,
말없이,
무엇보다도 말 같은 거 하지 않고,
심은 나무로만 말을 하고
흐르는 물로만 말을 하며
새들의 지저귐
피는 꽃들로만 말을 하는
한 하느님
사람의 모습을 한
한 하느님.

— 정현종, 「한 하느님」 전문

시에 있어서의 영생불사의 효과란 자아를 망각한 존재의 무근거 상태이며, 최고의 삶의 정점에 올라 서 있는 상태라고 할 수가 있다. 또한 시에 있어서의 영생불사의 효과란 최고의 선과 신들의 경지에 올라 서 있는 상태이며, 이 세상의 모든 것들이 성숙한 어른의 눈에 비친 어린 아이들의 유희처럼 해맑아진 세계라고 할 수가 있다. "聖家族"의 차

원에서 자기 자신의 '몽매'를 깨우치며, '병'과 함께 놀고 있는 정진규의 「몸詩 78」이 바로 그렇고, "무엇보다도 말같은 거 하지 않고/ 심은 나무로만 말을 하고/ 흐르는 물로만 말을 하며/ 새들의 지저귐/ 피는 꽃들로만 말을 하는" 정현종의 「한 하느님」이 바로 그렇다. 어떻게 "아기 天使의 옹알이"와 함께 "최초의 사물 앞에 최초로 서 있는" 정진규가 최고의 삶의 정점에 올라 서 있지 않는 인간이 될 수가 있겠으며, 어떻게 "알프스의 고지대"에서 "사람의 모습을 한/ 한 하느님"이 신들의 경지에 올라 서 있지 않는 인간이 될 수가 있겠는가? 「몸詩 78」에서도 아기 천사의 옹알이로 시간이 멈춰지며 공간이 확대되고, 「한 하느님」에서도 '글 모르는 사람'에 의해서 시간이 멈춰지며 공간이 확대된다. 그 주체자들은 영생불사의 효과에 의해서 무한한 시간과 공간을 점유해버린 인간들이며, 人神同形으로서 육체의 아름다움이 증폭되어가고 있는 인간들이라고 해도 틀림이 없다. 그 주체자들은 병과 황무지와 함께 살고 있으면서도 건강하게 살고 있고, 그 병자의 건강함을 통해서 영원불멸의 삶을 정복해 나가고 있는 것인지도 모른다.

정진규, 이 용감하고 병에 익숙한 시인은 그 병든 상태의 최대의 특권과 이점을 절대로 거절하거나 무시하지 않고 있는데, 왜냐하면 병을 향유하는 것만이 영원불멸의 삶을 얻는 것이기 때문이다. 또한 그는 병자의 건강함으로 어린아이와도 같아진 시인이기도 한데, 왜냐하면 "아기 천사"만이 "최초의 사물 앞에서 최초로 서 있을" 수가 있기 때문이다. 그에게 있어서 병은 명명의 힘이고, 축복이고, 모든 창조의 어머니이며, 어린 아이와도 같아진 삶을 살게 하는 어떤 것일는지도 모른다. 정진규가 병자의 특권과 이점을 통해서 영원불멸의 삶을 살아가고 있는 시인이라면, 정현종은 "알프스의 고지대"에서도 죽은 땅을 살리고 생명을 붐비게 하듯이, 성자의 영웅주의를 실천하고 있는 시인일는지도 모른다. 그는 가축떼와도 같은 인간들의 반대편에서, 위대한 단독자의 생활을 영위하고 있는 인간이기도 하고, 비참, 소외, 망명, 추방 등과도 같은 공포의 감정들을 결코 두려워하지 않고 있는 인간이기도 하다. '한 하느님'은 혹독한 망아 체험과 고통의 지옥훈련과정을 거친 한 인간의 표상을 뜻하기도 하고, 다른 한편으로는 우리 인간들이 신을 창조했다는 사실을 역으로 반증해 주고 있는 것인지도 모른다. '한 하느님'은 우리 인간들의 궁극적인 목표이자, 위대한 초월자이고, 가장 훌륭한 영생불사의 인간이라고 하지 않을 수가 없다. 모든 시인은 영생불사의 효과를 통해서 최고의 선과 신들의 경지를 꿈꾸고 가장 찬란한 인식의 제전으로서의 낙천주의자의 삶을 꿈꾼다. 낙천주의는 이 세계를 아름답고 풍요롭게 긍정하고 찬양하고 있는 세계관을 뜻하고, 언제, 어느 때라도 비극의 주인공으로서 자기 자신을 불태워 나갈 수 있는 자의 사상이라고 해도 과언이 아니다.

이미 앞에서 시사한 바가 있듯이, 우리 인간들이 없는 세계는 존재할 수도 없고, 또 존재하지도 않는다. 왜냐하면 세계는 범미주의적이고 자연 그대로의 세계일 수도 있지만, 우리 인간들에게 있어서 인간이 없는 세계는 아무런 소용이 없기 때문이다. 우리 인간들은 호랑이나 곰처럼 단독자의 생활을 할 수가 없다는 점에서, 씨족, 단체, 직업, 정당, 국가, 민족 등에 종속되어 있는 사회적 동물이기도 하고, 하이데거적인 의미에서 '세계내 존재'이기도 하다. 단독자의 생활을 할 수 없는 인간이 무리를 짓는 것도 낙천주의를 양식화시키기 위한 것이고, 모든 종교와 이념과 사상 역시도 낙천주의를 양식화시키기 위한 것이다. 가난한 자, 힘 없는 자, 빼앗긴 자는 착한 자이고, 부유한 자, 힘 있는 자, 착취하는 자는 사악한 자라는 기독교의 복음 속에서도 낙천주의는 자라나고, 금발의 야수와도 같고 이민족을 향해서는 언제, 어느 때라도 전투태세를 갖추고 있는 국가와 민족주의 속에서도 낙천주의는 자라난다. 봉건귀족 체제를 무너뜨린 프랑스의 혁명 속에서도 낙천주의는 자라나고, 러시아의 짜르 체제를 붕괴시킨 공산주의의 혁명 속에서도 낙천주의는 자라난다. 봉건귀족 체제를 무너뜨리고 탄생한 자본주의나 자본주의의 근본적인 모순을 비판하고 탄생한 공산주의가 다같이 강조했던 것도 하나의 구원론이며, "인간 존재의 부조리, 소외, 위탁, 상황, 역사적 계기들"을 외쳤던 실존주의나 "역사에 대한 무관심, 물리적 자연에 대한 고양" 등으로 실존주의를 비판했던 구조주의가 다같이 강조했던 것도 하나의 구원론이다(16: 72). 구원론이란 우리 인간들의 삶을 한 차원 높게 고양시킬 수 있는 메시지를 담고 있어야 하며, 그것은 자유로운 개인—자유시장 경제체제(자본주의)와 프롤레타리아 계급의 혁명(공산주의), 그리고 역사적 선택(실존주의)과 사유의 주체가 없는 물리적 자연에 대한 고양(구조주의) 등으로써 증명되었다고 해도 틀림이 없다. 요컨대 낙천주의란 모든 사상과 이념의 궁극적인 모태이며, 오직, 단 하나의 구원론으로서 우리 인간들의 영원불멸의 삶을 가능하게 하고 있는 것이다.

나는 이미 『행복의 깊이』 제1권을 통해서 우리 인간들의 삶의 양식을 살펴본 바가 있는데, 「행복의 깊이」, 「상승주의의 미학」, 「하강의 깊이」, 「넓어지는 지평선」, 「포효하는 삶」, 「신생의 넋」이 바로 그것이라고 할 수가 있다. 『행복의 깊이』 제1권은 대한민국의 역사상 최초로 독창적인 사상과 이론을 선보인 책이고, '제3세계의 문화적 풍토병'과 '비평의 만장일치 제도' 속에서 신음을 하고 있는 우리 한국인들을 향해서, 그만큼 날카롭고 혹독한 비판을 가한 책이기도 하다. 이 『행복의 깊이』 제2권 역시도 사상과 이론의 차원에서 낙천주의자의 세계관을 정립하고, 우리 인간들의 앎에의 의지와 無知에의 의지, 그리고 진실에의 의지와 거짓에의 의지가 어떠한 양상을 띠고 나타나고 있는가를 살펴보고자 하는 의도에서 기획되고 준비되었다. 앎과 무지는 가장 찬란하고 화려한 인식의 제전의 양면을 이루면서, 상호 간에 그 경계를 넘나들고 있고, 또한 진실과 거짓은 도덕적 가치판단의 양면을 이루면서 상호 간에 그 경계를 넘나들고 있다. 이 모든 의지들의 배경에는 그 모든 것—'제3세계의 문화적 풍토병'과 '비평의 만장일치 제도', 그리고 '저능아들의 집단 유희'에 불과한 '세대론적 인정투쟁' 등—을 발밑으로 깔아 뭉개버릴 수 있는 힘에의 의지가 자라나고, 이 세계를 자기 뜻대로 손질할 수 있는 최고급의 지혜인 낙천주의가 그 화려한 꽃을 피우게 될 것이다.

| 참고 문헌 |

1, 토마스 오데아, 자네트 오데아, 『종교사회학』, 이화여대출판부, 1989

2, 니체, 『선악을 넘어서』, 청하, 1982

3, 니체, 『비극의 탄생』, 청하, 1982

4, 니체, 『즐거운 지식』, 청하, 1989

5, 니체, 『도덕의 계보』, 청하, 1990

6, 니체, 『서광』, 청하, 1993

7, 니체, 『짜라투스트라는 이렇게 말했다』, 청하, 1990

8, 쇼펜하우어, 『의지와 표상으로서의 세계』, 집문당, 1994

9, 장 보드리야르, 『소비의 사회』, 문예출판사, 1991

10, 에디스 헤밀턴, 『그리스 로마신화』, 을지출판사, 1985

11, E. H. 카아, 『역사란 무엇인가』, 범우사, 1984

12, 김수영, 『김수영 전집 2』, 민음사, 1984

13, 아리스토텔레스, 『시학』, 청년사, 1988

14, 반경환, 『행복의 깊이 1』, 한국문연, 1994

15, 로제 카이와, 『놀이와 인간』, 문예출판사, 1994

16, 엘리아데, 『상징, 신성, 예술』, 서광사, 1991

제2장 앎에의 의지

— 안다는 건 슬픈 일, 많이 아는 자들은
그 운명적 진리를 깊이 깊이 애도해야 하니
인식의 나무는 생명의 나무가 아니니
— 바이런

호랑이는 죽어서 가죽을 남기고 사람은 죽어서 이름을 남긴다는 말이 있듯이, 고대 그리스의 대철학자였던 소크라테스는 '너 자신을 알라'라는 유명한 교훈을 통해서 그의 이름을 남겼다고 할 수가 있다. 그의 이름이, 어느 날 하루 아침에 유명해진 것이 아닌 것처럼, '너 자신을 알라'라는 유명한 교훈 역시도 어느 사랑방의 한담이나 재담처럼, 저절로 우연하게 형성된 것이 아님은 너무나도 자명하다고 할 수가 있다. 사실, 따지고 보면, '너 자신을 알라'라는 유명한 교훈—'너 자신을 알라'라는 말은 그리스의 현인인 큘론의 말이며, 소크라테스는 큘론의 말을 받아들여 그 명제를 극단적으로 밀고 나갔던 것이다—은 소크라테스 철학의 핵심적인 명제이며, 붉디 붉은 피로써 씌어진 경구이기도 한데, 왜냐하면 그는 그 명제를 통하여 자기 자신의 철학을 완성시켰고, 최고의 형벌인 사형선고를 받았기 때문이다. 그의 철학은 애지愛知로서의 철학이며, 앎과 행동을 극단적으로 일치시킨 철학이다. 또한 그의 철학은 우리 인간들의 마비된 의식을 한 마리의 등에처럼, 일깨워주고 있는 철학이며, 궁극적으로는 진리와 지혜의 이름으로 어떤 불의와도 타협을 하지 않고 있는 정의의 철학이라고도 할 수가 있는 것이다. 최고급의 지혜와 앎에의 의지로서 충만되어 있는 소크라테스는 "크건 작건 知者가 아님을 알고 있는데, 내가 제일 지혜가 있는 사람이라고 하니, 도대체 신은 무슨 말씀을 하시려는 걸까?"라는 회의와 의심을 지닌 채, 자기 자신보다도 더 훌륭하다고 생각되는 아테네의 대정치가, 연설가, 장인, 시인, 예술가 등을 하나 하나 찾아 나선다(1:46)*. 하지만, 나는 아무 것도 모른다는 평범한 자기 이해로 무장한 소크라테스에 의해서 아테네의 대정치가, 연설가, 장인, 시인, 예술가들이 그만큼 날카롭고 무자비하게 베어져 나갔다고 해도 과언이 아니다. 소크라테스는 그들과의 비판적인 대화를 통하여 대정치가들의 어떠한 명예와 명성도 인정하기를 거부했고, 또한 수많은 시인이나 예술가들의 진리에의 통찰과 장인 정신도 인정하기를 거부했다. 따라서 소크라테스는

> 이 사람보다는 내가 더 지혜가 있다. 왜냐하면 이 사람이나, 나나, 좋고 아름다운 것에 대하여 아무 것도 모르는 것 같은 데, 이 사람은 자기가 모르면서도 알고 있다고 생각하지만, 나는 모르고 또 모른다고 생각하고 있기 때문이다. 이 조그마한 일, 즉 내가 모르는 것을 모른다고 생각한 점 때문에 내가 이 사람보다도 더 지혜가 있는 것 같다(1: 47).

라고, 다소 지나치고 오만하기는 하지만, 그만큼 무서운 통찰의 결과

---

* (1: 46)은 1의 책 46면을 말한다.

를 내놓게 된다.

고대 그리스 사회에서 최고급의 지혜와 앎에의 의지로서 충만되어 있는 소크라테스가 사용한 칼날은 무자비하고 그만큼 날카로운 삼단논법의 칼날이기도 하고, 그는 그 삼단논법의 칼날을 사용하기 위해서 상대방의 모순된 논리를 더욱더 강화시켜 준 뒤, 항상 치명적인 역공을 펼쳤던 것처럼도 보인다. 소크라테스가 진리와 지혜의 이름으로 사용한 삼단논법의 칼날에 의해서 아테네 사회의 제일급의 인사들이 하나하나 베어질 때마다 그를 추종하는 수많은 젊은이들이 생긴 것도 사실이지만, 정반대 방향에서, 그만큼의 원한 맺힌 저주의 감정들도 증폭되어 갔던 것처럼도 보인다. 더군다나 원한 맺힌 저주 감정의 주체자들이 사회적인 하층민들이 아니라, 아테네 사회의 제일급의 인사들이라는 사실을 감안하게 되면, 반드시 그에 상응하는 댓가를 치르게 되어 있었던 것일는지도 모른다. 소크라테스의 공식 죄명은 "수많은 청년들을 부패시키고, 국가가 신봉하는 신들을 믿지 않기 때문이다"라는 것이지만, 실제로 그가 사형선고와 함께 무서운 毒杯를 받지 않을 수가 없게 된 것은 '너 자신을 알라'라는 그의 철학적인 명제를 극단적으로 밀고 나갔기 때문이다(1:52). 유명한 정치가이든, 연설가이든, 시인이나 예술가이든 간에, 어느 누구든지 지혜가 있다고 알려진 사람이 있기만 하면, 서슴없이 찾아가 그들의 인식적 오류와 무지를 지적해 내는 소크라테스가 어떻게 제일급의 인사들에게 환영을 받을 수가 있었겠으며, 또한 어떻게 그가 누구의 선생이 되었든, 아니었든 간에 수많은 젊은이들의 우상이 되어가고 있는 사실이 수많은 질투와 중상모략의 대상이 되지 않을 수가 있었겠는가? 지혜의 칼끝은 반드시 지혜로운 자에게로 되돌아 오게 되어 있다. 따라서, 그 원한 맺힌 자들의 입장에서 바라보면, 소크라테스가 청년들을 부패시키고, 국가가 신봉하는 신들을 믿지 않고, 다이몬이라는 색다른 신을 신봉하고 있는 것처럼 보였을는지도 모른다. 우리 인간들이 모든 정열이나 감정을 제거하고 이성을 따르게 될 때, 아름답고 풍요로운 신화와 예술이 질식하게 되고, 이성이 미덕이 되고 행복이 될 때, 기독교적인 유일신과 기계론적인 철학만이 득세를 하게 된다. 매우 역설적이기는 하지만, 無知를 가장하여 無知를 죄악시하고 이성과 비이성, 혹은 선과 악의 이분법을 도식적으로 이해한 소크라테스—. 소크라테스의 사형선고와 독배는 그리스 사회의 지배 체제의 근간을 흔들었기 때문이며, 새로운 것에 대한 앎에의 의지가 극단화될 때, 어떤 결과가 발생하고 있는가를 역으로 증명해 주고 있는 것처럼도 보인다.

물론, 플라톤이 기술한 「소크라테스의 변명」을 사실 그대로 받아들일 수도 없고, 수많은 시인들과 예술가들에 대한 소크라테스의 평가절하 역시도 사실 그대로 받아들일 수도 없다. 왜냐하면 소크라테스와 플라톤은 시와 예술이 우리 인간들의 이상 사회를 건설하는 데 방해가 된다고 보았기 때문이며, 그것은 그들의 사상 중에서도 가장 커다란 오류를 형성하고 있기 때문이다. 그러나 애지愛知로서의 철학, 혹은 앎과 행동을 일치시키는 것이 모든 지식인들의 궁극적인 목표라면 소크라테스는 최고급의 지식인이라고 하지 않을 수가 없다. 그는 아뉘토스, 멜라토스, 뤼콘 등, 아테네 사회의 제일급의 인사들과 맞서서 비굴하게 목숨을 구걸하거나 아첨을 하기는커녕, "죽음"보다도 "비열함을 면하는 것이 훨씬 더 어렵다"는 사실을 강조하고 있는 것이 그렇고(1:80), "신은 저를 마치 등에처럼, 이 나라에 달라붙게 하여 여러분을 설득하고 비난하기를 그치지 않게 한 것이 아닌가 생각합니다"라는 사실을 강조하고 있는 것이 그렇다(1:65). 그는 고소인들과 재판관들에게 비굴하게 목숨을 구걸하거나 아첨을 하지 않은 인물이며, 비밀리에 '국외로 망명'을 권유하는 크리톤의 제의마저도 거절했던 인물이기도 하다. 왜냐하면 '너 자신을 알라'라는 말은 진실되고 아름답게 살아야 된다는 말인 것이고, 소크라테스에게는 "그저 사는 것이 아니라 잘 사는 것이 가장 소중했기" 때문이다(1:98).

피히테는 독일의 철학자이며, 그의 『독일국민에게 고함』은 실천 이성에 중심을 둔 力作이라고 할 수가 있다. 19세기 초, 독일은 "우리들의 군대 사용은 다른 사람의 지시를 받고 있으며, 法典은 다른 사람들이 우리들에게 빌려준 것이고, 그리고, 재판과 판결과 그 집행조차도 때때로 다른 사람들이 우리들로부터 빼앗아간다"(피히테, 『독일국민에게 고함』, 범우사, 183면)라는 말에서처럼, 나폴레옹 치하에서 신음을 하고 있었으며, 따라서 피히테는 행동하는 양심으로서 자기 자신의 목숨을 걸고 그의 사상을 역설할 수밖에 없었던 것인지도 모른다. 『독일국민에게 고함』은 피히테의 교육론이자 그의 조국애가 깊이 있게 각인된 책이라고 하지 않을 수가 없다. 인간은 결코 언어의 주체자가 아니며, 언어가 그 인간을 변모시킨다. 외국어는 죽은 언어이며, 모국어는 살아 있는 언어이다. 외국어가 죽은 언어인 것은 한 민족의 역사와 전통을 파괴시키는 것은 물론, 바로 그 언어에는 피정복자들을 유혹하여 도덕적으로 타락시키는 교묘한 술책이 내포되어 있기 때문이다. 또한 모국어가 살아 있는 언어인 것은 자기 민족의 역사와 전통을 보존해 주는 것은 물론, 수많은 외세들의 거센 도전을 물리치고 그 민족구성원들을 더욱더 결집시켜주고 있기 때문이다. 따라서 피히테는 비록, 이민족의 압제 속에서 신음을 하고 있을지라도 모국어를 통하여 위대한 독일정신을 창출해 내자고 역설하게 되었던 것이다. "사상은 행위를 위해" 존재하고 "행위는 사상을 위해" 존재한다. 피히테는 인류의 발달을 다섯 단계로 나누어 설명한 바가 있다. 첫 번째는 자연 상태에서의 죄가 없는 시대이며, 두 번째는 죄가 시작되는 시대이다. 세 번째는 완전한 죄의 시대이며, 네 번째는 이성을 시인하는 시대, 그리고 마지막으로 다섯 번째는 이성이 완전히 시인되고 정화되는 시대이다. 그는 너무나도 완벽한 죄의 시대에 서서, 그 시대를 앞지르고 미래로 거슬러 올라가, 위대한 독일정신(이성이 완전히 시인되고 정화되는 시대)을 창출해 내고자 했던 것이다. 피히테가 『독일국민에게 고함』을 강연하는 동안 그가 체포되었다는 소문이 무성하게 나돌기도 했지만, 그는 프랑스와의 전쟁 중, 수많은 부상병들을 치료하다가, 끝끝내 그의 조국의 해방을 보지 못하고 1814년 1월 27일, 향년 52세로 죽어—발진티푸스에 감염되어—갔다고 한다. 피히테의 철학은 지극히 평범하고 새로울 것도 없지만, 그러나 그의 『독일국민에게 고함』은 그의 피와 땀의 결정체이자, 실천 이성의 살아 있는 전범이라고 하지 않을 수가 없는 것이다. 지식을 얻고 지식을 넓히는 일에도 용기가 필요하고, 앎과 행동을 자연스럽게 일치시키는 데에도 순교자적인 용기가 필요하다.

가스통 바슐라르의 '인식론적 단절'도 모든 가치를 전복시킨 것이며, 부르디외의 '이교도적 단절'도 모든 가치를 전복시킨 것이다. 나는 낙천주의 사상의 주창자로서, 새로운 지식이란 자연에 거역하는 만행이며, 언제, 어느 때나 악마와도 손을 잡는 범죄자의 산물이라고 말할 수가 있다. 다시 말해서 제일급의 지식인이란 "낡은 경계석과 낡은 숭배심을 정복한"(2:70) 자이며, 전투적인 정신과 그 용기로써 무자비하다고 싶을 정도로의 잔인한 파괴자이기도 한 것이다. 이 세상의 어중이 떠중이들의 입장에서 바라보면, 그는 사악하고 파렴치한 신성모독자에 지나지 않지만, 최고급의 지혜와 앎에의 의지로서 충만되어 있는 인간의 입장에서 바라보면, 그는 고귀하고 위대한 인간의 전형이기도 한 것이다.

파우스트 아아 나는 이제 철학도

법학도 의학도

심지어 神學까지도
열심히 노력해서 연구를 끝마쳤다.
그 결과가 이처럼 불쌍한 바보가 되었어.
예전보다 조금도 현명해 지지는 않았고,
석사니 박사니 이름만 근사하게
벌써 그럭저럭 10년 동안이나
아래 위로 이리저리
학생들의 코나 쥐어 흔들고 있었다.
(……)
그 대신 나는 모든 기쁨을 빼앗겨 버렸어.
어떤 지식을 가지고 있다는 자부심도 없으며
인간을 보다 훌륭하게 만들고, 개종시키기 위해서
무엇인가 가르칠 수 있다고 자부하지도 않는다.
재산도 돈도 없고
세상의 명예나 영화榮華도 갖지를 못했다.
이런 식으로 더 이상 산다는 것은 개라도 싫어 하겠지!
그래서 나는 영혼의 힘과 말로써
그 어떤 비밀을 알 수 있지 않을까 하고
마술에 몸을 맡겼다.
그렇게 하면 자신이 알지도 못하는 일을
비지땀을 흘려가며 지껄이지 않아도 되겠지.
—『파우스트』, 비극 제1부, 「밤」 중에서(3:33)

셰익스피어는 유럽적 사건이 아니라 세계적인 사건이었고, 괴테 역시도 유럽적 사건이 아니라 세계적인 사건이었다. 그들의 장중하고 울림이 큰 문학적 세계는 영어와 독일어의 영역을 넘어서서 모든 인류의 자산으로 인식되고 있으며, 그들의 대작가의 신화는 진정한 의미에서 '문화적 영웅'의 그것으로 자라나고 있다고도 하지 않을 수가 없다. 이 세상에서 가장 위대한 고전 중의 하나인 『파우스트』는 그러나 성경을 빼어놓고는 생각할 수조차도 없는 작품이다. 콜롬버스가 아메리카 신대륙을 발견했던 것도 동시대의 "문화적 지시와 선택"이었고, 괴테가 『파우스트』를 집대성했던 것도 동시대의 "문화적 지시와 선택"이었다(4:105). '문화적 지시와 선택'이란 그 주체자들의 신화적인 열망과 꿈을 추구했다는 것을 뜻하고, 다른 한편, 콜롬버스와 괴테가 아니더라도 아메리카의 신대륙이 발견되고, 『파우스트』가 출간되었을 것이라는 사실을 뜻한다. 모든 문화란 최고급의 격세유전이며, 그것은 결코 논리적인 비약을 허용하지 않는다. 『파우스트』는 15~6세기의 독일의 연금술사에 대한 전설이 아니더라도, 구약성경의 「욥기」의 창조적인 패러디이며, 비록, 착한 인간이 일시적으로 어두운 충동에 휩쓸릴지라도 결코 올바른 길을 잃지 않는다는 神正論을 옹호한 작품에 지나지 않는다. 욥과 파우스트는 다같이 하나님의 총애를 받고 있는 자들이며, 그들의 좌절과 시련은 하나의 통과제의에 지나지 않는다. 다시 말해서 괴테의 파우스트는 속죄양이 될뻔했던 욥과도 같은 인물이며, 그들의 통과제의는 하나님의 은총을 받기 위한 댓가에 지나지 않는다고 해도 과언이 아니다.

하나님과 악마와의 약속이든, 동서고금의 모든 책을 다 섭렵한 파우스트 박사와 악마와의 계약이든 간에, 파우스트 박사의 지적 회의가 메피스토펠레스라는 악마를 불러들이고, 파우스트 박사는 그 악마와의 계약을 통해서, 이제까지 이성으로 알 수 없었던 새로운 세계를 찾아 나서게 된다. 비록, "불쌍한 바보가" 되는 과정에 불과하긴 했지만, 파우스트 박사가 철학, 법학, 의학, 신학을 통해서 추구했던 세계는 찬란한 태양이 빛나는 이성과 합리성의 세계이고, 그가 메피스토펠레스라는 악마와의 계약을 통해서 추구했던 세계는 비이성과 비합리성으로 지칭되는 어두운 밤의 세계라고 할 수가 있다. 그러나 찬란한 태양이 빛나는 낮의 세계에서 어두운 밤의 세계로의 이행은 다만, 좌절하고 패배한 자의 그것을 뜻하지 않고, 형이하학의 세계에서 형이상학의 세계로의 이행을 뜻한다. 형이하학의 세계는 기계론적인 인과법칙이 지배하는 세계이며, 형이상학의 세계는 기계론적인 인과법칙이 아닌, 절대적인 관념이 지배하는 세계이다. 인공위성이나 비행기가 하늘을 날아오르고, 특정한 온도와 조건 아래서 어떤 생명체가 자라나고 쇠퇴하는 것을 다루는 것은 형이하학의 일이지만, 우리 인간 존재의 본질이나 죽음, 영혼불멸, 신, 종교, 도덕 등은 형이하학의 일이 될 수가 없다. 제 아무리 과학혁명과 첨단 산업문명이 발달한 20세기 말에도 형이상학적인 요구는 결코 줄어들지 않고 있는데, 왜냐하면 이 세계의 근원 자체가 알 수 없는 혼돈이며, 어둠 그 자체이기 때문이다. "어떤 지식을 가지고 있다는 자부심도 없으며/ 인간을 보다 훌륭하게 만들고, 개종시키기 위해서/ 무엇인가 가르칠 수 있다고 자부하지도 않는다"는 말에서처럼, 파우스트 박사의 지적 회의는 형이하학의 한계를 뜻하고, 그의 악마와의 계약은 형이하학을 넘어선 새로운 형이상학의 세계로의 이행을 뜻한다. 하지만 『파우스트』는 선과 악, 이성과 비이성, 합리성과 비합리성 등의 이분법에 의해서 지배되지 않고 있으며, 하늘에서 땅으로 내려오거나 땅에서 지옥으로 추락하기도 하는 형이상학에 의해서 지배되지도 않고 있다. 괴테가 메피스토펠레스라는 악마의 입을 통해서, "항상 악을 원면서도 언제나 선을 행사하는" 악마라고 말하고 있듯이, 선악의 문제는 진리의 문제와 마찬가지로 시간과 공간의 문제일는지도 모른다(3:69). 피레네 산맥 이쪽에서의 선이 피레네 산맥 저쪽에서는 결코 선일 수가 없으며, 어제의 선이 오늘의 선이 되고 내일의 선이 될 수는 없다. 파우스트 박사가 없어도 비합리성과 비이성(악과 허위)이 가능하지가 않고, 메피스토펠레스가 없어도 합리성과 이성(선과 진리)이 가능하지가 않다. 영원한 생명의 적이며 회춘의 적인 악마가 오히려 그것의 자극제가 되고 있는 것과도 같고, 다른 한편, 영원한 생명의 상징이자 회춘의 상징인 파우스트가 오히려 악마의 생명을 도와주고 촉진시켜 주고 있는 것과도 같다. 파우스트 박사와 악마와의 계약은 형이상학과 형이하학의 모순점을 변증법으로 지양하는 것을 뜻하고, 이러한 변증법적인 지양은 파우스트 박사를 통한 괴테의 찬란한 인식의 제전을 뜻한다.

괴테의 앎에의 의지는 끊임없는 인식욕에 사로잡혀서 새로운 지식에의 갈증을 느꼈던 것이며, 그 갈증 때문에, 하나님에 대한 도전—비록, 그것이 성경에서처럼 神正論 속에 수렴되어 있을지라도—의 형태로서 메피스토펠레스라는 악마와도 손을 잡았던 것이다. 아담과 이브가 하나님의 뜻을 거역하고, 괴테가 자기 자신을 구원하기 위하여 위대한 악마와 함께 살았듯이, 유한한 존재자인 인간은 그 불멸의 인간을 위하여 아주 가혹하고 혹독한 댓가를 치르지 않으면 안 된다. 요컨대 소크라테스가 한 사발의 毒杯를 마시고 피히테가 너무나도 때 이르게 요절해 갔던 것처럼, 모든 낙천주의자는 자기 스스로, 자기 자신의 유한성을 밀고 나갈 때만이 하나의 이적이나 기적처럼, 영원불멸의 존재가 되어갈 수가 있는 것인지도 모른다.

하얗게 눈이 덮이었고
전신주가 잉잉 울어
하나님 말씀이 들려온다.

무슨 啓示일까

빨리

봄이 오면
죄를 짓고
눈이
밝어

이브가 해산하는 수고를 다하면
무화과 잎사귀로 부끄런 데를 가리고
나는 이마에 땀을 흘려야 겠다
— 윤동주, 「또 太初의 아침」 전문

담배 붙이고 난 성냥개비불이 꺼지지 않는다 불어도 흔들어도 꺼지지 않는다 손가락에서 떨어지지도 않는다.
새벽이 되어서 꺼졌다.
이 時刻까지 무엇을 하며 살아왔느냐다 무엇 하나 변변히 한 것도 없다.
오늘은 찾아가보리라
死海로 향한
아담橋를 지나
거기서 몇 줄의 글을 감지하리라

遼然한 유카리 나무 하나
— 김종삼, 「詩作노우트」 전문

롤로 메이가 『창조와 용기』에서 역설하고 있듯이, "인류의 역사에 있어서 성자와 반항자"는 언제나 동일 인물들이었고, 후세의 역사가들이 집중 조명을 하고 있는 인물들은 오랫동안 박해받고 추방된 사람들, 그러나 행운의 결말을 지닌 범죄자(반항자)들이었다고 할 수가 있다(5: 47). 소크라테스의 사형선고와 무서운 毒杯가 그의 앎이 극단화된 결과라면 악마에게 영혼을 팔아야만 했던 파우스트의 행위 역시도 그의 앎이 극단화된 결과라고 하지 않을 수가 없다. 윤동주의 「序詩」의 부끄러움은 삶의 오점으로서의 부끄러움이며, 「또 太初의 아침」의 부끄러움은 우리 인간들의 삶의 원동력으로서의 부끄러움이다. 「또 太初의 아침」에서의 부끄러움은 하나님의 말씀을 거역하는 부끄러움이며, "죄를 짓고/ 눈이/ 밝어// 이브가 해산하는 수고를 다하면/ 무화과 잎사귀로 부끄런 데를 가리고/ 나는 이마에 땀을 흘려야겠다"라는 得罪神話의 부끄러움이다. 득죄신화란 문화의 수호신인 프로메테우스에 의해서 문명과 문화의 성취가 이루어진 것을 말하고, 아담과 이브를 통해서 선악의 가치판단을 할 수 있는 지혜를 얻게 되었다는 것을 말한다. 윤동주는 "빨리/ 봄이 오면/ 죄를 짓고" 싶다고 말하지, 그것에 대한 용서를 구하거나 우리 인간들을 구원해 달라고 기도하지는 않는다. 또한 윤동주는 "이브가 해산하는 수고를 다하면/ 무화과 잎사귀로 부끄런 데를 가리고/ 나는 이마에 땀을 흘려야겠다"고 말하지, 헤라클레스의 노역이 배제된 지상낙원에 대해서는 결코 말하지 않는다. 「또 太初의 아침」은 성자와 범죄자가 동일 인물이었다는 사실에도 맞닿아 있고, 人神으로서의 더없이 순결한 범죄의 생산성에도 맞닿아 있다. 모든 진리는 시간과 공간이라는 한계 속에 갇혀 있는 잠정적인 오류에 불과하며, 죄를 짓고 죄악을 정당화할 수 있는 득죄신화야말로 영원불멸의 진리라고 하지 않을 수가 없다.

윤동주가 앎에의 의지의 정점에서 헤라클레스의 노역과도 같은 삶의 행복을 더없이 진솔하게 노래하고 있다면, 김종삼 역시도 앎에의 의지의 정점에서 "死海로 향한/ 아담橋를 지나// 거기서 몇 줄의 글을 감지하리라"고 최고급의 지혜를 노래해 놓고 있는 것처럼도 보인다. "死海로 향한/ 아담橋를 지나"라는 시구는 「또 태초의 아침」이 예고했던 후속편이기도 하고, 또한 그것은 "遼然한 유카리 나무 하나"가 시사해주고 있듯이, 제이의 약속의 땅을 은밀하게 가르쳐 주기도 한다. "거기서 몇 줄의 글을 감지하리라"는 시구는 새로운 삶의 지혜를 뜻하고 "遼然한 유카리 나무 하나"는 마치, 운명의 여신의 神木처럼, 무한히 신성한 생명의 나무를 뜻한다. 지식의 나무가 서 있는 곳은 멀고 험하고, 거대한 산맥과도 같은 파도 속에 파묻혀서 보이지는 않지만, 소크라테스나 파우스트와도 같은 예언자적인 지성과 총명한 두뇌를 통해서 바라보면, 언제나 젖과 꿀이 넘쳐 흐르고 있는 가운데, 푸르고 푸른 소나무 숲처럼 웅장하고 장엄하게 펼쳐져 있는 곳이라고 하지 않을 수가 없다.

이 세상에는 앎처럼 기쁘고 즐거운 것도 없고, 앎처럼 슬프고 고통이 따르고 무용한 것도 없다. 또한 앎처럼 너그럽고 인자하고 관용적인 미덕도 없고, 앎처럼 무자비하고 배타적이며 온갖 특전과 특혜로 포장되어 있는 것도 없다. 앎은 지상 최대의 명예이고 재산이며 권력이고, 앎은 천변만화하는 요술쟁이이다. 어떻게 앎을 소유한 자가 有罪가 되고 행복하지 않을 리가 있겠으며, 어떻게 앎을 소유하지 못한 자가 無罪가 되고 행복할 수가 있겠는가! 앎에 의해서 선과 악, 진리와 허위, 주인과 노예, 성과 속, 행복과 불행, 남근중심주의와 여성차별, 유색인과 무색인, 지식인과 비지식인, 만물의 영장과 짐승, 스승과 제자, 지배자와 피지배자, 전문가와 비전문가 등이 구별되고, 앎에 의해서 온갖 계급적인 질서와 다양한 삶의 투쟁과, 또한 그만큼의 다종다양한 이기주의들이 출현하고 있다고 할 수가 있다. 우리 인간들이 새로운 앎의 영역을 개척하고 앎에 의해서 신과도 같은 인물이 되어온 것도 사실이지만, 다른 한편으로는 우리 인간들이 그 앎을 위해서 모든 인간적인 삶을 희생하고, 그토록 오랫동안 노예적인 복종태도를 취해 왔다고 해도 틀림이 없다.

인류의 역사는 계급 투쟁의 역사이기 이전에 앎의 투쟁의 역사이고, 소크라테스나 플라톤, 혹은 맹자의 말씀처럼, 최고급의 지혜로서의 앎만이 고귀하고 유용하고 선량한 것일는지도 모른다. 인간이 가난하고 비천하고 사악한 것은 앎을 소유하지 못했기 때문이며, 인간이 부유하고 고귀하고 선량한 것은 그토록 소중한 앎을 소유했기 때문일는지도 모른다. 어떻게 아는 자만이 유덕하다는 소크라테스와 플라톤의 말이 거짓일 수가 있겠으며, 또한 어떻게 性善說을 주창했으면서도 제일의 천성을, 제이의 천성으로 바꾸려고 그토록 노력했던 맹자의 의지를 부정할 수가 있겠는가? 대부분의 인간들은 제일의 천성이 소중하다고 말하지만, 그러나 제일의 천성은 제이의 천성(교육)에 의해서 소멸되고 만다. 앎에의 의지는 자기 이웃과 세계를 지배하기 위한 압도적인 투쟁의 의지이며, 수많은 이민족들의 백만 두뇌를 무력화시키기 위한 세계정복운동에 지나지 않는다. 앙리 베르그송은 그의 저서, 『사유와 운동』을 통해서,

> 교사가 고학년은 물론 저학년까지도 학생들의 창의성을 촉발시키는 일이 프랑스에서보다 더 잘 되어 있는 곳은 없다. 그럼에도 불구하고, 우리에게는 많은 할 일이 남아 있다. (……) 처음부터 교과서에 의존하는 학습은 오직 저 높이 비상飛翔해야만 하는 행위를 억누르고 제거한다. 그러므로 아이에게 工作 연습을 실기시키도록 하되 이런 교육을 막일꾼에게 맡기지 말자. 오직 참된 명인名人에게 사숙私淑하도록 하자. (……) 왜냐하면 아이들은 탐구자요 발명가로서, 언제나 새로움을 추구하면서 규칙에서 뛰쳐나가기 때문이다. (……) 물론 인류가 획득해온 이 결과들 각각은 값진 것들이다. 그러나, 그것은 어른들의 지식이며, 그들은 이 지식을 어디에서 찾을 수 있는가만 알고 있으면 필요한 때는 언제든지 그것을 찾아낸다. 그보다는 아이의 가슴 속에 아이의 지식을 가꾸자. 그리고 오직 성장할 필요가 있는 이 새싹들을 이전의 경작耕作으로 수확해 놓은 마른잎과 가지더미 속에서 질식시키지 않도록 조심하자(6: 101).

라고, 프랑스 교육제도의 최대의 장점을 역설하고 있으면서도—하나의 고정관념처럼, 경직되고 박제화된 교육이 아닌—학생들의 창의성에 의한 참교육을 역설하고 있고, 쇼펜하우어는 자기 자신의 철학을 말하는 자리에서,

> 철학자가 공적인 입장이나 혹은 사적인 처지에서 완전히 도구로 사용되어 온 지가 꽤 오래되었지만, 나는 그러한 장해를 입지 않고 30년 이상이나 나의 사상의 길을 걸어왔다. (……) 나의 저작은 정직과 공명을 이마에 써붙이고 쓴 것이라 칸트 이후 유명해진 세 사람의 궤변가의 저작과는 크게 다르다. 나의 입장은 언제나 사려, 즉 이성에 따르고 정직한 말로 일관되어 있으며, 지적 직관이니 절대 사유니 하는 바른대로 말해서 허풍이나 사기와 같은 잘못된 영감을 주는 입장에는 서 있지 않다. 나는 언제나 그러한 정신으로 탐구했으며, 한편으로는 거짓과 사악이 널리 퍼지고 허풍(피히테와 셸링)이나 사기(헤겔)가 크게 존경을 받는 것을 보고 현대인의 갈채를 단념하였다. 현대는 이 20년 동안 그 정신적 괴물 헤겔을 최대의 철학자로 떠들어대어 그 소리는 전 유럽에 울려퍼지고 있다. 아마도 현대에는 사람에게 줄 월계관이 남아 있지 않을 것이다. 찬미를 매음한 시대의 비난은 조금도 두려울 것이 없다(7:397).

라고, 철학자로서의 "현대인의 갈채를 단념"한 배경을 설명하고 있으면서도, "정직과 공명을 이마에 써붙이고" 모든 "인류에게 가장 훌륭한 책을 물려준다"라는 도저한 지적 우월감을 피력하고 있다.

소크라테스와 플라톤, 또는 베르그송과 쇼펜하우어와도 같은 대철학자들은 절대로 우연의 산물일 수가 없으며, 또한 하나님의 민족과도 같은 선천적인 천재성과 은총의 산물일 수가 없다. 그들은 있는 것을 토대로 하여 새로운 것을 창조했다는 의미에서 지난 시대의 문화와 전통의 계승자이면서도, 동시에, 기존의 모든 것을 부정함으로써

새로운 것을 창조했다는 의미에서 극단적인 문화와 전통의 단절론자들이라고 할 수가 있다. 그들은 니체의 말대로, 과거의 문화와 전통이 뜻하지 않게 피워낸 새싹들이고, 최고급의 격세유전으로서의 인간의 문화와 전통에 기여하고 있는 위대한 인물들이라고 할 수가 있는 것이다. 아름다움이 우연의 산물이 아닌 것처럼, 고귀한 인간의 고귀한 사상 역시도 절대로 우연의 산물일 수가 없으며, 그것은 여러 세대에 걸친 앎에의 의지가 축적된 결과라고 할 수가 있는 것이다.

과연 한국 사회는 학생들의 창의성을 촉발시키는 교육제도를 간직하고 있으며, 교과서에 의존하는 박제화된 교육을 지양하고 참으로 살아 있는 교육을 가르치고 있는 것일까? 또한 한국 사회는 교육자가 교육을 먼저 받아야 한다는 마르크스의 말대로, 수십 년 동안이나 현대인의 갈채를 단념한 위대한 철학자들을 생산하고 있으며, 쇼펜하우어가 독일 철학계의 황제였던 헤겔을 정면으로 공격했던 것과도 같이, 가장 무자비하고 잔인한 앎에의 의지로서 충만되어 있는 제자들을 길러내고 있는 것일까? 한국 사회는 소크라테스와 플라톤과도 같은 철학자도 나오지 않고 있고, 베르그송과 쇼펜하우어와도 같은 철학자도 나오지 않고 있다. 한국 사회의 교육제도는 살아 있는 참교육은커녕, '비평의 만장일치 제도'가 양성화되어 있고, 수많은 천재와 미래의 주인공들의 백만 두뇌를 가장 확실하게 무력화시키는 어중이 떠중들의 생산에 여념이 없는 것처럼도 보인다. 한국 사회는 앎이 육화되지 않은 사회이며, 타인의 두뇌와 심장으로 움직이는 학교의 이성에 의해서 박제화된 사상과 이념만을 가르치고 있는 사회라고 해도 과언이 아니다.

콩꽃 떨기마다 이상한 나방이 射精을 하고 다녔다. 그때 나는 국어선생이었다. 깊이 사랑했던 이념의 말이 교과서 구석에 쓰여 있었다. 지면을 응시

하사 낱말은 괴성을 지르며 교실을 울리고 밀리 운동장 미류나무 이파리에 머물었다. 구름은 정말 한가롭게 지나가고 학생들의 한 때는 교련 시간이었다. 엎드려 쏴! 찔러, 길게 찔러. 이파리는 사살되어 무참히 찢기우고, 고개를 돌렸을 때 교과서의 활자는 뻔뻔하게 그대로 박힌 채였다. 그해 농부들이 수확한 콩은, 껍질은 탱탱하고 의연했지만 모두 가투였다. 나는 가투의 의미를 가르칠 뿐이었다.

— 최두석, 「가투」 전문

내가 기회 있을 때마다 되풀이 강조하고 있는 득죄신화와 가장 찬란한 인식의 제전을 더 이상 남의 나라의 이야기로만 간주하거나, 동방예의지국이라는 자랑스러운 명예에 반하여, 무례함을 예법이라고 우기고 있는 것과도 같은 횡설수설의 이야기로만 치부해 두지 않기를 바란다. 또한 프로메테우스의 콤플렉스에 반하여, 백만 두뇌를 가장 확실하게 못쓰게 만드는 제3세계의 문화적 풍토병을 더 이상 은폐하지 않기를 바라고, 비평하기보다는 기꺼이 찬양하는 비평의 만장일치 제도의 폐해에 대해서도 더 이상 얼버무리거나 은폐하지 않기를 바란다. 제3세계의 문화적 풍토병과 비평의 만장일치 제도가 자라나고 있는 사회에서는, "콩꽃 떨기마다 이상한 나방이 射精을 하고" 다닐 때, "깊이 사랑했던 이념의 말"들이 괴성을 지르게 되고, 단 하나의 이데올로기만을 강요받고 있는 학생들이 "엎드려 쏴! 찔러, 깊게 찔러"를 배울 때, 농부들이 수확한 콩은 쭉정이와도 같은 "가투"가 되기 마련이다. 최두석의 「가투」는 한국 사회의 교육제도와 농촌의 구조적 모순을 다같이 비판하고 있는 시라고 할 수가 있다. 득죄신화와 가장 찬란한 인식의 제전이 무엇인지를 알지도 못하는 사회에서의 학교 교육이 제대로 될 리가 없고, 제3세계의 문화적 풍토병과 비평의 만장일치제도가 자라나고 있는 사회에서의 '콩농사'가 제대로 될 리가 없다.

김명수 시인은 「하급반 교과서」에서 다음과 같이 노래해 놓고 있다.

아이들이 큰소리로 책을 읽는다
나는 물끄러미 그 소리를 듣고 있다
한 아이가 소리내어 책을 읽으면
딴 아이도 따라서 책을 읽는다
청아한 목소리로 꾸밈없는 목소리로
"아니다 아니다!" 하고 읽으니
"아니다 아니다!" 따라서 읽는다
"그렇다 그렇다!" 하고 읽으니
"그렇다 그렇다!" 따라서 읽는다
외우기도 좋아라 하급반 교과서
활자도 커다랗고 읽기에도 좋아라
목소리 하나도 흐트러지지 않고
한 아이가 읽는 대로 따라 읽는다

이 봄날 쓸쓸한 우리들의 책읽기여
우리 나라 아이들의 목청들이여

한국 사회는 프로메테우스 콤플렉스가 없어도 행복한 사회이며, 베르그송이 역설한 참된 名人이 없어도 행복한 사회이고, 진정한 탐구자와 발명가가 나오지 않아도 행복한 사회이다. 소크라테스와 플라톤과 맹자가 그토록 역설했던 앎에의 의지가 육화되지 않아도 행복한 사회이며, 진정한 학문을 위해 살아가는 학자가 없어도 행복한 사회이고, 이민족의 백만 두뇌를 무력화시키기 위한 세계정복운동이 없어도 행복한 사회이다. 한국 사회의 교육은 모든 회의와 의심이 사라진 채, 단 하나의 해답만이 있는 교육이며, 「하급반 교과서」처럼 "활자도 커다랗고" 읽기도 좋은 동어반복만이 있는 교육이라고 할 수가 있다. 또한, 한국 사회의 교육은 한 아이가 "아니다 아니다! 하고 읽으니/ 아니다 아니다하고 따라서 읽는다"에서처럼, 그 울림의 파장이 퍼져 나가고 있는 즐거운 교육이며, 똑같은 사고방식과 똑같은 행동만이 있어도 언제나 자랑스러운 교육이라고 할 수가 있다. 한국 사회는 지식의 나무가 있는 곳이 왜, 우유부단함과 비겁함과 두려움과 공포가 따르고 있는지를 알지도 못하고, 또한, 한국 사회는 지식의 나무가 있는 곳이 왜, 더없이 착하고 선량한 사람들보다는 더욱더 가증스러운 범죄자들만이 우글거리고 있는 곳인지도 모른다. 한국 사회는 왜, 지식의 나무가 있는 곳이 멀고 험하고, 거대한 산맥과도 같은 파도에 파묻혀 있는지도 알지 못하고, 또한, 한국 사회는 지식의 나무가 있는 곳이, 왜 사시사철 젖과 꿀이 흐르고 있는 곳인지도 모른다. 한국 사회는 제3세계의 문화적 풍토병과 비평의 만장일치제도가 자라나고 있는 사회이며, 앎에의 의지와 세계정복운동이 무엇인가를 제대로 알지 못하는 사회에 지나지 않는다.

여기 한 불세출의 비평가가 있다. 그는 4. 19와 5. 16 사이에서, 다시 말해 '가능성과 좌절' 사이에서 20년간 방황하였다. 그는 수인이었다. 동굴의 쇠사슬에 묶여 동굴 안쪽만 바라보게끔 운명지어진 수인이었다. 우리는 그로 말미암아 이데아의 세계를 비로소 알아 차릴 수가 있었다. 이상李箱 다음의 근대인인 까닭이다.

형이상학이란 무엇인가. 그것은 의미찾기에서 비롯된다. 우리가 의미를 찾고자 하면, 자기 내부에서 찾지 않으면 안 된다. 외부에 의미가 없다는 전제하에서 철학이 시작된다. 철학이란, 그러니까 내성(introspection)이다. 자기 반성이란 주관, 곧 의식에다 묻는 것에서 비롯된다. 의식에 있어서는 모든 것이 서열(중심, 주변, 본질, 현상, 먼 것과 가까운 것)적인 체계화(중심, 본질이 주변, 현상에 우선한다는 원칙)로 시작된다. 의식에 있어서는 그러니까 단일 체계만이 존재한다. 이 하나만의 체계, 가치관으로 정서화整序化된 단일체계를 끝까지 추구해 들어가면 그것은 폐쇄된 지점에 도달한다. 이성 중심의 플라톤적 형이상학의 파산이 여기에 있다.

이 이성중심주의에 바탕을 둔 서양 형이상학을 돌파하는 길은 두 가지로 알려져 있다. 하나는 단일체계(주관) 속에서 이를 해체하는 일. 이른바 형식주의의 함정을 그 속에서 돌파하는 것으로, 수학자 로바치예프스키 및 데리다의 방식도 이런 범주에 든다. 다른 하나는 니체의 방식. "주관을 하나만이라 생각하는 그런 필연성은 없다"고 하고 "주관을 다수라고 보는 것이 나의 가설"(『권력에의 의지』)이라 니체가 말할 때 이는 내성, 곧 서양 형이상학에 대한 근본적 비판이다."

— 김윤식, 「어떤 4.19 세대의 내면 풍경」(8:78)

실증주의 비평과 정신분석(심리주의) 비평을 상호 교차시켜 가면서 수십 권의 문학연구서와 압도적인 비평집을 저술해온 김윤식, 대한민국 최고의 국문학자이자 제일급의 비평가인 김윤식 교수, 하지만 김윤식은 그에 대한 세속적인 정평과 문학적인 소양이 의심스러울만큼, 형이상학과 철학을 몰이해하고 있어도 이만 저만 몰이해하고 있는 것이 아니다. 어떻게 "외부에 의미가 없다는 전제하에서 철학이 시작"되고, "철학이란, 그러니까 내성이다"라는 말이 가능한 것일까? 어떻게 우리 인간 존재의 본질, 죽음, 영혼불멸, 신, 종교, 도덕 등이 한 개인의 "자기 반성", 혹은 "주관"의 문제로만 해결이 가능하고, 또한 어떻게 형이상학이 플라톤적인 이성중심주의와 일치할 수가 있단 말인가? 적어도 철학이란 외부에 의미가 없다는 전제하에서 시작되지도 않고, 주관적인 자기 반성이나 내면 성찰을 통해서 시작되지도 않는다. 철학이란 지혜 사랑을 통하여 진리를 탐구하는 학문이며, 궁극적으로는 이 세상에서 가장 아름답고 풍요로운 지상낙원을 창조하는 학문이다. 고전주의, 낭만주의, 현실주의, 초현실주의, 구조주의, 탈구조주의, 자본주의, 공산주의, 염세주의, 실존주의 등이 바로 그러한 예들이며, 오늘도 그 사상들은 저마다, 제 각각이 온갖 젖과 꿀이 넘쳐 흐르는 유혹의 손길들로 우리 인간들을 부르고 있는 것인지도 모른다. 모든 사상(진리)은 행복에의 약속이며, 낙천주의를 양식화시킨 것이다. 이처럼 철학과 형이상학이란 우리 인간들의 외부와 내부에 폭넓게 걸쳐 있는 것이고, 아리스토텔레스와 쇼펜하우어의 말대로, 이 세계와 모든 것에 대한 놀라움에서 비롯된다고 하지 않을 수가 없다. 이때의 놀라움은 두려움과 공포이며, 그리고, 또한 그것은 불행한 어떤 삶을 지시하게 된다. 행복은 점점 더 멀리 달아나고 그토록 아름답고 풍요로운 지상낙원은 끝끝내 그 모습을 드러내지 않는다. 모든 것이 혼돈이고, 어둠이며, 또한 그 모든 것이 의혹이고, 의문이며, 신비이고, 그리고 놀라움에 지나지 않는다. 따라서 이러한 철학과 형이상학적 놀라움이란 이 세상의 모든 것이 불가사의한 수수께끼와도 같기 때문에 일어나는 것이지, 형이하학자나 자연과학자들이 말하는 것처럼 단 하나의 실체, 또는 절대적인 실체가 있기 때문에 일어나는 것이 아니다. 형이상학은 단일한 체계가 아니며, 소피스트들의 반대 방향에서, 플라톤적인 이성중심주의로 설명이 가능한 것도 아니다. 김윤식이 아주 어렵고 힘들게 설명하고 있는 "단일체계"는 계몽주의와 실증주의로 설명이 가능한 이성중심주의이며, 그가 강조하고 있는 "의식"조차도 형이상학이 아닌 이성중심주의라고 해야 그 논리적인 타당성을 갖게 된다. 어떻게 형이상학을 계몽주의와 실증주의로 설명이 가능한 이성중심주의와 혼동할 수가 있으며, 플라톤적인 이성중심주의의 파산을 "형이상학의 파산"이라고 설명하는 오류를 범할 수가 있단 말인가? 또한 어떻게 플라톤적인 형이상학의 파산이라는 극단적인 오류에 힘입어

단일체계를 비판하고, 로바치에프스키, 데리다, 니체 등을 끌어들여 박학다식한 자의 놀라운 종합력을 과시할 수가 있단 말인가? 니체가 서양의 형이상학을 비판했던 것은 사실이지만, 그것은 플라톤적인 이성중심주의에 대한 비판과는 다르게, 하늘에서 땅으로 내려오는 기독교적 사변 철학을 염두에 둔 비판이었던 것이다. 니체는 신의 죽음을 과감하고 용기 있게 선언하면서, 하늘 나라의 천국이나 이상이 아닌, 이 땅에 두 발을 튼튼히 내린 짜라투스트라, 즉, 고귀하고 위대한 '초인의 상'을 제시하고자 했던 것이다. 니체는 이성이 광기가 되고 회의가 죄였던 시대—소크라테스와 플라톤적인 시대—를 비판하기도 했지만, 하늘에서 땅으로 내려오는 형이상학, 혹은 기독교적 사변 철학을 매우 날카롭게 비판했던 것이라고 하지 않을 수가 없다. 형이상학이 없으면 형이하학도 없고, 형이하학이 없으면 형이상학도 없다. 이성이 없으면 비이성도 없고, 비이성이 없으면 이성도 없다. 파우스트와 메피스토펠레스가 동일한 인물의 두 얼굴이듯이, 그 음양의 조화는 결코 깨뜨려지지도 않을 것이다. 이 20세기 말의 첨단문명의 도시 속에서도 우뚝우뚝 솟아 있는 신성한 사원들이 그것이 아니라면 무엇이고, 제법 인자하고 너그러운 문화인의 표정을 짓고 있으면서도, 날이면 날마다 외로움과 쓸쓸함을 어쩌지 못해 울고 있는 인간들이 그것이 아니라면 무엇이란 말인가! 데리다식의 '이성중심주의와 형이상학의 파산'이라는 극단적인 선언은 매우 선명하기는 하지만, 그러나 그것은 결코 오래가지도 못하며, 그 수명이 짧을 수밖에 없는 것이다. 형이상학과 철학도 모르고, 의식과 무의식이 무엇인지도 모르고, 다양한 가치체계와 단일한 가치체계도 모르는 김윤식이 이처럼 미묘하고 복잡하기 짝이 없는 현대 철학을 제대로 이해하고 언급했을 리가 없다.

김윤식의 비평선집 속의 「어떤 4. 19 세대의 내면 풍경」은 대한민국 최고의 국문학자이자 제일급의 비평가라는 지적 덕목을 벗어나서 외화내빈의 수사학이 소리쳐 부르면, 전기석 자료나 신변잡기—김현의 교우 관계를 절대적인 경쟁관계로 파악하고 있다는 점에서—에 치우친 공허한 관념의 체조가 마중을 나와 대답하고 있는 것처럼 보인다. 외화내빈의 수사학이라는 점에서는 '4. 19 세대의 선두주자', '순한글 세대', '우리 시대가 가졌던 대형비평가', '불세출의 비평가', '김현 문학의 산맥', '근대 비평의 기수' 등이라는 말들의 성찬이 돋보이고, 공허한 관념의 체조라는 점에서는 실존주의와 자유주의 차원에서 김현의 문학비평을 비판하지 못하고, '4. 19 세대'라는 '세대론적 관점'에서 실증주의자의 오류와 심리주의자의 오류를 범하고 있는 것이 돋보인다. 김윤식의 「미백未白의 사상 또는 이청준의 글쓰기의 기원에 대하여」(『작가세계』, 1992년 가을호)라는 글이 그러한 것처럼, 어떤 사상이나 이념의 맥락을 제대로 알지 못하면 전기적 자료와 신변잡기에 지우친 인상비평(정실비평)을 하기가 십상이고, 하찮은 영혼에게는 칭찬의 말조차도 허락되지 않는다라는 말의 참뜻을 이해하지 못하면, 해외로는, 더군다나 문화선진국을 향해서는 감히 입 밖에도 내지 못할 '불세출의 비평가'라는 어처구니없는 食言을 일삼게 된다.

이렇게 볼 때 김윤식과 김현의 만남이야말로 그야말로 우리 현대비평사를 풍성하게 했던 그 어떤 만남보다도 빛나는 만남이라고 할 수 있지 않을까. 그 만남의 궤적을 종합적으로 검토한 나는 그 만남을 하나의 비평사적 장관壯觀이라고 부르고 싶다. 그들 서로는 서로의 정신끼리의 고압적인 긴장과 사유의 상호 교류를 동반하면서 우리 비평 문학의 성좌와 달무리를 함께 만들어 나갔던 것이다. 우리는 그 증거를 곳곳에서 찾아볼 수가 있다. 김윤식과 김현이 약 20여년 전에 함께 쓴 『한국문학사』가 이 땅에서 씌어진 가장 개성적인 문학사로서 그 뒷세대에게 아직도 극복의 대상으로 남아 있다는 사실, 그들의 왕성한 비평적 활동과는 별도로 그들 모두 자신의 전공분야의 학문 연구에서도 중요한 업적을 축적했다는 사실, 한 사람은 국문학도로서 그리고 다른 한 사람은 외국 문학도로서 『한국문학사』를 함께 집필하면서 서로의 글쓰기의 자양분을 최대한 교류했다는 사실, 한 사람은 '산문 시대'라는우리 현대문학사에서 기념비적인 문학 동인과 『문학과지성』이라는 돋보이는 계간지를 이끌면서 활발한 인간 관계를 통해 우리 문단의 기수로 군림했으며, 다른 한 사람은 '노예선의 벤허'처럼 고독한 정신의 움직임을 견지하면서 또한 어떠한 문학적 유파에도 관여하지 않은 채, 자신의 성채를 지속적으로 높이 쌓아갔다는 사실, (……) 우리 나라 비평가로서는 드물게 각기 『김윤식 평론 문학선』, 『전체에 대한 통찰』이라는 제목의 비평 선집을 발간했다는 사실, 그리고 무엇보다도 둘 다 비평과 문학에 대한 섬세한 자의식을 지니고 있었으며 그 결과 한 사람은 『한국 근대문예 비평사 연구』를 통해 우리 근대 문학비평을 최초로 본격적으로 정리하였으며, 다른 한 사람은 자신의 전공인 프랑스 비평 연구의 분야에서 『프랑스 비평사: 현대편』, 『프랑스 비평사: 근대편』을 통하여 외국문학 연구가로는 드물게 해당 외국문학의 비평사를 개성적으로 정리했다는 사실 등등에서 김윤식과 김현이 맺고 있는 특수한 관계를 유추해 볼 수가 있다. 그들은 이질동형이었고 일종의 쌍생아였던 것이다."

— 권성우, 「비평이란 무엇인가」(9:47)

나는 비평의 기능을 '정화기능'과 '강화기능', 그리고 '성화기능'으로 설명을 한 바가 있다. 정화기능이란 그 주체자의 인식적 오류의 때를 씻어주는 것을 말하고, 강화기능이란 그 주체자가 자기 자신의 오류의 때를 씻어버리고 새로운 인식의 힘으로 무장했다는 것을 말한다. 그리고 마지막으로 성화기능이란 그 주체자가 최고급의 인식의 제전의 전사로서 타인의 말과 사유가 아닌, 가장 독창적이고 아름다운 자기 자신만의 사상의 신전을 지었다는 것을 말한다. 비판(비평)이란 모든 학문의 예비학이며, 그 모든 것은 비판받지 않을 수가 없다. 그러나 스승은 자기 자신의 권위를 위해 비판받지 않으려고 하고, 제자는 자기 자신의 입신출세를 위해 비평하기보다는 기꺼이 찬양을 하게 된다. 제3세계의 문화적 풍토병이란 아무런 명명의 힘도 없이 타인의 사상과 이론을 무자비하게 베껴먹는 병 (범죄)을 말하며, 그 병이 만연하고 있는 한 비평의 만장일치 제도는 그 주체자들의 이성적인 사유의 능력을 완전히 거세시키게 된다. 무차별적인 표절과 인위적인 조작이 만연하고 있는 우리 한국인들의 대학 사회가 그것이 아니라면 무엇이고, 이문열, 황석영, 유종호, 김현, 김윤식, 백낙청, 김우창, 정과리, 신경숙, 이인화, 장정일, 구효서 등의, 이 표절의 대가들이 바로 그것이 아니라면 무엇이란 말인가! 우리 한국인들은 학문적으로 불임의 동물들에 불과하며, 제3세계의 문화적 풍토병과 비평의 만장일치 제도 속에서 신음을 하고 있는 야만인들에 지나지 않는다.

모든 비평가는 "의심하려는 경향과 부정하고 판단을 유보하려는 경향"을 배우지 않으면 안 되고, "분석하고 조사하고 탐구하고 감행하려는 경향과 중립성과 객관적인 덕성"을 배우지 않으면 안 된다(14:121). 왜냐하면 비평한다는 것은 이해하고 분석하고 가치평가한다는 것이기 때문이고, 새로운 사물이나 새로운 현상에 이름을 부여하고 명명할 줄 안다는 것을 뜻하기 때문이다. 권성우는 그의 스승들로부터 모든 학문의 예비학으로서의 비판철학—비평가의 중립성과 객관적인 덕성—을 배우지 못하고, 외화내빈의 수사학과 공허한 관념의 체조만을 배운 것처럼 보인다. 또한 그는 '스승은 진리이며 진리는 신성하다'라는 노예의 사슬을 벗어 던지지도 못하고, 비평의 만장일치 제도 속에서 스승들의 나쁜 악습과 병폐만을 배운 것처럼 보인다. 어떻게 해서 권성우는 김현과 김윤식의 만남을 '비평사적 장관'이라고 부를 수가 있게 되었고, '커다란 비평적 두 봉우리', '화려한 논리의 축제', '창조적이며 광범한 업적을 소유한 비평가', '단순 수용단계를 넘어서 주체적으로 수용한 비평가', '우리 비평문학의 성좌', '한국문단의 기수', '외국문학의 비평사를 개성적으로 정리한 비평가', '난해한 형이상학적 비평과 주관적인 인상비평을 모두 비판, 전복시킨 비평가'라는 외화내빈의 수사학을 배우고, 이처럼 조잡하고 야심만만한 글(「비평이란 무엇인가」)에서 화려하게 그 꽃을 피울 수가 있었단 말인가?

한국 사회에서 제3세계의 문화적 풍토병과 비평의 만장일치 제도가 만연하고 있는 한, 독창적인 문학 이론의 정립은커녕, 영원히 문화선진국으로의 진입은 가능하지가 않은 것처럼 보인다. 형이상학과 철학이 무엇인지도 모르고, 플라톤과 니체와의 대립 갈등도 모르는 비평가가 대한민국 최고의 국문학자이자 제일급의 문학비평가가 되고 있는 사회, 자유와 비극에 대한 역사 철학적인 개념도 모르고, 주제비평과 문학 이론이 무엇인지도 모르는 비평가가 세계적인 『프랑스 비평사』(김현)를 저술하고 불세출의 대형비평가가 되고 있는 사회, '아니다'와 '그렇지 않다'라는 비판 의식은커녕, '스승은 진리이고, 진리는 신성하다'라는 불문률이 정식화되어 있는 사회, 콩 심은 데 콩 나고 팥 심은 데 팥 나듯이, 똑같이 닮은 꼴로 스승과 제자의 얼굴이 구분되지 않고 있는 사회, 문학 이론의 뿌리가 되어주고 있는 철학적 사유와 주제비평을 이해하지도 못한 채, '본문이 없는 주석비평'(인상비평)으로 정실비평이나 하고 있는 사회—. 정과리—김현의 문학비평을 "문학의 전부면을 체계적으로 재구성"하고, "독특한 이론 체계"를 정립한 비평가로 찬양했다는 점에서(10:1380)—와 권성우는 김현과 김윤식을 찬양하고 성화시키기 이전에, 어떻게 해서 김현이 독특한 이론 체계를 정립하고, 왜 그들의 만남이 '비평사적 장관'인가를 따져 보아야만 했다. 김현의 독특한 이론은 어떠한 가설을 통하여 정립되었고, 그것은 과연 루카치나 골드만의 문학 이론과 견줄만한 것인가? 김현과 김윤식의 만남은 아도르노와 마르쿠제와의 만남과도 비교

할 만하고, 그들은 과연 프랑크프루트 학파와도 같은 엘리트 집단을 구성하고, 세계적인 수준에서 자랑할 만한 업적을 쌓았던 것일까? 이러한 질문들과 그 질문들에 대한 명료한 답변을 제시하지 못하는 한, 그들은 그들의 문학비평을 외화내빈의 수사학과 공허한 관념의 체조로서 장식해 왔다고 하지 않을 수가 없다.

만일, 한국 사회가 진정한 지적 양심과 학문의 즐거움을 알지도 못한 채, 마치, 하나의 필요악처럼 학문을 출세의 도구로 간주해 버리는 사회로 나아갔다면, 서구의 사회는 출세의 도구가 아닌, 진정한 지적 양심과 학문의 즐거움을 극대화시킬 수 있는 방향으로 나아갔다고 할 수가 있다. 또한 서구의 학자들이 그들의 이름으로 등록된 신전을 짓지 않고 독창적인 사상과 독창적인 이론을 생산해낼 수 있는 비판적인 사유의 길로 나아갔다면, 한국의 학자들은 비판적인 사유는커녕, 아직도 "진리와 허위를 구분하지 못하는" 매우 어리석고 우매할 수밖에 없는 학문 이전의 길로 나아갔다고 할 수가 있다(11:178). 서구 사회에서의 스승의 사회적 지위는 모진 비바람과 혹독한 추위 속에서도 더욱더 밝은 빛을 발하는 금자탑과도 같지만, 한국 사회에서의 스승의 사회적 지위는 마치, 손바닥으로 하늘을 가리고 있는 것처럼, 대학 사회, 출판사, ㅇㅇ문학상, 학회, 예술원 등을 통해서, 오직 제자의 생사여탈권만을 움켜쥐고 있는 사상누각의 집과도 같다. 스승에게 있어서 제법 영리하고 쓸모 있는 제자는 시건방지고, 불쾌하고, 불구대천의 원수와도 같고, 못난 제자에게 있어서 못난 스승은—송장이 구더기에게 멋진 상념의 벌통이듯이—또한 그만큼 달콤하고, 안락하며, 잠시 잠깐 동안, 평화롭게 머물다가 갈 수 있는 잠정적인 휴양지와도 같다. 한국 사회는 앎이 육화되지 않은 사회이며, 타인의 두뇌와 심장으로 움직이는 학교의 이성에 의해서 박제화된 사상과 이념만을 가르치고 있는 사회라고 해도 틀림이 없다.

한국 사회는 서구의 사상과 이론에 저항할 수 있는 강력한 전투적인 정신과 앎에의 의지도 없고, 쇼펜하우어나 니체처럼, 인생 七十은 길지 않다며 한 평생 여자를 멀리하고 금욕주의를 실천한 철학자도 없다. 한국 사회는 애써 타인과 이웃들에게 강요하거나 독창성을 외치지 않아도 좋을 만큼의 독창적인 문화도 없고, 똑같은 사고방식과 똑같은 행동만을 좋아하는 풍습의 미덕을 단칼에 베어버리려는 미풍양속의 살해범도 갖고 있지 못하다. 소위 최고급의 민족문화와 풍습의 격세유전을 지니지 못하고 있는 곳이 한국 사회이며, 헤라클레스와 아킬레스—헤라클레스와 아킬레스의 스승은 히론이다—처럼, 스승의 크나큰 은혜를 배은망덕으로 되갚아 주려는 제자가 나오지 않고 있는 사회라고 해도 틀린 말이 아니다.

철학자라는 이름의 인간육성자, 위대한 지혜의 친구라기보다는 위험스러운 물음표, 그리하여 마침내, 모든 가치전복을 시도했던 니체는『이 사람을 보라』에서 그 금과옥조와도 같은 스승과 제자의 관계를 다음과 같이 부르짖고 있다.

> 너희가 언제나 제자인 채로 있다면 너희는 스승의 은혜를 저버리는 것이다. 너희들은 나의 월계관을 빼앗고 싶지 않으냐?
>
> 너희들은 나를 공경한다. 그러나 어느 날 너희들의 공경심이 무너진다면 어찌하겠는가? 조심하라, 넘어지는 조상彫像에 깔려 목숨을 잃을 염려가 있느니.
>
> 너희는 짜라투스트라를 믿는다고 말하느냐? 그러나 짜라투스트라가 무슨 소용이 있는가? 너희는 나의 신자이다. 그러나 신자가 되어본들 무슨 소용이 있는가!
>
> 너희는 아직 너희 자신을 찾지 못하였을 때 나를 발견하였다. 그리고는 나를 믿는 모든 신자가 그렇게 되었다. 그러므로 모든 믿음이라는 것은 공허

한 것이다.

이제 나는 너희에게 명한다. 나를 잃어버리고 너 스스로를 찾으라, 너희가 나를 완전히 부정하였을 때 나는 너희에게 다시 돌아가리니(12:192).

그렇다면 어떻게 우리 한국인들에게 앎에의 의지를 육화시키고, 또한, 어떻게 우리 한국인들을 소크라테스, 플라톤, 니체, 쇼펜하우어와도 같은 세계적인 대사상가들로 육성시킬 수가 있는 것인가? 그것은 두말할 것도 없이 세계적인 교육제도를 창출해 내는 것이며, 그리고, 또한 그 교육제도를 통하여 천재생산의 교수법과 학문연구의 탐구법을 창출해 내는 일일 것이다. 하나의 연구 주제를 정하고, 그 연구 주제에 대한 끊임없는 이의 제기와 비판 능력을 함양시키고, 또, 그리고, 스승과 제자들 간의 상호토론과 상호논쟁을 통하여 사상과 이론을 정립하는 것이 모든 학문의 목표가 되지 않으면 안 된다. 왜냐하면 사상과 이론이란 돈과 명예와 권력이며, 모든 학문의 결정체이기 때문이다. 세계적인 명문대학교인 하버드대학교에서는 독서중심의 글쓰기 훈련을 통하여, 그 구성원들의 천재성과 창의성을 개발시켜 나가고 있다고 한다. 그 결과, 하버드대학교의 출신들은 독창적인 사상과 이론을 정립하게 되었고, 하버드대학교의 교수법과 학문연구의 탐구법에 대한 무한한 자긍심과 긍지를 갖게 되었다고 한다. 파리고등사범학교는 세계적인 명문대학교이며, 그 학교의 교과 과정은 하나의 코스가 아니라, 천재생산을 위한 최선의 과정으로 짜여져 있다고 한다. 언제, 어느 때나 '일대 일'의 지도가 가능하며, 일 년 내내 단 한 시간의 강의를 듣지 않아도 된다. 철학이든, 문학이든, 그리고 또한, 역사학이든, 사회학이든 간에, 요컨대 제일급 수준의 논문만을 제출하면 되는 것이고, 그 논문을 쓰는 과정에서의 수많은 어려움과 난제들을 만났을 때에는 언제, 어느 때나 스승들의 도움을 요청할 수가 있다는 것이다.

사르트르, 미셸 푸코, 부르디외, 데리다 등의 세계적인 석학들이 그곳 출신이며, 따라서 파리고등사범학교 출신들은 오늘날 전세계의 인문과학을 사로잡고 있다고 해도 과언이다. 일 년 내내 단 한 시간의 강의를 듣지 않아도 제일급 수준의 논문만을 제출하면 되는 곳이 파리고등사범학교이고, 그 제일급 수준의 논문을 쓰기 위해서는 오히려, 거꾸로, 하루에 열 두 시간씩, 열 네 시간씩 공부를 해야만 하는 곳도 파리고등사범학교이다. 스승은 그의 제자들에게 일 년 내내 읽어야 할 도서목록을 제시해 주고, 그들의 논문지도 요청에는 언제, 어느 때나 기꺼이 동참—상호토론과 상호논쟁을 통하여—을 해주어야 하는 곳도 파리고등사범학교이고, 매 학기마다 자기 자신의 사상과 이론으로 새로운 강의를 해야만 하는 곳도 파리고등사범학교이다. 그들의 교육과정은 절약의 법칙에 의하여 최단의 행로를 선호하고, 그리고 변화가 필요할 때조차도 수많은 다양성들을 종합하여 논리적인 비약을 시도하지는 않는다. 이때에 논리적인 비약을 시도하지 않는다는 말은 연속의 법칙을 뜻하는 것이고, 절약의 법칙과 연속의 법칙은 세계적인 교육제도의 핵심적인 두 축이라고 할 수가 있는 것이다.

하버드대학교와 파리고등사범학교, 그리고 옥스퍼드대학교와 베를린대학교 등—, 이 모든 세계적인 명문대학교들의 공통점은 사지선다형의 암기법을 전적으로 무시하고 독서중심의 글쓰기 훈련을 채택하고 있다는 점일 것이다. 최선의 독서법은 세계적인 고전을 읽고, 그렇지 못한 책들은 읽지 않는 데 있는 것이지만, 그러나 이 독서교육마저도 글쓰기로 이어지지 않는다면, 그 교육의 효과는 전적으로 아무런 성과도 거두지 못하게 될 것이다. 글쓰기는 암기법보다도 두, 세 배 이상의 정신력의 집중과 더 많은 시간을 필요로 하고, 모든 것을 자기 자신의 관점으로 재구성하고 변형시키는 창의성을 필요로 한다. 장중하고 울림이 큰 문체에는 독창적인 사상과 독창적인 이론이 들어 있고, 그 문체의 주인공은 세계적인 대사상가로서의 人神의 경지로까지 자기 자신의 존재를 승화시켜 나갈 수가 있다. 만일, 셰익스피어의 「로미오와 줄리에트」를 세 번 읽고 사지선다형의 주입식 문제를 낸다면, 중학교 2, 3학년 학생들도 대부분이 100점을 맞을 수가 있겠지만, 그러나 「로미오와 줄리에트」를 열 번 읽고 3—40매 정도의 글을 쓰라고 한다면, 하버드대학교의 학생들마저도 대부분이 100점을 맞을 수는 없을 것이다. 왜냐하면 주입식 암기교육은 단 하나의 정답이 있는 교육이지만, 독서중심의 글쓰기 교육은 하나의 정답은커녕, 그 주체자들의 창의성이 문제가 되고 있기 때문이다. 「로미오와 줄리에트」에 대한 논문은 이미 수없이 많이 씌어져 있고, 따라서, 새로운 논문을 쓴다는 것은 불모의 땅인 극북지방에다가 야자수 나무를 심는 것보다도 더욱더 어려운 일일는지도 모른다. 이제, 우리는 초, 중, 고등학교의 교과과정마저도 독서중심의 글쓰기 과정으로 대체하지 않으면 안 되고, 하루바삐 학문의 꽃인 철학을 가르치지 않으면 안 된다. 국어, 영어, 사회, 도덕, 철학, 그리고 심지어는 자연과학마저도 최고의 논문을 쓸 수 있는 예비단계로서의 독서중심의 글쓰기 과정으로 대체하지 않으면 안 되고, 그리고 대학교에서는 석, 박사 학위 과정마저도 하나의 코스가 아닌, 진정한 천재생산의 양성소로서 그 면모를 일신하지 않으면 안 된다. 석, 박사의 과정과 또, 그리고, 박사학위 논문을 쓰기까지의 그 오랜 기간 동안의 시간 낭비는 오직 천재생산 과정의 암적인 종양일 뿐이며, 단 한 시간의 강의를 듣지 않거나, 또는 대학 밖의 인사들에게마저도, 요컨대 최고 수준의 논문만을 제출한다면 모든 박사 학위와 대학교수자격증까지도 수여하지 않으면 안 된다. 만일 그렇게 하지 않는다면, 대학사회가 천재생산의 최대의 걸림돌이 될 것이며, 소크라테스, 플라톤, 니체, 쇼펜하우어와도 같은 세계적인 석학들의 논문마저도—끝끝내는 그 형식주의의 함정 때문에—사장시켜 버리는 우를 범하게 될 것이다. 모든 학문은 논문을 통해서 빛을 보게 되어 있고, 그 논문의 결정체가 사상과 이론인 것이다. 대한민국은 하루바삐 제 집만을 지키는 犬公의 수준을 벗어나서 어서 빨리 교육시장을 개방해야만 하고, 세계적인 석학들을 모셔 오지 않으면 안 된다. 서울대학교를 비롯한 이 땅의 명문대학교들마저도 외국의 명문대학교들에게 아주 값싸게 팔아 버리고, 세계적인 석학들 밑에서 독서중심의 글쓰기 교육을 배우지 않으면 안 된다. 왜냐하면 우리 한국의 학자들의 실력으로는 도저히 세계적인 대사상가들을 배출해 내기는커녕, 어떤 교육개혁마저도 이루어 내지 못할 것이기 때문이다. 지금 우리 한국인들에게는 '우리 한국인들이 세계적인 대사상가가 될 수 있느냐/ 아니냐'가 문제이지, 우리 한국인들의 정체성의 문제는 그 다음의 문제에 지나지 않는다. 요컨대 학문의 세계에는 민족도 없고, 국경도 없고, 오로지 인간 전체와 진리 자체만이 존재하고 있는 것이다.

소크라테스는 그의 사형선고와 무서운 毒杯를 통해서 '너 자신을 알라'라는 교훈을 남겼고, 피히테는 그의 모국어에 대한 사랑을 통하여 '독일국민에게 고함'을 남겼고, 괴테(파우스트)는 너무나도 엄청난 인식욕에 불타서 자기 자신을 악마에게 팔아버리는 파격적인 행동 양식을 보여주었다. 앙리 베르그송은 새로운 프랑스 교육제도에 대한 인식의 지평을 열어 주었고, 쇼펜하우어는 '현대인의 갈채'를 단념한 대신, 염세주의의 진수를 보여 주었고, 니체는 그의 비판철학을 통하여 스승과 제자의 관계에 대한 가장 이상적인 교훈을 던져 주었다. 제자는 스승에게 더없이 날카롭고 예리한 질문을 던져야만 하고, 스승은 제자에게 자기 자신의 사상과 이론의 진수를 보여주지 않으면 안 된다. 왜냐하면 사상과 이론은 '무적의 왕홀'이며, 그 모든 것이기 때문이다. 따라서 모든 질문과 비판이 제거된 곳에서 사상의 신전이 세워지고, 그에 대한 찬양과 찬송이 울려 퍼지게 되는 것이지만, 그러나 바로 그때에 진정한 스승은 그의 제자들을 향하여 가장 날카롭고 예리한 채찍을 휘두르지 않으면 안 된다. "너희가 언제나 제자인 채로 있다면 너희는 스승의 은혜를 저버리는 것이다"라는 말이 바로 그것이고, "이제 나는 너희에게 명한다. 나를 잃어버리고 너 스스로를 찾으라, 너희가 나를 완전히 부정하였을 때 나는 너희에게 다시 돌아가리니"라는 말이 바로 그것이다. 나는 나의 스승이며, 모든 인류의 스승이다. 아니, 나는 나의 스승이며, 모든 신들의 스승이기도 한 것이다.

오늘날까지 수많은 철학자들이 수천 년 동안 만지작거려 온 것이 죄다 개념의 미이라였다는 말도 있지만, 그러나 우리 인간들은 새로운 사건과 사물과, 심지어는 낯선 인간들에게까지도 그것에 걸맞는 이름을 부여하고 명명하지 않으면 살아갈 수가 없다. 새로운 것은 낯선 것이며, 알 수 없는 것이고, 그 현상들을 보편적이면서도 합리적으로 설명할 수가 없다면, 우리 인간들은 엄청난 가치의 혼란과 무질서의 소용돌이 속에 빠져들지 않을 수가 없게 된다. 새로운 것은 반드시 일시적이고 잠정적인 현상이어야 하지, 정반대 방향에서, 영속적이고 항구적인 현상이어서는 안 된다. 또한 새로운 사건과 사물은 체제 유지적인 질서 속에 수렴되어야 하지, 해체기적, 혹은 말기적인 문화적 현상으로 이어져서는 안 된다. 명명의 힘이란 새로운 사건과 사물에 이름을 부여할 수 있는 힘을 말하고, 하나의 개념이란 그 명명의 힘에 의해서 새로운 사건과 사물에 대한 이해를 담지하고 있는 어떤 것을 말한다. 하나의 개념은 그것이 설명하고 있는 최초의 대상에 대한 이해를 담지하고 있고, 한 걸음 더 나아가, 더 큰 사회 역사적인 문맥, 또는 가장 찬란한 인식의 제전으로서의 정교한 이론 속에 수렴되어 있다고 할 수가 있다. 개념은 이론적인 문맥 속에서 다양한 의미를 지니고 있고, 때때로 "생명력이 없는 교훈"이나 "활동력을 쇠잔케 하는 지식"처럼, 그 대상들을 박제화하거나 질식시킬 때도 있지만, 우리 인간들은 이러한 개념이나 이론에 의해서 문명과 문화를 형성할 수 있는 역사적 인간이 되었다고 할 수가 있다(13:107). 새로운 것, 낯선 것, 알 수 없는 것에는 두려움과 공포와 불안이 따르게 되어 있고, 이러한 두려움과 공포와 불안과 정비례하여 수많은 걱정과 근심이 따르게 되어 있다. 우리는 개념을 통해서 수많은 두려움과 공포와 불안을 제거하는 것이고, 예언자적 지성과 총명한 지혜를 얻게 된다고 해도 틀림이 없다. 패배한 전쟁에는 전쟁의 장본인을 처벌하고 승리로 끝난 전쟁에는 전쟁의 장본인을 성화시키듯이, 명명의 힘은 "언어 자체의 기원"을 향유할 수 있는 힘이며, 하나의 개념이나 이론 체계는 종족창시자와도 같은 "지배자의 권력 표시"로 간주되기도 한다(14:33).

心慮가 어떤 江을 건너가다가 진흙을 보았다. 그는 한참 동안이나 골똘한 생각에 사로잡혀 있다가 이윽고 한 조각을 떼어서 어떤 형상을 만들기 시작했다.

그가 스스로 만들어 놓은 그 형상을 바라보고 있으려니까 쥬피터가 나타났다. 心慮는 쥬피터에게 魂을 불어 넣어 줄 것을 요청했다. 그러자 쥬피터는 그의 요청을 아주 달갑게 받아주었다.

그러나 心慮가 그 형상에게 자기 이름을 붙여주고자 했을 때 쥬피터는 맹렬히 대들면서 자기 이름을 쓸 것을 요구했다. 心慮와 쥬피터가 그 이름을 가지고 서로 다투고 있을 때, 이번에는 地神이 머리를 들고 일어나더니 자기 이름을 써야 한다고 주장했다. 이렇게 서로 다투던 그들은 할 수 없이 農神 새턴에게 그들의 분쟁을 해결해 달라고 요청했다. 農神 새턴은 공정한 심판관이 되어 다음과도 같은 결정을 내려 주었다.

그대 쥬피터는 魂을 제공했으니 그것이 죽을 때는 魂을 가져가면 될 것이고, 그대 大地는 육신을 제공했으니 그것이 죽을 때는 그 육신을 받게 될 것이다. 그리고 그대 心慮는 이 형상을 처음으로 빚어 놓았으니까 그것이 살아 있는 한 그것을 소유하면 될 것이다. 그런데 그 이름에 관해서 논쟁을 한 것이니, 그것은 땅으로부터 만들어졌다고 보아 '사람'이라고 부르면 된다(15: 342).

하이데거가 즐겨 인용한 이 로마 신화는 프로메테우스의 인간 창조에도 맞닿아 있고, 구약 성경 속에서의 하나님의 인간 창조에도 맞닿아 있다. '心慮'는 프로메테우스와 하나님과도 같은 인물이지만, 그러나 이 신화 속에서는 우리 인간들이 진흙으로 빚어졌다는 사실이나, 그가 우리 인간들을 창조했다는 사실 역시도 그렇게 중요한 것처럼 보이지는 않는다. 왜냐하면 '진흙'으로 한 사람의 인간을 창조할 때는 서로 서로 협력하던 신들이 '인간'이라는 개념을 둘러싸고는 한 치의 양보도 없이 매우 격렬하게 싸우고 있기 때문이다. '心慮'와 '쥬피터'와 '地神'들 간의 싸움은 상호 간에 한 치의 양보도 없는 싸움이고, 바로 이때부터 우리 인간들의 육체와 영혼이 분리되고, '지배자의 권력 표시'와도 같은 지적 소유권의 싸움이 일어났던 것처럼도 보인다. 비록, 솔로몬의 元祖와도 같은 農神에 의해서 진정되기는 했지만, 우리 인간들의 유한성이 결정될 수밖에 없었던 웃지 못할 에피소우드를 생각해볼 때마다,

사물에 이름을 붙이고 즐거워하는 사람들
이름을 붙여야 마음이 놓이는 사람들
이름으로 말하고 이름으로 듣는 사람들
이름을 두세 개씩 갖고 이름에 매여 사는 사람들

이라는, 신대철의 「추운 山」이라는 시가 떠오르기도 한다.

신대철의 「추운 山」은 문명비판적인 시각에서, 명명을 위한 명명이나 혹은 개념의 미이라에 발목이 잡혀 있는 현실을 비판하고 있는 시이기는 하지만, 우리 인간들은 "이름으로 말하고 이름으로 듣고" "이

름에 매여" 살지 않을 수가 없다는 것을 역설적으로 증명해 주고 있는 것처럼도 보인다. 다시 말해서, 모든 사건과 사물들을 한 마디의 말로써 봉한다는 것은 그 '앎을 자기의 보호' 밑에다가 둔다는 것을 뜻한다. 새로운 지식, 혹은 앎은 그 주체자의 소유물이 되며, 그것이 보편적이고 합리적일수록 영생불사의 명성까지도 부여해 준다. 心慮와 쥬피터와 地神들 간의 싸움이 그렇듯이, 이 세상에는 공짜가 없고, 따라서 개념의 세계에는 가장 잔혹하고 엄청난 피와 고문의 냄새가 짙게 배어 있을 수밖에 없다. 종교 재판소를 걸어나오면서까지도 地動說을 의심하지 않았던 갈릴레오, '너 자신을 알라'라고 합리적인 이성을 부르짖었던 소크라테스, 헤겔의 절대정신과 낙천주의에 반대하여 염세주의를 옹호했던 쇼펜하우어, 기독교적인 사상과 전통 속에서도 '신의 죽음'을 부르짖었던 니체를 생각해 보고, 문화의 수호신이 되기 위하여 원시 야만인들을 발견해야만 했던 프로메테우스, 로마제국의 지배적인 가치들을 모조리 전복시키면서 가난하고 착하고 힘없는 민중들의 삶을 재발견해야만 했던 예수 그리스도, 찬다라는 간통, 근친상간, 범죄의 결과라는 마누의 가치관을 전복시키면서, 惡衣惡食과 치명적인 無知와 전염병 등에 시달리고 있는 민중들의 삶을 재발견해야만 했던 부처의 일생 등을 생각해보라! 地動說, 합리적인 이성, 염세주의, 신의 죽음 등, 어느 것 하나 피와 고문의 냄새가 배어 있지 않은 것이 없고, 불의 발명, 기독교, 불교 등, 어느 것 하나 그 주체자에게, 가장 잔인한 복수를 가하지 않은 것이 없다. 갈릴레오, 소크라테스, 쇼펜하우어, 니체, 프로메테우스, 예수, 부처 등, 그들은 모두가 언어 자체의 기원—종족창시자와도 같은 지배자의 권력—을 획득하기 위해서 그들의 목숨까지도 걸었던 것이고, 어떠한 고문과 압력 밑에서도 조금도 굴복하지 않았던 지적 양심의 소유자들이기도 했던 것이다.

내가 그의 이름을 불러주기 전에는
그는 다만
하나의 몸짓에 지나지 않았다

내가 그의 이름을 불러주었을 때
그는 나에게로 와서
꽃이 되었다

내가 그의 이름을 불러준 것처럼
나의 이 빛깔과 香氣에 알맞는
누가 나의 이름을 불러다오.
그에게로 가서 나도
그의 꽃이 되고 싶다.

우리들은 모두
무엇이 되고 싶다
너는 나에게 나는 너에게
잊혀지지 않는 하나의 눈짓이 되고 싶다.
— 김춘수, 「꽃」 전문

이 강아지는 얼마나 말썽을 피우는지 미운 짓만 골라 한다. 신발을 물어뜯거나 마당의 꽃 모가지를 씹고 있거나 아니면 어디서 들춰냈는지 걸레를 입에 물고 좋아라 마당을 뛰어다니는 것이다.

미운 놈, 미운 놈에 자꾸 시달리면 내 마음씨도 곱지만은 않다. 그래서 처음의 이름을 버리고 다른 이름, 다올이로 이름을 바꿔버렸다. 네가 하는 짓은 다 옳다, 다 옳다, 그래서 '다올이'라고 새로 이름을 붙이고 다올아! 다올아! 불러보니, 미운짓도 다 옳은 것 같다.

다올이가 하는 짓은 다 옳다. 절대긍정의 세계에서 다올이가 짖고, 해는 둥글게 떠오른다.

— 최승호, 「다올이」 전문

김춘수의 「꽃」이 명명의 힘이 존재하지 않는 곳에서는 엄청난 가치의 혼란과 무질서—"내가 그의 이름을 불러주기 전에는/ 그는 다만/ 하나의 몸짓에 지나지 않았다"가 그것이다—를 겪게 된다는 사실을 노래하고 있는 것이라면, 최승호의 「다올이」는 "미운 짓만 골라"하는 한 마리의 강아지에 대한 고정관념을 비틀어 보거나 뒤집어 본 것이라고 할 수가 있다. 김춘수의 명명의 힘은 새로운 가치와 질서를 부여해 주는 힘으로 작용하고 있고, 최승호의 명명의 힘은 모든 가치전복의 힘으로 작용하면서도, 다른 한편, 절대긍정의 세계, 혹은 우주론적 행복론의 힘으로 작용하고 있다. 제임스 조이스는 『젊은 예술가의 초상』에서 "나는 신의 대장간에서 아직 창조되지 않은 인류의 양심을 단련하고 있다"라고 말한 바가 있지만, '꽃'이 '꽃'인 것은 우리 인간들이 그것에 이름을 붙여주었기 때문이고, '다올이'가 '다올이'인 것은 우리 인간들이 그것에 이름을 붙여주었기 때문이다. 명명의 힘은 모든 가치의 혼란과 무질서를 잠재우듯이, 체제 유지적인 힘으로도 작용하고, 또한 명명의 힘은 모든 가치체계를 전복시키듯이, 체제 전복적인 힘으로도 작용한다.

철학한다는 것은 "사유 작용의 습관적인 방향을 역전시키는 것"이라는 말도 있고, 모든 이론의 창시자는 자기 자신 이외에는 모든 사람들을 노예로 취급한다는 말도 있다(6: 222). 우리가 사용하고 있는 개념이나 이론은 자기 자신의 것이거나, 아니면, 대부분이 받아들여진 것이라고 하지 않을 수가 없다. 전자는 종족창시자와도 같은 위대한 인간이라고 할 수가 있고, 후자는 판단의 어릿광대와도 같은 어중이 떠중이들이라고 할 수가 있다. 우리가 타인들의 개념이나 이론을 받아들이는 것은 그것을 반박할 수 있는 힘이 없기 때문이고, 그 공포심 때문에 "저 재빠른 이해의 교사"가 되었다고 할 수가 있다(16:113). 자유 정신, 기독교, 불교, 소크라테스, 쇼펜하우어, 니체, 마르크스, 계몽주의, 공산주의 등의 최고급의 이념과 사상이 수없이 부정되고 반박되었다고 해서 그것에 대한 매력이 줄어드는 법은 결코 없다. 앎을 소유하고 있으면 행복해 지고 無罪가 되고, 앎을 소유하지 못하면 불행해 지고 有罪가 된다. 가장 찬란한 인식의 제전을 주재하는 사제는 언제나 온화하고 친절하고 관용적이기보다는, 모두가 한결같이 '여우의 간지奸智'와 '사자의 용맹성勇猛性'을 지니고 있는 것처럼도 보인다.

음식물에 의해서 모든 유기체가 성장하고 변모하듯이, 앎은 권력을 생산하고, 모든 특권과 특전을 그 주체자에게 부여해 준다. 권력을 생산하지 못하는 앎은 앎이 아니며, 이웃 압도에의 노력이나 세계정복운동으로 충만되어 있지 못한 앎도 앎이 아니다. 종족창시자의 특권과 특전은 타인들의 목숨을 빼앗을 수 있는 생사여탈권과 "피지배자들로부터 생산물, 재산, 봉사, 노동, 피를 강제로 빼앗을" 수 있는 권리와, 기독교의 사제들이 그러한 것처럼, 그의 통제권으로부터 벗어나고 있는 자살자를 죄악시 할 수 있는 것이라고 하지 않을 수가 없다(17:146). 앎을 소유한다는 것은 돈과 명예와 권력을 소유한다는 것이며, 그 앎을 행사할 수 있는 권리에 따라 지배자와 피지배자, 명예를 지닌 자와 그렇지 못한 자, 고귀한 자와 비천한 자, 가진 자와 못 가진 자로 구분된다. 앎을 소유하지 못한 자는 생존경쟁, 혹은 권력투쟁의 관계에서 패배하거나 소외된 자이며, 기독교주의자나 사회주의자들이 그러한 것처럼, 원한 맺힌 복수감정에 의해서 지배적인 가치체계를 전복시키려는 자들이기가 십상이다. 그러나 앎을 소유하고 있는 자는 생존 경쟁, 혹은 권력투쟁의 관계에서 승리했거나 유리한 고지를 점하고 있는 자이며, 원한 맺힌 복수감정은커녕, 마키아벨리나 니체가 부르짖었던 것처럼, 절대 군주국가와 성자의 영웅주의를 찬양하고 있는 자들이기가 십상인 것이다.

현대 사회에서 절대 군주국가와 성자의 영웅주의를 찬양하거나, 고귀한 사상과 고귀한 이념으로 무장되어 있는 귀족제도를 찬양하고 있는 시인들은 없지만, 예컨대, 브레히트의

가장 단순한 것을 배워라! 자기의
시대가 도래한 사람들에게는
결코 너무 늦은 것이란 없다!
알파벳을 배워라, 그것으로 충분하지는 못하지만
우선 그것을 배워라! 꺼릴 것 없다!
시작해라! 당신은 모든 것을 알아야만 한다!
당신이 앞장을 서야만 한다.

배워라, 난민 수용소에 있는 남자여!
배워라, 감옥에 갇힌 사나이여!
배워라, 부엌에서 일하는 부인이여!
배워라, 나이 60이 넘은 사람들이여!
학교를 찾아가라, 집 없는 자여!
지식을 얻어라, 추위에 떠는 자여!
굶주린 자여, 책을 손에 들어라. 책은 하나의 무기다.
당신이 앞장을 서야만 한다

라는, 「배움을 찬양함」이라는 시는 아직도 앎의 有無에 따라 지배와 피지배, 혹은 주인과 노예의 대립 갈등이 해소되고 있지 않다는 사실을 노래해 놓고 있는 것 같고, 다른 한편, 백무산은,

당신은 여태 부족함 없이
이 나라 최고 대학 그 윗동네까지 나왔지만
모든 것을 버리고 또다른 싸움터에 나섰다지만
떳떳치 못한 일로 숨어 사는 당신을 만나러 와서 보니
완장이라는 것이 당신 얼굴에 새겨져 보입니다
이 높은 담장을 뚫고 터지는 함성과
시퍼렇게 살아 있는 힘들을 보았지만
결국 또 어디론가 쳐졌던 달리기를
다시 시작해야 하는 못난 꼴을 많이 보았소

김형, 이 시대의 지식인이란
지식인이라는 완장을 낀 자들일 것이오
캠프스 숲속의 은밀한 속삭임도 나는 모르오
그렇지만 그들이 나누는 사랑에도
빛나는 완장이 필요할 것이오
이제 곧 사랑의 행패를 시작할 수많은
젊은 놈들이 또 쏟아져 나올 것이오
완장을 낀 팔에 채찍을 들지 않을 리가 없지 않겠소

라는, 「지식인이라는 완장」이라는 시에서처럼, 앎을 소유하지 못한 자들의 원한 맺힌 복수 감정들을 노래해 놓고 있는 것 같다.

마키아벨리는 근대 정치학의 시조답게, "여우의 간지奸智"와 "사자의 용맹성勇猛性"을 강조하고 있고(18: 59), 니체는 "인간은 힘의 감정을 가질 때 자신이 좋다고 느끼고 좋다고 부른다"라는 말에서처럼, 무엇보다도 권력에의 의지를 역설하고 있다(16: 136). 하지만 앎과 권력 관계를 둘러싸고 일어나고 있는 다양한 투쟁 전략은 그러나 그렇게 간단하지가 않다. 주인(종족창시자, 혹은 지배자)은 타인의 의견을 경청할 필요 없이 모든 귀족적인 가치관을 찬양하고 긍정하지만, 노예(피지배자)는 주인들의 귀족적인 가치관이라면 무조건 의심을 갖고 대하며, 그것을 부정함으로써 자기 자신을 긍정하게 된다. 주인은 모든 가치의 창조자이며 종족창시자와도 같은 온갖 특권과 특전을 향유하고 있지만, 노예는 모든 귀족적인 가치관을 부정하고, 생명부정에의 의지인 만인 평등주의를 찬양하게 된다. 브레히트는 최고의 지식인이라는 지적 우월감을 은폐한 채, 프롤레타리아 계급의 입장에서 주인의 가치관을 부정하고 있고, 백무산은 프롤레타리아 계급의 입장에서 브레히트와도 같은 지식인의 가치관을 부정하고 있다. 브레히트에게 있어서는 "책은 하나의 무기이다"라는 시구에서처럼, 프롤레타리아 계급을 각성시켜 위대한 공산주의를 건설하는 것이 유일한 목적이지만, 백무산에게 있어서는 "이 시대의 지식인이란/ 지식인이라는 완장을 낀 자들일 것이오/ (……)/ 그렇지만 그들이 나누는 사랑에도/ 빛나는 완장이 필요할 것이오/ 이제 곧 사랑의 행패를 시작할 수많은/ 젊은 놈들이 또 쏟아져 나올 것이오"라는 시구에서처럼, 위대한 공산주의의 건설보다도 브레히트와도 같은 사이비 지식인들을 타도하는 것이 보다 더 근본적인 신념과 목적으로 되어 있다고 할 수가 있다. 브레히트는 최고의 지식인으로서 공산주의와 절대 평등주의 속에 자기 자신을 은폐시키고 있는 사이비 지식인이며, 백무산은 프롤레타리아 계급의 일원으로서 이 땅의 사이비 지식인들에게 원한 맺힌 복수감정을 증폭시켜 나가고 있는 시인이라고 할 수가 있다. 브레히트와 백무산—비록, 그들이 또다른 주인과 노예의 대립 갈등을 야기시키고는 있지만—은 다같이 온갖 특권과 특전을 부정하고, 생명부정에의 의지인 위대한 공산주의와 절대 평등주의를 찬양하고 있다고 해도 틀림이 없다. "자기 자신에 대한 믿음, 자신에 대한 긍지, 사심 없는 행위에 대한 근본적인 적개심과 경멸감, 온정과 자비심에 대한 가벼운 멸시와 경계 태도" 등이 모든 주인들의 가치관이라면(19: 209), "연민, 자비롭고 친절한 손길, 온정, 인내심, 근면성, 겸손함, 친절함", 기독교, 공산주의, 절대 평등주의, 민주주의 등은 모든 노예들이 선호하는 가치관에 해당된다(19: 211). 주인의 도덕은 본질적으로 자기 찬미의 도덕이고, 노예의 도덕은 원한 맺힌 자들의 효용성에 입각한 도덕이다.

앎에의 의지는 권력에의 의지이며, 권력에의 의지는 타인들에 대한 생사여탈권을 갖는 권리라고 말할 수가 있다. 타인의 말과 타인의 사유 앞에서 무릎을 꿇거나 경의를 표하는 것이 그것을 반박할 수 있는 힘이 없기 때문인 것처럼, 우리 인간들이 절대적이고 강력한 조상이나 신들에게 첫 아이를 바치거나 수많은 신전과 예배당을 짓고 면종복배하는 것도 그들을 부정할 수 있는 아무런 힘도 없기 때문이라고 할 수가 있다. 앎의 주체자는 모든 인간들을 노예로 취급하고 있는 자들이고, 권력의 주체자 역시도 자기 찬미의 도덕을 통하여 모든 인간들을 노예로 취급하는 자들이라고 할 수가 있다. 권력을 생산하지 않는 앎도 앎이 아니고, 앎을 생산하지 않는 권력도 권력이 아니다. 오늘도 권력이 앎을 손짓해서 부르면, 앎은 두말하지 않고 달려가 권력을 끌어안고 권력에 입을 맞춘다. 권력은 멋지고 사내답고 늠름하고, 앎의 유방을 더듬고 앎의 자궁 속에다가 언제나 새로운 후손의 씨앗을 뿌릴 수가 있고, 앎은 아름답고 간교하고 교활하고, 권력의 수염을 쓰다듬으며, 때때로 정상적인 체위가 아닌, 소위 역전된 체위로서 그토록 오래되고 황홀한 오르가즘을 맛볼 수가 있다. 모든 사상이나 이론은 종족창시자와도 같은 '지배자의 권력 표시'라고 할 수가 있으며, 그 주체자들은 결코 고귀한 귀족제도와 성자의 영웅주의를 부정하거나 회의하는 서툰 짓을 자행하지는 않았던 것처럼도 보인다.

데리다는 「백색의 신화」에서 "그러나 철학자들이 고유의 비은유적인, 혹은 직의의 말을 사용하기 시작할 때 이미 은유가 시작된다. 동시에 첫 번째 의미와 첫 번째 대치는 망각된다. 은유가 은유로서 더 이상 보여지지 않고 고유 의미로 여겨진다. 이것이 이중 삭제다. 이것은 철학 내부에서 일어나며, 그리고 자체적으로 수행되는 은유 과정에 불과하다. 따라서 철학은 철학 자체를 폐기한다"(자크 데리다, 『해체』, 김보연 편역, 문예출판사, 167면)라고 말한 적이 있다. 과연 우리는 이 말의 진정한 의미를 어떻게 이해하고 받아 들여야만 할 것인가? 그것은 두말할 것도 없이 직의(은유)가 은유가 되고, 그 은유가 하나의 은유로서가 아닌, 고유 의미(직유)로 간주된다는 말에 다름이 아닌 것이다. 예컨대 소크라테스는 성자라고 불리우고 있는 만큼, 대부분의 사람들은 그가 진리를 소유하고 있다고 생각한다. 하지만 지극히 유감스럽게도 이 세상의 참된 이치, 즉, 진리를 소유한 사람은 단 한 사람도 없었다고 할 수가 있다. 삶이란 무엇이고, 죽음이란 무엇인가? 신이란 과연 영원불멸의 존재이고, 또한 내세의 천국은 존재하는가? 이러한 형이상학적인 질문들은 단 하나의 해답이 주어지기는커녕, 영원히 풀릴 수 없는 수수께끼에 지나지 않는다. 바로 이 지점에서 우리 인간들의 행, 불행이 교차되고, 모든 희로애락이 이중, 삼중으로 겹쳐지게 된다. 그러므로 "소크라테스는 성자이다"라는 말은 직의(직유)가 되지만, 그 성자는 실제로 존재하지 않는다는 점에서, 그 직유 자체는 은유가 된다. 따라서 우리는 그 은유를 은유로서 보지 않고 고유 의미(즉, 직유—성자)로 보게 된다. 이것이 데리다의 '이중 삭제'인 것이고, 그 모든 것이다. 이처럼 현대철학의 선구자인 데리다의 글쓰기 전략은 상호모순적인 것이며, 그 최종심급은 자기 자신의 개념들로 종족창시자와도 같은 지배자의 권력을 표시해 놓고 있는 것이라고 해도 과언이 아니다. 왜냐하면 그는 모든 개념들을 해체한다고 말하면서까지도 '이중 삭제'라는 개념을 명명해 놓고 있기 때문이고, 또한 그는 어떠한 기원이나 영겁회귀를 해체한다고 말하면서까지도 '흔적'이나 '차연'이라는 개념들을 명명해 놓고 있기 때문이다. '백색신화', '이중 삭제', '흔적', '차연' 등—, 요컨대 이러한 개념들에는 데리다의 피와 땀과 눈물이 배어 있는 것이며, 바로 그 최고급의 인식의 제전을 통해서, 이 세상의 종족창시자와도 같은 지배자의 권력이 탄생하고 있는 것이라고 하지 않을 수가 없다.

가장 찬란한 인식의 제전으로서의 앎의 첫 번째 실천목표는 종족창시자와도 같은 권력에의 의지를 추구하는 것이고, 그 두 번째 목표는 특정 개인의 한계가 아닌 우리 인간들의 한계를 극복하는 것이고, 앎의 세 번째 실천 목표는 개인의 욕망이나 행복보다는 모든 인간들이 향유할 수 있는 행복한 공동체 사회라고 할 수가 있다. 우리 인간들은 자기 자신이 아닌 타인들을 위해서 수천 년을 찍어 누를듯이 금욕주의를 실천할 수 있는 동물이기도 하고, 不死를 포기함으로써 不死의 인간이 될 수 있는 유일한 동물이기도 하다. 수천 년을 찍어누를 듯한 금욕주의는 아폴로적이고, 不死를 포기함으로써 不死의 인간이 되는 것은 디오니소스적이다. 동양적인 사유의 맥락에서 바라보면 전자는 소승적이고 후자는 대승적이다.

마을이 가까이 오면
산은 의인화된다.
마을 사람들은 앞산을 의상대라 부르고 있었다
의상대는 겸재식 부벽준의 도끼로 깎여 있다

천여 전 의상은 저 앞산에서 천공을 받아먹고 있었다. 그는 이 사실로써 그의 라이방 원효에게 재고 싶어졌다. 여수 돌산 영구암에서 놀고 있던 원효가 어느 날 저녁 의상에게 들렀다. 이튿날 한식경이 되어도 의상은 원효에게 공양을 갖다줄 생각을 아니하는 거디었다.

"의상 이놈아, 형님한테 밥 안 주냐?"

"형은 왜 이리 촐삭거려? 좀 기다려봐. 곧 소식이 올거야."

그러나 그 놈의 소식은 오질 않았다. 배고프다고 투덜거리며 원효는 그 길로 내려가버렸다.

원효가 간 뒤 의상은 천공을 받았다. 그는 또 한 번 뼈아픈 질투심의 도끼에 찍혔다. 의상은 그 산을 버렸다.

산을 오르는 동안 사람들은 자신의 몸무게에 의해 실존주의자가 되었다가 산꼭대기에 이르면 유물론자가 된다.

서울을 빠져나올 때, 아내에게 "아무도 책임지려 하질 않아. 이건 내가 나에게 내린 유배야"라고 말했던 것도 우스꽝스럽고 부끄럽더군.

불행은 마력을 갖는다.

천년 전 의상이 버린 산을 오늘 내가 오른다.

— 황지우, 「靈山」 전문

예로부터 우리 인간들은 자연에 반응할 수 있는 앎에의 의지에 따라서, 수많은 산들마저도 의인화시키고, 그것에 못지 않은 수많은 신화와 전설을 만들어 왔다고 해도 틀림이 없다. 인도의 히말라야의 명산 속에서도 수많은 신화와 전설이 자라나고, 올림프스와 안데스의 명산 속에서도 수많은 신화와 전설이 자라난다. 그 신화와 전설, 또는 다양한 일화들의 많고 적음에 따라서 '靈山'과 그렇지 못한 산과의 구별이 가능해 진다. 황지우의 「靈山」은 "겸재식 부벽준의 도끼"로 깎여 있는 靈山이며, "천여 년 전 '의상대사'와 '원효대사'와의 일화"가 간직되어 있는 산이다. 의상대사와 원효대사는 호형호제하는 사이이기도 하고, 이미, 모든 사람들이 알고 있듯이, 큰 스님으로서의 지적 경쟁자이기도 하다. 그들은 다같이 살아 있는 부처를 꿈꾸고 있다는 점에서는 일란성 쌍생아이기도 하고, 서로 간에 질투와 시기가 만발하고 있다는 점에서는, 마치, 야곱과 에서의 관계처럼, 원수형제이기도 하다. 「靈山」의 의상대사는 '천공'을 받아먹을 수 있는 법력의 크기로 '천공'을 받아먹을 수 없는 원효대사를 시험하지만, "원효가 배고프다고 투덜거리며" 내려간 뒤, 의상대사는 그것이, 곧, "뼈 아픈 질투심"의 소산이라는 것을 깨닫지 않을 수가 없었던 모양이다. 큰 스님의 법력은 그것을 과시하지 않아도 좋은 법력이며, 타인의 약점과 결점마저도 쓰다듬고 어루만져 주는 것이라고 할 수가 있다. 의상대사는 원효대사를 소홀하게 대접한 뒤, 자기 자신의 법력의 크기와 위인됨을 깨닫고 하산하지 않을 수가 없었던 것이다. 황지우는 원효대사와 의상대사 간의 일화가 담겨 있는 '靈山'을 오르며, 그것을 되새겨 보고 있는데, 왜냐하면 그에게는 "아무도 책임지려 하질 않아. 이건 내가 나에게 내린 유배야"라고 말할 수밖에 없었던 한국의 사회 역사적인 상황이 벌어져 있었기 때문이다. 실존주의자는 피지배 계급의 인간들처럼, 자기 자신은 물론, 인간과 인간의 관계를 극단적으로 혐오하는 자를 말하고, 유물론자는 지배 계급의 인사들처럼, 자기 자신의 명예와 부와 권력을 은밀히 과시하고, 그것을 즐겁고 기쁘게 향유할 수 있는 자를 말한다. 황지우는 실존주의자와 유물론자들의 극단적인 이기주의를 신화적인 암시와 은유의 기법으로 중첩시키면서, 한국의 사회 역사적인 현실을 비판하고 그것을 대속하고 있는 사제와도 같은 인물이라고 해도 과언이 아니다. 비록, 황지우의 「靈山」은 의상대사의 그것처럼, 하나의 신기루이며 환영일 수도 있겠지만, 「靈山」의 하늘은 맑고 푸르고, 그 주체자에게 수천 년의 시간과 공간을 찍어누를 듯한 금욕주의를 실천하게 해주고 있다고 해도 과언이 아니다. 금욕주의는 부처와 예수의 경우에서처럼, 이상적인 '聖者' 생산의 최고급의 교수법이며, 그 방법론이기도 한 것이다.

황지우의 「靈山」은 자기 자신의 한계가 아닌 우리 인간들의 한계를

극복하고 있는 시이며,

괴로웠던 사나이,
행복한 예수 그리스도에게
처럼
십자가가 허락된다면

모가지를 드리우고
꽃처럼 피어나는 피를
어두워가는 하늘 밑에
조용히 흘리겠습니다

라는, 윤동주의 「十字架」의 반대 방향에서, 소승적인 금욕주의, 혹은 아폴로적인 금욕주의를 실천해 나가고 있는 시라고 생각된다.

지식을 얻고 지식을 넓히는 일에도 용기가 필요하고, 앎과 행동을 자연스럽게 일치시키는 데에도 순교자적인 용기가 필요하다. 그러나 앎을 습득하는 과정에는 숱한 우유부단함과 두려움과 공포와 수치심이 따르게 되어 있고, 또한 앎의 실천 과정 역시도 '생명의 공포'와 '죽음의 공포'가 따르게 되어 있다. 만일 그렇지가 않다면, 우리 인간들은 제 아무리 최고급의 지혜일지라도 그처럼 엄청난 인내와 고통의 시간을 투자하지 않을는지도 모르고, 벌거벗은 몸으로도 배가 부르고 행복한 남국인들처럼, 무의미와 권태 속에서 하루 하루를 소일하게 될는지도 모른다. 앎은 「靈山」 너머에 있고, 황지우에게 무엇보다 필요했던 것은 "괴로웠던 사나이/ 행복한 예수 그리스도에게"에서처럼, 不死를 포기함으로써 不死의 인간이 되어갈 수 있는 성자의 영웅주의라고 할 수가 있다. "진리는 비존재에서 출발하여 존재에 이른다"는 말도 있고, "실천적 미래에서 출발하여 현재에 이른다"는 말도 있다(20:

17). 왜냐하면 성자의 영웅주의를 실천할 수 있는 자는 바로 그 진리를 사회화할 수 있는 인간이지, 두뇌 속의 '靈山'으로만 도피하고 있는 사람이 아니기 때문이다. 윤동주는 황지우의 반대 방향에서, '생명의 공포'와 '죽음의 공포'를 뛰어넘고 있는 시인이며, 성자와 범죄자를 동일시 하고, 그 성자와 범죄자의 삶—모든 지배적인 가치관을 전복시킨 예수의 삶 역시도 바로 그 범죄자의 삶이었으니까—을 행복으로 전유하고 있는 시인이라고 할 수가 있다. 성자와 범죄자는 다같이 비존재에서 출발하여 존재에 이름으로써 우리 인간들의 한계를 극복하고 진리를 사회화시킬 수 있는 인간들이라고 할 수가 있다.

헤겔의 국가숭배설, 유태인들과 독일인들의 민족주의, 천년 왕국을 꿈꾸었던 로마의 제국주의는 무엇을 뜻하고 있는 것이며, 종교, 신화, 이념, 사상 등은 무엇을 뜻하고 있는 것일까? 헤겔의 국가숭배설도 낙천주의를 양식화시킨 것이고, 유태인들이나 독일인들의 민족주의 역시도 낙천주의를 양식화시킨 것이다. 국가라는 단어는 "금발의 야수와 한 무리, 어떤 지배자와 정복자 종족을 일컫는 것으로 이들은 전투체제로 편성되었다"는 것을 뜻하고, 민족이라는 단어는 이민족에 대한 가증스러운 욕으로 사용되었음을 뜻한다(14: 94). 국가와 민족에 대한 강조는 이민족의 백만 두뇌를 무력화시킬 수 있는 이웃 압도에의 노력과 세계정복에의 의지를 노골적으로 드러내고 있는 것에 지나지 않고, 사회적 동물, 혹은 무리를 짓는 동물로서의 상호 결속에의 의지를 드러내고 있는 것에 지나지 않는다. 인간이 제 아무리 우수한 두뇌와 사고의 능력을 지녔다고 하더라도 국가나 사회적 형태로 결속하지 못한다면, 생존경쟁이라는 삶의 자장에서 다른 동물들에게 패배할 수밖에 없고, 따라서 적자생존이라는 말이 시사해 주고 있듯이, 자연도태될 수밖에 없게 되어 있다. 국가는 아메리카 합중국이나 소비에트 연방, 또는 중국에서와 같이 여러 이민족들이 결합하여 그들의 지배욕과 정복욕을 과시할 수도 있고, 유태인이나 독일인들의 경우에서처럼 특정 민족의 혈통의 우수성에 의거하여, 그들의 지배욕과 정복욕을 과시할 수도 있다. 낙천주의는 국가를 통해서만 관철되는 것도 아니고, 사회학자 피터 버어거가 "모든 세계관을 일종의 공모관계"라고 날카롭고 예리하게 지적한 바가 있듯이, 종교, 정당, 군대, 직장, 가정 등을 통하여 언제, 어디에서나 저절로 자라나는 나무와도 같다고 하지 않을 수가 없다(21: 89). 모든 단체는, 그것이 매장을 위한 단체이든, 가난한 자의 결속을 위한 단체이든, 이념이나 사상을 전파하기 위한 단체이든, 전국 경제인 연합회와도 같은 자본가 계급을 위한 단체이든 간에, 다른 집단에게는 '밤의 척도'가 되기 쉬우며, 다른 한편, 모든 단체의 구성원들은 그 '밤의 척도'(배타적 이기주의)를 떠나서 특정 민족이나 국가, 그리고 또한, 인간이라는 종의 건강과 행복을 위해서—비록, 그것이 무의식적일지라도—최선을 다하여 노력하고 있는 것인지도 모른다. 공동체 사회는 상호원조의 형태로 구성되며, 공동체 바깥에 있는 사람들에게, 우리 인간들의 자유와 평화와 행복과, 또 그리고, 문명과 문화가 어떤 것인가를 역설적으로 증명해 주고 있는 것처럼도 보인다.

인간중심주의적인 입장에서 인간이 없는 세계는 존재하지 않는 것처럼, 국가, 종교, 정당, 군대, 직장, 가정 등의 여러 하위 범주표들을 자랑하고 있는 사회와 그 구성원인 개인들은 결코 분리될 수가 없다. E. H 카아의 말대로, 우리 인간들이 태어나자 마자 사회는 우리 인간들에게 작용하기 시작하고, 우리 인간들은 그 사회적인 작용에 따라서 자기 자신의 정체성을 부여받게 된다. 언어도 사회적 획득물이며, 가장 찬란한 인식의 제전의 소산인 국가, 종교, 정당, 군대, 직장, 가정 등도 사회적 획득물이고, 시대, 인종, 역사, 재산, 이념, 사상 등도 마찬가지라고 할 수가 있다. 공동체 사회는 르네상스 시대의 개인주의와 프랑스 혁명 이후의 개인주의, 그리고 현대 사회의 개인주의 등을 아주 은밀하게 비웃고 짓밟아 버리면서, 소크라테스나 헤겔의 국가숭배설과도 같은 민족주의에 그 정체성을 부여해 주고 있는 것처럼도 보인다. 최고급의 지혜도 배타적인 개인의 소유물이 아니고, 앎의 실천 역시도 배타적인 이기주의만을 위해서 작용하고 있는 것도 아니다. 신이나 자연이 특정한 개인의 불행이나 고통에 반응하지 않고 있는 것처럼, 위대한 인간 역시도 개인의 불행이나 고통 따위에는 관심이 없다. 그는 인간이라는 종의 건강과 종의 보존을 비롯하여 한 문명의 성숙과 발전에만 관심이 있고, 따라서 그가 쏟아붓고 있는 노력은 위험스러운 물음표, 불쾌한 양심과도 같은 극단적인 부정 정신이라고 할 수가 있다.

하늘을 찌를 듯 솟구친 마천루 숲속, 아크릴에 새겨진
'조류연구소'란 입간판 아래
검은 점이 또렷이 빛나는 눈부신 황금빛 冠을 뽐내며
쏘는 듯 노려보는 후투티 눈빛이
이상한 광채를 뿜는다. 캄캄한 무덤들 사이에서
새어나오는 섬뜩한 燐光 같은

푸른 광채. 인공의 눈알에서 저런, 저런 광채가
새어나오다니.
짚이나 솜 혹은 방부제 따위로 가득 채웠을 박제된
후투티, 하얀 고사목 뾰족한 가지 끝에
실처럼 가는 다리를 꽁꽁 묶인 채, 그러나
당당한 비상의 기품을 잃지 않고 서 있는, 저 자그마한 새에 끌리는
떨칠 수 없는 이 매혹감은 무엇인가. 잿빛 공기 속에

딱딱하게, 아니 부드럽게 펼쳐진
화려한 깃털에서 느끼는 형언할 수 없는 친밀감은.

오, 그렇다면
나도 이제 허울 좋은 이 조류연구소의 주인처럼
박제를 즐길 수 있을 것인가. 피와 살과
푸들푸들 떨리는 내장을 송두리째 긁어내고 짚이나 솜
혹은 방부제 따위를 가득 채운, 잘 길들여진 행복에
더 이상 소금 뿌리지 않아도 될 것인가. 때때로
까마득한 마천루 위에서 상한 죽지를 퍼덕이며 날아내리는
풋내 나는 주검들마저 완벽하게 포장하는 그의,
그의 徒弟로 입문하기만 하면

과연 나도 박제를 즐길 수 있을 것인가. 껍질만으로도 눈부신
— 고진하, 「껍질만으로 눈부시다, 후투티」 전문

예술은 사회에 대한 적대적인 태도를 취함으로써 사회적이 된다라는 아도르노의 말대로, 고진하의 「껍질만으로 눈부시다, 후투티」는 극단적인 부정 정신에 가닿아 있고, 한 인간의 지력의 정도가 높을수록 생존에 대한 놀라움이 크다라는 괴테의 말대로, 고진하의 시는 내가 가장 좋아하는 말의 의미에서, '육화된 앎'의 크기에 가닿아 있다. 지식인의 가장 큰 적은 '국민의 첫째가는 공복'과도 같은 사이비 지식인들이지만, 고진하는 사이비 지식인들의 한계를 뛰어 넘어서 "출발점부터 이의를 제기하는 잠재적 배신자"이자 기괴한 사회가 만들어 내는 기괴한 인물일는지도 모른다(20: 76). 지식인의 전제조건은 회의하고 비판하는 능력이며, 그는 회의하고 비판함으로써 동시대의 지적 양심이 되어 가고 있는 것인지도 모른다. 그는 "껍질만으로도 눈부신 후투티"

의 당당한 "기픔"에 매혹되면서도 그 매혹됨의 가증스러움을 드러내고, "잘 길들여진 행복에/ 더 이상 소금을 뿌리지" 않으면서도, "상한 죽지를 퍼덕이며 날아내리는" '후투티'의 비극적인 '주검'을 드러낸다. "하늘을 찌를 듯 솟구친 마천루"의 문명은 "섬뜩한 燐光"과도 같은 문명이며, "허울좋은 조류연구소의 주인"과도 같은 인간들에 의해서 인위적으로 "방부제"가 뿌려지고 있는 문명일는지도 모른다.

시가 노래가 되고, 노래가 시가 되던 지난날의 황금시절에는 자연이 늘 인간을 포함하고 그 넓은 옷자락에 우리 인간들을 품어주었다고 할 수가 있다. 풀 한 포기, 나무 한 그루, 뒹구는 돌멩이 하나, 뭇 새들과 뭇 짐승들, 산과 강, 신선한 하늘과 눈과 비와 바람, 남자와 여자 등, 어느 것 하나 해맑은 자연의 숨결과 신의 성스러운 손길이 닿아 있지 않은 것이 없었다. 이러한 萬有神論과 汎神論 속에서 자연과 인간이 상호 교감하면서 인공정원이 아닌, 지상의 낙원을 이룰 수가 있었던 것처럼도 보인다. 하지만, 이제 자연은 완벽하게 파괴되었고, 마천루와도 같은 인공정원만이 만발하고 있다고 해도 과언이 아니다. 모든 문명과 문화를 꿰뚫어 볼 수 있는 예언자적 지성과 총명한 지혜를 갖고 있는 인간만이 진정한 부정정신과 지적 양심을 실천하고 있는 자이며, 이러한 비판적인 지식인만이 우리 인간들과 공동체 사회의 행복을 거론하고 논할 자격이 있는 것처럼도 보인다. 이러한 문명과 문화에 대한 가장 날카롭고 예리한 부정 정신이 섣부른 이상주의나 공리주의에 대한 외침보다도 더욱더 중요하고, 중요하다. 고진하가 가짜 문명, 가짜 행복에 길들여진 현대 사회의 문명을 비판하면서도, 잃어버린 황금시절을 꿈꾸고 있는 것이라면, 김용택은 '아버님 마을'이라는 부제가 붙어 있는 「섬진강 12」에서,

아버님은 새벽에 일어나

수수빗자루를 만들고
어머님은 헌 옷가지들을 깁더라
두런두런 오손도손 깁더라
아버님의 흙빛 얼굴로,
어머님의 소나무 껍질 같은 손으로
빛나는 새벽을 다듬더라
그이들의 눈빛, 손길로 아침이 오고
우리들은 살아갈 뿐,
우리가 이 땅에 나서 이 땅에 사는 것
누구누구 무엇무엇 때문이 아니더구나

라고, 신과 인간과 자연이 분리되지 않은 공동체 사회의 행복을 노래하고 있는 것처럼 보인다.

김용택의 「섬진강 12」의 세계는 매우 시대착오적인 세계일는지도 모르지만, 그러나 그렇다고 해서 지난날의 황금시절을 찾아가고 있는 우리 인간들의 꿈이 아주 소멸되거나 사라져 가버린 것은 아니다. 아니, 오히려, 거꾸로 과학혁명과 산업혁명에 의해서 문명과 문화의 발전 속도가 고도화될수록, 노발리스콤플렉스와도 같은 신화적인 꿈은 나날이 증폭되어가고 있다고 하지 않을 수가 없다. 노발리스콤플렉스란 「섬진강 12」에서처럼, 새로운 지상낙원의 '아침'이 밝아오는 세계를 뜻하고, 다른 한편, 지난날의 황금시절을 찾아가고 있는 모든 노력들을 뜻한다. 이 세기말적인 오늘날에도 서정시와 비극과 수많은 신화와 종교들이 사라지지 않고 있는 것을 보면, 우리 인간들은 문명과 문화라는 거친 풍랑에 의해서 영원히 표류하고 있는 떠돌이에 불과한 것인지도 모르고, 앎의 크기에 따라 완전한 인간에 가까워지기는 커녕, 영원히 아버지와 어머니의 품을 찾아가는 어린 아이들에 지나지 않고 있는 것인지도 모른다. 자연과 문명, 도시와 농촌은 상호 대립적인 것이 아니라 상호 보완적인 것이며, 우리 인간들의 삶의 두 축을 구축하고 있다고 해도 과언이 아니다. 앎의 실천의 첫 번째 목표는 종족창시자와도 같은 권력에의 의지를 추구하는 것이고, 그 두 번째 목표는 특정 개인의 한계가 아닌, 우리 인간들의 한계를 극복하는 것이며, 앎의 실천의 세 번째 목표는 행복한 공동체 사회의 건설이라고 하지 않을 수가 없다.

비록, "안다는 건 슬픈 일, 많이 아는 자들은/ 그 운명적 진리를 깊이 깊이 애도해야 하니/ 인식의 나무는 생명의 나무가 아니니"라는 바이런의 애상적인 시가 그 파급효과를 지니고 있다고 할지라도 心慮와 쥬피터와 地神들의 예에서처럼, 가장 찬란한 인식의 제전은 결코 사라지거나 소멸되어 가지는 않을 것이다. 에밀리 디킨슨이

어떤 불도 나를 따뜻하게 할 수 없을 정도로 내 온몸을 차갑게 만드는 한 권의 책이 있다면, 나는 이것이 시라는 것을 안다

머리 끝이 잘라져 나간 듯이 내가 육체적으로 느낄 때, 나는 이것이 시라는 것을 안다

라고, 노래할 때나, 괴테가

감동은 인간의 최상의 부분이다
세상은 그 느낌을 맛보기 어렵게 하지만
그것에 마음이 사로잡혀야만 대단한 것을 깊이 깨달을 수가 있다

라고, 노래할 때, 우리는 그들이 또한 그만큼, 가장 날카롭고 예리한 앎에의 의지와 지적인 민감성을 소유한 시인들이라는 사실을 알 수가 있을 것이다.

앎에의 의지는 거짓 추구와 진리 탐구와 교활하게 사는 방법 쪽으로도 향하고, 앎에의 의지는 이타적/ 이기적으로 사는 것과 함께, 선악을 초월해서 사는 방향 쪽으로 향한다. 앎에의 의지는 기억술을 개발하거나 괴로울 때는 망각하는 법 쪽으로도 향하고, 앎에의 의지는 하나의 목표에 주의를 집중시키고, 비록, 그만큼 어렵고 위험하고 힘들기는 하지만, 그러나 누군가가 꼭 해야만 하는 일 쪽으로도 향한다. 더욱이, 또한, 맹자 어머니의 거듭된 이사와 이민족의 백만 두뇌를 무력화시키는 법, 군주의 예법과 신하의 예법, 전쟁과 평화, 휴식의 달콤함과 은자의 즐거움, 천재의 생산을 위해서 오랫동안 학대하고 못살게 구는 교수법, 조상숭배, 종교, 도덕, 민주주의, 공산주의, 자본주의 등의 온갖 사상과 이념을 생산해 내는 것, 이 모든 것이 앎에의 의지에 따라서 진행되어온 가장 찬란한 인식의 제전의 소산이 아니라면 무엇이겠으며, 인간과 인간이 함께 모여 살며 평화롭고 행복하게 사는 법, 동물적인 천성을 교육의 효과에 의한 제이의 천성으로 변모시키고 문명인과 문화인이 되는 법, 서로간의 이해의 득실에 따라 손을 잡거나 결별을 하고 배신을 밥 먹듯이 하면서 사는 법, 부모형제와 처자식보다도 더욱더 소중한 우정을 간직하고 하늘이 무너져 내려도 서로간에 오해하거나 배신을 하지 않고 살아가는 법, 퇴폐적인 쾌락만을 추구하거나 성자의 사랑과도 같은 금욕주의를 실천하는 법, 사상이나 이념의 신전이 아닌, 허섭쓰레기와도 같은 권력의 신전을 짓는 못난 스승의 법과 쇼펜하우어와 니체와도 같은 천재 생산을 위한 최고급의 비법 등이, 또한, 앎에의 의지에 따라서 진행되어온 가장 찬란한 인식의 제전의 소산이 아니라면 무엇이겠는가? 우리 인간들의 역사는 앎의 투쟁의 역사이고, 앎에 의해서 신과도 같은 인물이 되어 왔다고 하지 않을 수가 없다. 인간은 한없이 나약하고 왜소하지만, 앎은 더없이 건강하고 키가 크고 사시사철 늘 푸른 소나무처럼 청정하고 변함이 없다. 비록, 모든 앎이 고착되어 '無知에의 의지'를 실천하는 위험성이 있을지라도, 앎만이 선량하고 착하고, 앎만이 유덕하고 자기찬미적이고, 앎만이 풍요로운 여신처럼 생산적이고, 앎만이 수천 년의 세월을 찍어 누르듯이 가장 찬란한 인식의 제전을 펼쳐 보일 수가 있다.

오늘도 大食家인 시간이 나의 사상의 신전 앞에서 무한히 경배를 올리고 있다. 두 눈을 똑바로 뜨고 바라보면 바라볼수록, 더욱더 고귀하고 찬란한 偉容을 드러내며, 내용과 형식의 불멸성을 자랑하고 있는 낙천주의 사상이여! 낙천주의 사상은 죽음보다도 더 힘차고, 더 역동적이며, 그리고 그와는 정반대 방향에서, 우리 인간들의 삶의 환희를 표현해 내고 있다.

나의 낙천주의는 앎의 현실에 뿌리를 내리고, 그 뿌리의 힘으로 하늘 높이 높이 솟아오른다. 나의 낙천주의 사상은 그 어떤 사상보다도 더 아름답고 더욱더 풍요롭게 이 세상의 삶을 찬양하고 있다. 나는 우리 한국인들에게, 아니, 이 세상의 모든 인간들에게 나의 행복론을 선사하고자 한다.

내 말이 옳지 않은가? '스승은 진리이고 진리는 신성하다'라는 불가사리와도 같은 함정에 빠져서 대학강단, 학회, 잡지사와 출판사, 언론매체, 문학상 심사위원, 예술원회원, 문예진흥원 등이나 기웃거리고 있는 이 땅의 비평가들이여!

내 말이 옳고 또 옳지 않은가? 미셸 푸코의 '인식론적 장애물'이라는 말은 수없이 우려먹고 되풀이 인용하고 있으면서도, 자기 자신이 '인식론적 장애물'의 주체가 되어, 철학의 빈곤 아닌 철학의 부재 현상—주제 의식의 빈곤과 독창적인 비평방법론—들을 발견하지 못하고, '근대문학'이나 '한국문학'이라는 '저능아들의 집단 유희'에만 아주 잡다하게 관심이 많은 비평가들이여!

내 말이 옳고 또 옳지 않은가? 앎에의 의지는커녕, '제3세계의 문화적 풍토병'과 '비평의 만장일치 제도' 속에 갇혀서, '비평하기보다는 기꺼이 찬양'하는 이 땅의 비평가들이여, 타인의 말과 타인의 사유 앞에서는 노예적인 복종태도를 보이면서, 본의 아니게, '無知에의 의지'를 실천하고 있는 어리석은 비평가들이여!

『파우스트』의 한 대목: "그런데 이것은 어찌된 영문이냐?/ 이런 일이 저절로 일어날 수 있을까/ 환영이냐, 현실이냐/ 삽살개가 가로 세로로 커지는구나!" 언제, 어디서나 殺身成仁의 정신을 가르치고 있는 우리 학자님들, 느리고 더딘 자살보다는 두꺼비를 잡아먹는 것이 더 행복한 인생이 되지 않을까요?

| 참고 문헌 |

1, 플라톤, 『플라톤의 대화』, 종로서적, 1981

2, 니체, 『즐거운 지식』, 청하, 1989

3, 괴테, 『파우스트』, 범우사, 1984

4, 고드스블름, 『니힐리즘과 문화』, 문학과지성사, 1988

5, 롤로 메이, 『창조와 용기』, 범우사, 1991

6, 베르그송, 『사유와 운동』, 문예출판사, 1993

7, 쇼펜하우어, 『의지와 표상으로서의 세계』, 집문당, 1994

8, 김윤식, 『운명과 형식』, 솔출판사, 1992

9, 권성우, 『비평의 매혹』, 문학과지성사, 1993

10, 징과리, 「김현 문학의 밑자리」, 『문학과사회』, 1990, 겨울호

11, 니체, 『인간적인 너무나 인간적인』, 청하, 1991

12, ―― , 『이 사람을 보라』, 청하, 1990

13, ―― , 『반시대적 고찰』, 청하, 1982

14, ―― , 『도덕의 계보』, 청하, 1990

15, 하이데거, 『세계사상대계 4』, 신태양사, 1965

16, 니체, 『서광』, 청하, 1993

17, 미셸 푸코 『성의 역사』 제1권, 나남출판사, 1990

18, 마키아벨리, 『군주론』, 범우사, 1976

19, 니체, 『선악을 넘어서』, 청하, 1982

20, 사르트르, 『지식인의 변명』, 보성출판사, 1985

21, 피터 버어거, 『사회학에의 초대』, 현대사상사, 1977

제3장 무지에의 의지

'앎에의 의지'의 반대 방향에서, 가장 대범하고 용기 있고 무모했던 인물들을 생각해볼 때마다, 나는 어쩔 수 없이 외디프스라는 인물을 떠올리게 된다. 셰익스피어의 햄릿과도 같은 인물이 한낱 창백하고 의지박약한 이론적 지식인에 불과했다면 소포클레스의 외디프스와도 같은 인물은 그만큼 '無知'했기 때문에 살부와 근친상간마저도 가장 대범하고 용기 있게 자행할 수가 있었던 것처럼도 보인다. 하지만 외디프스는 일개 떠돌이 왕자의 신분으로서 스핑크스의 수수께끼를 풀고 테베 사회의 절대권력자가 되었던 인물이기도 하고, 살부와 근친상간의 범죄자로서 두 눈을 잃고 머나먼 이역 땅, 콜로노스로 추방을 당해야만 했던 비극의 주인공이기도 하다. 아폴로의 신탁에 의해서 살부와 근친상간의 운명을 짊어지고 태어났던 외디프스, 태어난지 사흘만에 아버지인 라이우스 왕에 의해서 버려져야만 했던 외디프스, 아폴로의 신탁을 피해서 떠돌이 생활을 하다가 자기 자신도 알지 못한 채, 아버지를 살해하고 어머니와 결혼했던 외디프스, 스핑크스의 수수께끼를 풀고 테베라는 공동체 사회를 구원했던 외디프스, 끝끝내는 그의 정적인 크레온에 의해서 머나먼 이역땅으로 추방되어야만 했던 외디프스—. 외디프스는 천의 얼굴을 가진 인물이기도 하고, 또한 그만큼 최고의 삶의 정점과 극단적인 무의미에로 추락을 맛보아야만 했던 인물이기도 하다. 마치, 여자의 머리, 사자의 몸뚱이, 뱀의 꼬리를 지닌 스핑크스와 그의 수수께끼가 그렇듯이, 외디프스 신화는 우리 인간들의 신화적 기원이고 원형이며, 영원히 해독될 수 없는 수수께끼일는지도 모른다. 이러한 외디프스 신화를 해석하는 관점은 고대 그리스 사회가 절대적이고 완전한 신들에 의해서 지배되고 있다는 점에서 神正論的인 관점이 있을 수도 있고, 외디프스가 무시무시한 괴물인 스핑크스의 수수께끼를 풀고 테베 사회를 구원했다는 점에서 위대한 비극의 주인공으로서의 신성모독적인 관점이 있을 수도 있다. 다른 한편, 외디프스가 아버지를 살해하고 어머니와 결혼했다는 점에서 범성욕주의적인 관점이 있을 수도 있고, 외디프스가 자기 자신이 범죄인인 줄도 모르고 끊임없이 자기 자신을 찾아 헤맸다는 점에서 정체성 회복 욕망이라는 관점이 있을 수도 있다. 외디프스 신화는 모든 인류의 신화이며, 가장 찬란한 인식의 제전의 산물로서 최고급의 격세유전이라고 하지 않을 수가 없다. 왜냐하면 소포클레스의 「외디프스 대왕」은 2500년에 가까운 시간의 풍화작용에도 불구하고, 아리스토텔레스, 니체, 프로이트, 들뢰즈, 가타리, 르네 지라르, 말리노프스키, 프레이저, 레비스토로스 등의 수많은 제일급의 지식인들로 人山人海를 이루고 있기 때문이다. 따라서 외디프스 신화를 둘러싸고 일어났던 논쟁이나 다양한 해석들만큼 정교하고 복잡하게 전개된 신화도 없을 것이다.

나는 「외디프스 신화의 수용 양상과 재해석」이라는 매우 야심만만하고 도전적인 글에서, 외디프스 신화를 해석할 수 있는 네 가지 관점을 제시한 바도 있고, 그 콤플렉스의 범주 문제를 프로이트의 '성적 욕망'과 르네 지라르의 '모방 욕망', 그리고 나의 '성제성 회복 욕망' 등으로 살펴본 바가 있다. 그러나 내가 지금 이 글에서 언급하고 싶은 것은 외디프스 신화를 해석할 수 있는 관점의 문제도 아니고, 그 콤플렉스의 범주의 문제도 아니다(1). 하나의 덕을 쌓으면 반드시 악덕도 쌓게 되어 있고, 지옥으로 가는 길은 선의로 포장되어 있을 수도 있다. 외디프스 역시도 무시무시한 스핑크스의 수수께끼를 풀고 사회적 위기에 처한 테베인들의 목숨을 구원했지만, 살부와 근친상간을 범하지 않을 수가 없었고, 또다시 사회적 위기—테베의 전염병이 그것이다—에 처한 테베 사회를 구원하기 위하여 살부와 근친상간의 범죄인을 찾아 헤맸지만, 끝끝내 자기 자신의 파멸만을 가중시키지 않을 수가 없었던 것이다. 따라서, 내가 이 글에서 언급해 보고 싶은 것은 외디프스가 매우 무지했기 때문에 그만큼 가장 대범하고 용기 있게 행동했다는 사실일는지도 모른다. 실제로 외디프스가 살해했던 인물은 사소한 시비 끝에 지팡이로 때려 죽인 어떤 인물이며, 그가 결혼했던 인물은 테베의 사회적 위기를 평정하고 그 사회의 전통과 풍습의 미덕을 좇아서 결혼하게 된 어떤 미망인일 뿐이다. 적어도 외디프스는 자기 자신이 살부와 근친상간을 범한 범죄인이라는 사실을 꿈에도 알지 못했고, 바로 그렇기 때문에, 그는 이오카스테와 양치기의 만류에도 불구하고, 끊임없이 자기 자신을 찾아 헤맸던 것이라고 해도 과언이 아니다.

외디프스 그것이 옳게 잘된 일이 아니라는 훈계 따위는 걷어 치워라. 내 확신을 흔들지는 못한다. 저승에 가서 무슨 눈으로 내 아버지를, 그리고 내 불쌍한 어머니를 뵐 수 있을는지 모르겠다. 그렇게 해서 낳은 내 자식들을 기꺼이 사랑할 수 있을까? 어떻게 그 모습을 보기 바랄 수 있을까? 그런 꼴이 내게 보기 즐거울 리가 없다. 이 나라도, 그 성벽도, 신들의 귀하신 모습도, 이처럼 비참한 내 몸은 테바이 땅에서 태어난 으뜸가는 젊은이였건만 이제 두 번 다시 보아서는 안 된다고 스스로 선고하게 되었구나! (……)

오오, 숙명의 결혼이여. 그대는 나를 낳고 나를 낳았으면서도 내 씨를 지녔다. 아버지와 형제와 자식, 새색시와 아내와 어머니, 육친끼리 피를 섞는 죄를 낳았다. 사람의 세상에 다시 없이 더러운 죄업이로구나. 그러나 해서 안될 일은 입에도 올려서 안 되겠지. 자아, 제발 소원이다. 나를 어서 나라 밖으로 숨겨다오. 죽이든가, 다시는 보이지 않도록 바다 속으로 깊이 던지든가 해라! 이리와서 이 불쌍한 자를 데려가 다오. 부탁이다, 꺼려할 것 없다.

— 소포클레스, 「외디프스 왕」, 현암사, 1989

아리스토텔레스의 말에 따르면, '발견'이란 마치, 외디프스의 파멸처럼, "무지의 상태에서 앎의 상태"로의 이행을 뜻하고, '급전'이란 앎의 상태에서 무지의 상태로의 이행을 뜻한다(2: 56)*. 모든 역사 철학자들은 "무지야말로 역사가가 갖추어야 할 첫 번째 조건"이라고 19세기의 사실 숭배주의자들을 향해서 비아냥대고 있지만, 외디프스의 도덕적, 윤리적 파탄의 놀랄만한 우행은 그 무엇보다도 무지에의 의지를 가장 유효 적절하게 입증해 주고 있는 것처럼도 보인다(3: 31). 앎에의 의지는 하나의 세계정복운동으로서 모든 문명과 문화를 가능케 하는 힘이기도 하지만, 절대적인 신이나 진리가 부재하는 채로 현존하는 것처럼, 특정한 앎에의 의지가 고착되면 가장 진지하고, 성실하게 무지에의 의지를 실천하게 된다. 앎과 무지는 적대적이거나 상반되는 것만이 아니다. 특정한 앎이 고착되면 무지가 되고, 무지가 세련되게 양식화되면 앎이 된다. 앎과 무지는 가장 찬란하고 화려한 인식의 제전의 양면을 이루면서도, 상호 간에 그 경계를 넘나들고 있다고 하지 않을 수가 없다.

외디프스의 무지에의 의지는 자기 자신의 도덕적 정당성과 윤리적 순결성을 믿어 의심하지 않았기 때문에, 그만큼 진취적이고 용기 있고

* (2: 56)은 2의 책 56면을 말한다.

낙천적인 행동을 불러 일으켰던 의지이기도 하고, 또한 그의 무지에의 의지는 그만큼 파멸적이고 의지박약하고 염세적인 행동을 불러 일으켰던 의지이기도 하다. 아가멤논의 호위병사들일 줄로 알고 수많은 양들을 살해했던 아이아스의 용감했던 행동이나 파멸이 그렇고, 헤라의 계략 때문이기는 하지만, 미친듯이 처와 자식을 살해했던 헤라클레스의 용감했던 행동이나 파멸이 그렇다. 무지에의 의지의 첫 번째 유형은 진취적이고 용기 있고 낙천적인 것이며, 그 두 번째 유형은 그만큼 파멸적이고 의지박약하고 염세적인 어떤 것이다. 무지에의 의지의 세 번째 유형은 하나의 망각 기능으로서의 진정제적인 것이고, 마지막으로 네 번째 유형은 에피쿠로스가 '최고의 선, 신들의 경지'라고 찬양한 바가 있듯이, 쾌락적인 어떤 것이다. 첫 번째 유형은 시의 강장제 효과에 대응하고, 두 번째 유형은 시의 흥분제 효과 중, 광기와 착란에 대응한다. 세 번째 유형은 시의 진정제 효과에 대응하고, 네 번째 유형은 시의 영생불사의 효과에 대응한다.

우리 인간들은 앎에의 의지가 없어도 살아갈 수가 없지만, 무지에의 의지가 없어도 살아갈 수가 없다. 좀 더 극단적으로, 동물적인 차원에서 말해 본다면, 우리 인간들은 앎에의 의지가 없어도 살아갈 수가 있지만, 무지에의 의지가 없으면 어떠한 삶도 가능하지가 않다. 무지에의 의지는 때때로 무모한 용기와 자기보호색으로 나타나기도 하지만, 우리 인간들의 '망각 기능'과 '최고의 선—신들의 경지'와도 같은 유형으로 나타나기도 한다.

그렇다면 다음과 같은 고진하의 시를 살펴보지 않을 수가 없다.

푸른 들판을 배경으로 깔고 있는 성스런 神殿
치렁치렁 긴 베일을 늘어뜨린
무당이나 사제처럼

연한 녹색의 얇은 명주와 같은 날개를 펼쳐들고
기도하듯 하늘을 향해
다소곳이 앞발을 모아 곧추세우고 있는 그녀는
무얼 하고 있는 것일까

염주알을 굴리고 있는 것일까
아니다, 염주알을 굴리듯
상하좌우로 빠르게 움직이는 것은
殺意를 감춘 두 눈알,
오늘의 제물은 메뚜기 두 마리와
십자왕거미 한 마리, 또는
형형색색의 나비 몇 마리쯤이 될지도 모르겠다.

문득 제단 앞에 꿇어 엎딘
경건한 수도자의 기도하던 모습은 사라지고
날치를 잡는 작살처럼 날랜,
혹은 거대한 원목을 끌어당겨 씹어버리는 원형의
톱 같은 두 개의 톱니발 사이에
꽉 끼워진 제물들은 톱밥처럼 부서져
그녀의 주린 배를 채우기 위한 성찬으로 올려진다
그녀의 神聖은 먹이를 얻기 위한
덫, 신성불가침의
불칼을 두른 저 울타리 속에서는
무슨 짓을 해도 다 용납될 수 있는 것일까

같은 알주머니에서 나와
같이 살아온 동족마저 살해하고

하늘의 별처럼
바닷가의 모래알처럼
무수히 바글대는 흉물스런 새끼들이 담긴 알주머니를
토해 놓은 생산의 女神,
괴이한 魔性,
삐딱하게 보는 것이 익숙한 사팔뜨기들에게
일명 기도버마재비라고도 불리어지는
—「사마귀」 전문

모든 유기체의 의지는 삶에의 의지이고, 이 의지의 영원한 적은 죽음이라고 할 수가 있다. 따라서, 모든 유기체는 생식이라는 생물학적 본능을 쫓아서 저마다의 종족을 보존하고 영원한 적대자인 죽음을 극복하기 위하여 최선의 노력을 다하고 있는 것이다. 예컨대 발정기에는 어떠한 위험이나 목숨까지 걸고서라도 자기 짝을 찾아나서는 동물들을 생각해 보고, 수정이 끝나면 임산부의 영양과 건강한 후손을 위해서 곧바로 암컷에게 잡아 먹혀버리는 '사마귀'를 생각해 보라! 또한 조그만 갑충甲蟲 한 마리가 자기 몸의 40배나 될 듯한 둥지에 알을 까놓고 좁고 좁은 땅 속에서 일을 하고 있는 모습을 생각해 보고, 오직 사랑하는 후손들을 위해서 검은 머리가 파뿌리가 되도록 어렵고 힘든 노동마저도 마다하지 않고 있는 우리 인간들을 생각해 보라! 생식본능은 자기 자신의 생명을 희생하고, 무한한 생명, 혹은 종을 보존하려는 모든 유기체들의 본능이다. 모든 유기체들과 우리 인간들은 저마다의 개별적인 탄생과 소멸을 무한히 반복하고 있지만, 이러한 종족에의 의지(삶에의 의지)를 통해서 영원히 자기 자신의 종을 보존하고 유지해 나가고 있는 것이라고 할 수가 있다. 쇼펜하우어의 말대로 생식기는 의지의 초점이며, 인식의 대표자인 뇌와는 정반대의 극이 된다. 그리스인들에게는 팔루스로 불리고, 인도인들에게는 링감으로 불리는 남근숭배사상의 참된 까닭이 바로 여기에 있는 것이다. 요컨대 이러한 종족의 의지에는 우연이 있을 수가 없고, 전혀 생산성이 없는 공허한 성도 있을 수가 없다.

이처럼 모든 유기체들의 삶에의 의지와 생물학적 본능을 생각해볼 때, 고진하의 「사마귀」라는 시는 두 가지 점에 있어서 시적 화자의 무지에의 의지를 드러내 놓고 있는 것처럼도 보인다. 물론, 고진하의 「사마귀」라는 시는 한국시문학사상, 가장 뛰어나게 아름다운 시이며, '사마귀'라는 신성과 마성, 혹은 그것의 공적 가면과 사적 가면을 통해서, 한국 사회의 구조적 모순을 아주 날카롭게 풍자해 놓은 시라고 해도 지나친 말이 아니다. "사마귀"는 "그녀의 神聖은 먹이를 얻기 위한 덫"에서처럼, 쾌락원칙에 충실한 여신이기도 하고, 또한 "사마귀"는 "바닷가의 모래알처럼/ 무수히 바글대는 흉물스러운 새끼들이 담긴 알주머니를/ 토해 놓은 생산의 女神"이기도 하다. 사마귀의 육체는 어떠한 제동장치도 없는 욕망의 덩어리이기도 하고, 타자의 육체("메뚜기", "잠자리")와 제 동족("그녀의 남편")까지도 먹어치우는 "괴이한 魔性"의 덩어리이기도 하다. 이러한 사마귀의 생물학적 본능과 생활 습성이 제 동족들끼리 총과 칼을 맞대고 있는 현실과 대비되기도 하고, 한 걸음 더 나아가, 경건한 신앙 생활 속에 흡혈귀적인 살해음모를 감추고 있는 기독교적, 혹은 제국주의적인 현실과 대비되기도 한다. 고진하의 「사마귀」는 '사제', '살의', '신성불가침의 불칼', '괴이한 마성'이 시사하듯이, 반전과 반전을 거듭하는 극적 구조로 되어 있는 시이며, "삐딱하게 보는 것이 익숙한 사팔뜨기"의 눈을 통해서 실천적 유기체들의 야만적인 잔혹성을 풍자해 놓고 있는 것처럼도 보인다. 그러나 「사마귀」라는 시의 첫 번째 오류는 모든 유기체들의 생물학적 본능과 습성을 몰이해하고 있는 것이며, 두 번째의 오류는 매우 염세주의적인 관점에서 사마귀의 삶과 우리 인간들의 삶을 다같이 비판하고 부정하고 있는 것이라고 할 수가 있다. 수정이 끝나면 곧바로 암컷에게 잡아먹혀 버리는 사마귀의 생물학적 본능이나 습성도 종족에의 의지에 충실한 낙천주의자의 삶이며, "메뚜기 두 마리와 십자왕 거미 한 마리"를 잡아먹고 살아가는 사마귀의 생물학적 본능이나 습성도 종족에의 의지에 충실한 낙천주의자의 삶이다. 아주 사소하고 자그만 잘못 같아 보이지만, 사마귀의 생물학적 본능과 습성을 몰이해하고 있는 것도 어처구니가 없고, 이처럼 사소하고 자그만 잘못에 편승하여 우리 인간들의 삶과 존재 자체까지도 부정하고 있는 것도 어처구니가 없다. 종족에의 의지, 혹은 삶에의 의지를 염세주의자의 그것—생명 부정에의 의지—으로 이해하는 관점이야말로 무지하기 때문에 용감한 관점이며, 이것이야말로 외디프스가 그처럼, 자기 자신이 범죄인인 줄도 모르고 자기 자신을 찾아 헤맨 것과도 일치하는 관점이라고 하지 않을 수가 없다.

그러나 나는 이 글에서 고진하의 뛰어나게 아름다운 시, 「사마귀」를 비난하려는 것도 아니고, 또한 우리 인간들의 무지에의 의지를 비난하려는 것도 아니다. 오히려 나는 「사마귀」라는 뛰어나게 아름다운 시를 통해서, 이처럼 아주 사소하고 자그만 잘못이 엄청난 잘못으로 비화될 수도 있다는 점과 함께, 이러한 무지에의 의지가 우리 인간들의 낙천주의를 드러내고 있다는 사실을 지적해 두고 싶은 것이다. 무지에의 의지는 아버지를 살해하고 어머니와 결혼한 것처럼 무모한 용기를 불러일으켜 주기도 하고, 다른 한편, 무지에의 의지는 사랑하는 아내이자 어머니인 이오카스테도 잃게 되고 두 눈마저도 잃어버린 외디프스처럼, 파멸에의 의지, 혹은 생명부정에의 의지를 향해서 달려가기도 한다. 무지에의 의지의 한쪽은 진취적이고 용기 있고 낙천적이며, 무지에의 의지의 다른 한쪽은 파멸적이고 의지박약하고 염세적이다. 고진하의 「사마귀」 역시도 그만큼 진취적이고 용기 있고 낙천적인 삶—모든 것을 극단적으로 비판하고 부정하고 있는 염세주의자의 은밀한 쾌락을 놓치지 말아라!—이기도 하고(무지에의 의지의 첫 번째 유형), 또한, 다른 한쪽 역시도, 그만큼 파멸적이고 의지박약하고 염세적인 삶이기도 하다(무지에의 의지의 두 번째 유형). 일찍이 에피쿠로스는 "무릇 생명을 가진 자는 최고의 선으로써 쾌락을 추구하고, 최고의 악으로써 불쾌를 피한다"고 역설한 바가 있다(4: 61). 스토아 학파의 철학자들은 에피쿠로스 학파의 철학을 '창녀의 철학'이라고 혹평한 바가 있지만, '앎에의 의지'의 반대 방향에서 '무지에의 의지'는 우리 인간들의 삶의 한 축을 떠맡고 있다고 해도 과언이 아니다.

"신으로부터 불을 훔쳐 인류에게 선사했던 프로메테우스가 인류의 자랑이라면 부자들로부터 재산을 훔쳐 민중에게 선사하려 했던 나 또한 민중의 자랑이다"

(……)

불을 달라 프로메테우스가
제우스에게 무릎 꿇고 구걸했던가
바스티유 감옥은 어떻게 열렸으며
센트 피터폴 요새는 누구에 의해서 접수되었는가
그리고 쿠바 민중의 몬까따 습격은 웃음거리로 끝났던가
그리고 프로메테우스의 고통은 고통으로 끝났던가
루이가 짜르가 바티스타가 무자비한 발톱의 전제군주가
스스로 제 왕궁을 떠났던가
팔레비와 소모사와 이 아무개와 박 아무개가
제 스스로 물러났던가

붇노니 그들에게
어느 시대 어느 역사에서 투쟁없이
자유가 쟁취된 적이 있었던가
도대체 자기 희생없이 어떻게 이웃에게
봉사할 수 있단 말인가
혁명은 전쟁이고
피를 흘림으로써만 해결이 되는 것
나는 부르겠다 나의 노래를
죽어가는 내 손아귀에서 칼자루가 빠져나가는 그 순간까지

나는 혁명 시인
나의 노래는 전투에의 나팔소리
전투적인 인간을 나는 찬양한다

나는 민중의 벗
나와 함께 가는 자 그는
무장이 잘 되어 있어야 한다
굶주림과 추위 사나운 적과 만나야 한다 싸워야 한다

나는 해방전사
내가 아는 것은 다만
하나도 용감 둘도 용감 셋도 용감해야 한다는 것
투쟁 속에서 승리와 패배 속에서 그 속에서
자유의 맛 빵의 맛을 보고 싶다는 것 그 뿐이다.
— 김남주, 「나 자신을 노래한다」에서

일찍이 마르크스는 정치 경제학의 유일한 바퀴는 물질적 욕망이며,

물질적 욕망만이 우리 인간들의 정치 경제학을 움직여 나갈 수 있는 힘이라고 역설한 바가 있었다. 왜냐하면 자본주의 사회에서는 "노란색이 번쩍이는 귀중한 황금만이/ 그대 눈에 보이는 신"이 되어가고 있었기 때문이었고, 또한, 그것만이 검은 것을 희게, 비천한 것을 고상하게, 불성실을 성실로 변모시켜 나갈 수 있는 힘이 되어주고 있었기 때문이었다. 돈은 '영적 자본의 축적'이라는 종교적 과제와는 정반대로, 모든 욕망의 총체이며, 이 타자적인 존재가 우리 인간들을 지배하고 있는 한, 이 지구 상에는 거대한 자본을 축적하려는 자본가들의 욕망만이 난무하게 된다. 사회 전체가 유산자와 무산자, 혹은 자본가 계급과 노동자 계급 사이의 모순에 빠지게 되고, 산업 노동의 현장은 거대한 군사집단 같이 조직되지 않을 수가 없게 된다. 산업군의 병사로서 노동자들은 장교와 사병과도 같은 완전한 계급 조직의 명령 계통 속에 던져지게 되고, 매일, 매 시간, 기계와 거대한 자본가에 의하여 노예화되어가지 않을 수가 없게 된다. 생산수단은 사회화되었지만, 공정한 분배는 실현되지 않고 있다는 모순 속에서 산업 현장의 노동자들은 더욱더 비참한 생활에 빠지지 않을 수가 없게 된다. 마르크스는 공업에서 구현되는 생산력을 전 세계적으로 장악하고 사회화하는 것이 공산주의의 혁명이라고 보았고, 진정한 공산주의의 혁명은 사유재산제도의 폐지와 함께, 정치 경제학의 유일한 바퀴인 물질적 욕망에서 해방되는 것이라고 보았던 것이다.

우리 인간들은 무리를 지어 살 수밖에 없는 사회적 동물이고, 인간의 참된 본질은 공동체 사회에 있을 수밖에 없다. 하지만 만인의 평등과 자유, 그리고 공정한 부의 분배에 대한 꿈은 플라톤의 『국가』나 토마스 모아의 『유토피아』에서처럼, 오랜 역사 철학적인 배경을 지니고 있는 것이며, 피지배계급의 종교인 기독교와 불교에서도 아무런 조건 없이 채택하고 있는 꿈이라고 할 수가 있다. 이 땅의 위대한 공산주의자로서의 김남주 시인은 문화의 수호신인 프로메테우스와도 같은 인물들과 자기자신을 동일시 하고, 오직 "해방의 전사"로서 "부자들로부터 재산을 훔쳐 민중에게 선사"하겠다고 노래한다. "불을 달라고 프로메테우스가/ 제우스에게 구걸했던가/ 바스티유 감옥은 어떻게 열렸으며/ 센트 피터폴 요새는 누구에 의해서 접수되었는가"도 맞는 말이고, "루이가 짜르가 바티스타가 무자비한 발톱의 전제 군주가/ (……)/ 팔레비와 소모사와 이 아무개와 박 아무개가/ 제 스스로 물러났던가"라는 말도 맞는 말이다. 그 말들은 한 치의 빈틈이나 회의도 있을 수 없는 확신에 찬 말들일 뿐이고, 또한 그 말들은 만인의 평등과 자유, 그리고 공정한 부의 분배를 위해서 봉사하고 있는 말들이라고 하지 않을 수가 없다. 위대한 공산주의자의 입장에서는 한 치의 빈틈이나 회의도 있을 수가 없겠지만, 그러나 그럼에도 불구하고 김남주 시인은 매우 중대한 오류를 범하고, 무지에의 의지를 통해서 더욱더 용감해지고 있는 것처럼도 보인다. 첫 번째의 오류는 프로이트적인 의미에서, 우리 인간들의 욕망을 반대하는 어떤 제안마저도 실현될 수가 없다는 생리학적 욕망을 간과한 것이고, 두 번째의 오류는 마르크스적인 의미에서, 경향성, 법칙, 유형, 리듬을 발견함으로써 미래를 예측할 수가 있다는 역사주의에 대한 신념이 전혀 적중하지 못했다는 사실일 것이다. 그리고 마지막으로 세 번째의 오류는 위대한 공산주의의 혁명이 만인의 평등을 낳지 않고, 러시아와 중국의 경우에서처럼, 매우 전체주의적이며 부패할 수밖에 없는 관료 계급들을 생산해 냈다는 점일 것이다. 김남주의 「나 자신을 노래한다」는 "민중의 벗"이라는 영웅주의자의 "신앙고백"이며, 만인의 심금을 울릴 수 있는 예술작품과는 반대 방향에서, 원한 맺힌 저주 감정과 분노를 노골적으로 드러내 놓고 있는 시라고 해도 과언이 아니다.

세계관은 또 신앙의 확신에 의거하여 살아갈 것을 요구한다. 세계관은 신앙적인 성격을 띠고 믿고 따르도록 요구한다. 세계관이란 신앙고백이다. 세계관은 세계에 대한 평가적인 태도의 결정이다. 그것은 인간 생활의 척도가 되는 것이고, 동시에 모든 인간과 모든 생활 영역에 대한 타당성을 요구한다. 모든 이데올로기의 기본적 태도에서 오는 이 요구는 궁극적인 진리를 소유하고 있다는 권리 주장에 의거하고 있으며, 그것이 의미하는 바는 전체지全體知이고 세계에 대한 보편적인 관점이며 해석이다. 세계관을 달리하는 다른 입장은 자신만이 소유하고 있다고 생각하는 진리를 올바로 인식하지 않고 있기 때문에 이 입장으로부터 '이데올로기'라는 레테르가 붙여진다(5: 43).

김남주의 사상이나 이념은 때 늦고 시대착오적인 측면—모든 제3세계의 지식인들이 다 그렇듯이—이 있기는 하지만, 그만큼 때 묻지 않고 순수하고 아름다운 영혼의 그것이라고 할 수밖에 없다. 하나의 덕을 쌓으면 반드시 악덕도 쌓게 되어 있고, 지옥으로 가는 길은 선의로 포장되어 있을 수도 있다. 따라서 무지하고, 무지하고, 또 무지하면 이 세상은 더욱더 자명해 지고 아름다운 가능성으로 포장되어 있을 수밖에 없는 것이다. 나는 '혁명의 시인'이라는 신앙고백도 무지의 소산이고, 나는 '민중의 벗'이라는 사실의 고백도 무지의 소산이다. 김남주의 무지에의 의지는 청년 김남주의 그것이고, 아직도 '패배의 불가피성'을 모르고 있는 만큼, 이 세상이 보다 더 자명해 지고 아름다운 가능성으로 다가올 수밖에 없는 것이다. 순진한 자는 자기와 타자를 구분하지 못하고, 진리와 허위를 구분하지 못한다. 또한 그는 수많은 말들의 다양한 의미와 그 계보학적인 관계도 이해하지 못한 채, 단 하나의 의미에 사로잡혀 있는 나르시시즘의 환자에 지나지 않는다. 따라서 무지하고, 무지하고, 또 무지할수록 선과 행복은 증대하기 마련이고, 거기서부터 순진한 혁명가나 시골목사의 천진성과 명랑함이 생겨나게 된다.

김남주 시인이 공산주의의 사상과 이념에 경도되어 있는 좌익 편향의 지식인이라면, 이세룡 시인은 공산주의도 자본주의도 다같이 혐오하는 아나키즘 편향의 지식인이라고 하지 않을 수가 없다.

6

主義란
두 번만 빨아도 남는 게 없다는 걸
사람들은 모르는 것일까?

7

대강은 알만한 동포들끼리
서로 고개를 홱홱 돌리고 있다.
신나는 탱고를 출 때처럼
마주보다가 갑자기 얼굴 돌리고
輓章 같은
깃발의 꽁무니에 매달려 있다.
깨뜨려도 아깝지 않은
싸구려 접시 같은 이념 앞에서
빌 데가 없는 죄를 짓고
괜히 징역을 살고 있다.
헌 누더기가 다 된
사상인가 뭔가를
열심히 부채삼아 흔들고 있다.
— 이세룡, 「해방 後史」에서

김남주의 「나 자신을 노래한다」라는 시가 프롤레타리아 계급의 혁명을 통해서 위대한 공산주의의 건설을 찬양하고 있는 시라면, 이세룡의 「해방 後史」라는 시는 자칭 '사물의 변호사'라는 탐미주의, 혹은 무정부주의자답게 모든 사상과 이념에 대한 노골적인 혐오를 드러내놓고 있는 시라고 하지 않을 수가 없다. 김남주가 위대한 공산주의의 건설이라는 지상 명령에 따라서 단 하나의 사상과 이념 속에 모든 것을 종속시켜 나가고 있다면, 이세룡은 남북분단과 "깨뜨려도 아깝지 않은/ 싸구려 접시 같은 이념 앞에서" 모든 사상이나 이념을 무엇보다도 단호하게 단죄해 가고 있다고 하지 않을 수가 없다. 하지만, 이미 앞에서 시사한 바가 있듯이, 김남주 시인이 '민중의 벗'이 아닌, 영웅주의자로서 신앙고백을 하고 있는 오류—그가 '민중의 벗'이 아닌 영웅주의자라는 사실을 전혀 인식하지 못하고 있기는 하지만—를 범하고 있다면, 이세룡 시인은 역사 철학적인 고향과 배경을 갖고 있는 사상이나 이념에 대한 혐오가 지나쳐 또하나의 지적 편식증—극단적인 무정부주의자로서의 지적 편식증—만을 드러내 보여주고 있다고 하지 않을 수가 없다. 위대한 공산주의자로서의 김남주 시인이나 무정부주의자로서의 이세룡 시인을 생각해 보더라도, 우리 인간들은 밤하늘의 별들처럼 수많은 사상과 이념에 의해서 살아가기도 하고, 또 그것에 의해서 죽어가기도 한다는 점을 알 수가 있을 것이다.

오늘날에 있어서 이데올로기는 대체적으로 상호간의 "사상의 이데올로기성을 비난"할 경우에 사용되지, 인간 행동의 근본이 되는 사상이나 이념의 뜻으로 사용되지는 않는다(5: 11). 또한 오늘날에 있어서 이데올로기는 대체적으로 경멸적이거나 모욕적인 의미로만 사용되지, 상호 간의 자유와 의사를 존중해 주는 의미로 사용되지는 않는다. 그러나 이데올로기는 반드시 그 주체자들의 지적 편식증만을 드러내 주고 있는 것도 아니고, 나폴레옹 이후, 수많은 정치가들이 서로서로 헐뜯고, 비방하고, 흑색선전을 하고 있는 것처럼, 극단적인 인식적 결함만을 드러내 주고 있는 것도 아니다. 따라서 이데올로기는 그 경멸적—모욕적인 의미를 뛰어 넘어서, 우리 인간들을 살아가게 하는 힘으로 작용하기도 하고, 다른 한편, 우리 인간들의 삶을 마비시키고 질식시켜 가는 힘으로 작용하기도 한다. 과연 하나의 사상이나 이념이 어떤 역사 철학적인 맥락에서 생성되었으며, 그것의 긍적적 가치와 부정적인 가치들을 다같이 따져 볼 수 있는 힘이 우리 한국인들에게는 진정으로 있기나 한 것일까? 언제, 어느 때, 어떠한 사상과 이념들이 무성하게 되고, 그것들의 흥망성쇠는 어떻게 해서 중층적으로 결정되고 있는 것일까? 한국 사회의 모든 지식인들은 어떠한 사상이나 이념적인 지지 기반도 없다는 점에서, 다만 무모한 용기에 사로잡혀 있는 판단력의 어릿광대들일 뿐이고, 그들의 무지에의 의지는 매우 부정적인 의미에서, 긍정적인 가치와 부정적인 가치를 다같이 지니고 있다고 할 수가 있다. 서구 사회의 지식인들이 그들의 사상이나 이념적인 지지 기반을 토대로 해서, 그것들을 아주 유효 적절하게 사용하고 있다면, 한국 사회의 지식인들은 어떠한 사상이나 이념적인 기반도 갖지 못한 채, 약이면서도 독약인 파르마콘을 날 것 그대로 삼켜가고 있는 것인지도 모른다.

무지에의 의지의 반대 방향, 즉, 앎에의 의지의 차원에서, 이성과 합리성, 도덕과 정의, 기독교와 불교, 공산주의와 자본주의, 개인의 자유와 민주주의, 만인의 평등과 공정한 부의 분배 등—, 이 모든 것들을 향해서 우리 인간들은 얼마나 많은 찬양과 예찬을 해왔던 것이며, 그것들이 갖고 있는 치명적인 약점과 위험성 등에는 왜, 또한, 전혀 귀를 기울이지 않는 우를 범해 왔단 말인가! 또, 비참, 망명, 소외, 추방보다는 공동체 사회의 구원론적이고 지복천년설적인 기능에는 얼마나 많은 찬양과 예찬을 해왔던 것이며, 그것들이 갖고 있는 치명적인 약점과 위험성 등에는 왜, 또한, 전혀 귀를 기울이지 않는 우를 범해

왔던 말인가! 이성과 합리성, 도덕과 정의, 기독교와 불교, 공산주의와 자본주의, 개인의 자유와 민주주의, 만인의 평등과 공정한 부의 분배 등—, 그러나 이 모든 것들에는 우리 인간들의 이성을 마비시키고 세뇌시켜버리는 달콤한 매력이 있어서, 그 주체자들의 지성은 평소보다 대단히 어리석게 되지 않을 수가 없고, 또한 그만큼의 무모한 용기와 대단한 능력을 발휘하게 된다. 김남주 시인의 용기도 무지의 소산이고, 이세룡 시인의 용기도 무지의 소산이다. 무모한 용기는 패배의 불가피성을 모르는 청년들의 무지에의 의지이고, 우리 인간들이 그것에 의지하고 있는 한, 이 세상의 모든 것이 자명해 지고 아름다운 가능성으로 포장되어 있을 수밖에 없는 것이다.

자기 자신의 무모한 용기, 혹은 무지에의 의지를 통해서 단 하나의 이데올로기를 진리라고 믿는다는 것, 수많은 종교와 신화보다는 一神教에 집착하여 남아메리카의 원주민들을 학살하거나 이교도들을 무자비하게 탄압한다는 것, 모든 사상과 이념을 말할 때조차도 자기 자신의 신앙고백과 독단주의를 내세울 줄 안다는 것, 타인의 의견이나 타산지석의 교훈을 묵살하고 독자적인 판단과 독자적인 행동을 할 줄 안다는 것, 훌륭한 적이거나 못난 적이거나 간에 무조건 그들을 경멸하고 싸늘하게 비웃을 줄 안다는 것, 자기 자신은 도덕적 정당성이나 윤리적인 선을 갖고 있다고 믿는다는 것, 유토피아, 낙천주의, 천국, 지상낙원 등의 구원론과 지복천년설을 믿어 의심하지 않는다는 것, 이 모든 것이 무모한 용기, 혹은 무지하기 때문에 그만큼 낙천적인 자의 자기찬미의 도덕이 아니라면 무엇이고, 그리고, 또한 그만큼의 천진성과 명랑함이 아니라면 무엇이란 말인가!

하지만 무모한 용기를 갖고 있는 자는 그들의 시대착오적인 측면과 또한 그만큼의 천진성과 명랑함 때문에, 너무나도 빨리 타락하거나 패배할 수밖에 없게 되어 있다. 왜냐하면 최초의 시원의 물(도덕적 선)

에서는 어떠한 물고기도 살 수가 없기 때문이고, 무모한 용기를 갖고 있는 자가 타락하거나 패배하게 되면 그만큼의 심리적인 퇴행과 고착 현상 등으로 움츠러들 수밖에 없기 때문이다. 더없이 맑고 깨끗한 인간은 그만큼 진취적이고 용기 있고, 낙천적일 수도 있지만, 더없이 맑고 깨끗한 인간이 생존경쟁이라는 삶의 자장에서 패배하게 되면, 새로운 것, 낯선 것, 미래에 대한 두려움과 공포 때문에 그만큼 파멸적이고 의지박약하고 염세적인 무지에의 의지 속으로 움츠러들기 마련일는지도 모른다. 김남주의 「나 자신을 노래한다」와 이세룡의 「해방 後史」는 첫 번째 유형(무모한 용기)에 해당되고, 송찬호의 「지하생활자」와 기형도의 「대학시절」은 두 번째 유형(자기보호색, 혹은 심리적인 퇴행과 고착 현상)에 해당된다. 김남주와 이세룡이 어떠한 위장이나 자기보호색도 없이, 호랑이나 사자처럼, 그만큼의 천진성과 명랑함을 자랑하고 있다면, 송찬호와 기형도는 카멜레온과 무당벌레들처럼, 자기보호색을 띠거나 분장술의 대가들이라고 해도 틀림이 없다. 그들이 다같이 바라보는 세상은 자명하고 확실하고 아름다운 가능성으로 둘러싸여 있지도 않고, 순진한 혁명가나 시골 목사의 천진성과 명랑함 속에 둘러싸여 있지도 않다. 오직 그들이 다같이 바라보는 세상은 애매모호하고 불확실하고, 인간이라는 이름보다는 인간 이하의 짐승들처럼, 우울하고 쓸쓸하고 그로테스크한 분위기에 둘러싸여 있는 것처럼도 보인다. 그들은 다같이 그들의 시대착오적인 측면과, 또한 그만큼의 천진성과 명랑함 때문에, 너무나도 빨리 타락하거나 패배한 자들에 불과하며, 자기 축소지향과 소시민 의식으로 움츠러들고 있는 자들에 지나지 않는다.

송찬호의 자기 축소지향과 소시민 의식은

겨우내 파먹은 김칫독을 꺼내다

땅 속에서 방 속의 방,
모서리 닳은 둥근 지하의 방을 들어올렸다
깨진 틈으로 들여다보니
먹다 남긴 한 포기 김치처럼
추위에 절어 있는 사내가 웅크리고 있어,
그동안 그곳에서 무얼 먹고 지냈습니까?
희미하게 웃는 그의 입가에서
물씬 신 김치 냄새가 풍겨나왔다

해고된 후 오랫동안 잠만 잤지요
등 밑이 따스했습니다
이른 봄날 아침, 모락모락
김 나는 땅을 파헤쳐보니
조그만 애벌레가
웅크리고 누워 있었습니다
날 풀리면 3공단에서 다시 만납시다
못다 이룬 잠을 위하여
흙을 도로 덮어 주었습니다

라는, 「지하생활자」에서처럼, 심리적인 퇴행 현상으로 나타나고 있고, 기형도의 자기 축소지향과 소시민 의식은

나무의자 밑에는 버려진 책들이 가득하였다
은백양의 숲은 깊고 아름다웠지만
그곳에서는 나뭇잎조차 무기로 사용되었다
그 아름다운 숲에 이르면 청년들은 각오한 듯
눈을 감고 지나갔다, 돌층계 위에서

나는 플라톤을 읽었다, 그때마다 총성이 울렸다
목련철이 오면 친구들은 감옥과 군대로 흩어졌고
시를 쓰던 후배는 자신이 기관원이라고 털어놓았다
존경하는 교수가 있었으나 그분은 원체 말이 없었다
몇 번의 겨울이 지나자 나는 외톨이가 되었다
그리고 졸업이었다, 대학을 떠나기가 두려웠다

라는, 「대학시절」에서처럼, 심리적인 고착 현상으로 나타나고 있다.

모든 인류의 역사가 그러했던 것처럼, 인간이 인간에 대한 믿음이 지나쳐도 병이 되지만, 인간이 인간에 대한 믿음을 상실해도 병이 된다. 전자는 모든 신화와 다양한 제신들을 압살하고 그만큼 자연에 대해서는 파괴적이고 침공적이지만, 후자는 인간이 인긴을 혐오하게 되고 그만큼 인간 존재의 무한한 가능성을 부정하는 반인본주의로 이어지기가 십상인 것이다. 인본주의의 입장에서는 앎은 무죄가 되지만, 반인본주의의 입장에서 앎은 유죄가 된다. 인본주의의 입장에서 안다는 것은 행동한다는 것을 뜻하지만, 반인본주의의 입장에서 행동한다는 것은, 다만, 무모한 어떤 것에 지나지 않는다. 현대문명이 소크라테스와 플라톤의 철학 이후, 인본주의를 기초로 하여 형성되어 왔다면, 탈현대문명은 모든 인본주의에 회의와 의심의 눈초리를 보냄으로써 그것을 거부하려는 몸짓을 드러내 보이고 있는 것인지도 모른다. 수천 년의 역사와 전통을 지닌 인본주의가 반인본주의의 거센 도전을 받아 마침내 흔들리고 있는 시대, 앎이 미덕이 되지 못하고 유죄가 되어버린 시대, 위대한 영웅의 탄생이 아닌 저자의 죽음과 주체의 위기가 강조되고 있는 시대, 기독교, 불교, 공산주의, 민주주의, 만인의 평등과 자유 등, 정치 제도의 타락한 현태와 동정적인 이타설만이 나무하는 시대, 만화, 영화, TV, 컴퓨터, 비디오, 전자오락기기 등의 영상매체와 전자매체에 의하여 인쇄매체가 서서히 밀려나고 있는 시대, 자본이 자본을 낳고 진리 자체가 되어버린 시대, 기사도적인 모험 정신과 성자의 영웅주의가 없어도 명예와 명성을 황금으로 채색시켜 주고 있는 시대, 눈앞의 이익을 위해서는 비굴한 굴종마저도 두렵지가 않고, 인간 해방과 여성 해방이 상품화되어도 좋은 시대, 어떠한 사상과 이념도 밤하늘의 별자리가 되어주지 못하고 자기 축소지향과 소시민 의식이 보편화되어도 좋은 시대—, 이 우울한 20세기 말은 "창조적 천재란 정신병의 부산물"이라는 정신분석학자들의 말처럼, 심리적 퇴행과 고착 현상이 지배적인 문화적 현상으로 자리를 잡아가고 있는 것처럼도 보인다(6: 55).

황동규와 이성복과도 같은 이 땅의 우익 편향의 시인들이 자기 축소지향과 소시민 의식—황동규의 「꿈꽃」과 이성복의 「높은 나무 흰 꽃들은 燈을 세우고 18」이라는 시가 바로 그렇다—을 통해서 자본주의 사회의 지배 이데올로기를 전파하고 있는 것이라면, 송찬호의 「지하생활자」는 '꿈을 작게 가져라'는 한국의 어머니들처럼, 자기축소지향과 소시민 의식을 통해서 동물적인 퇴행 현상을 매우 적나라하게 보여주고 있는 것이라고 할 수가 있다. 송찬호의 「지하생활자」는 생존경쟁이라는 삶의 자장에서 패배를 하고, 그 두려움과 공포 때문에, 회색지대로 도피한 자를 말한다. 그의 자기 축소지향과 소시민 의식은 동물적인 퇴행 현상을 말하며, 이때에, 동물적인 퇴행 현상이란 모든 인간적인 삶을 포기하고, 단지 살아 있는 것으로만 만족하는 어떤 삶을 말한다. 이 세상의 삶은 살인, 강도, 강간, 사기, 절도, 거짓, 배신, 증오, 분노 등에 둘러 싸여 있으며, 마치, 그것은 이전투구를 거듭하는 무자비한 육탄전을 방불케 한다. 직업은 자기 자신의 존재의 근거를 확보해 나가는 방법적인 수단이며, 우리는 그 직업을 통하여 돈과 명예와 권력을 확보해 나간다. 직업이 좋으면 맛있는 음식과 좋은 의복을 입고 이 세상을 더욱더 아름답고 풍요롭게 살아갈 수가 있지만, 직업을 잃으면 자기 자신의 존재의 근거는커녕, 더없이 불행하고 비인간적인 삶을 살아갈 수밖에 없게 된다. 요컨대 직업에 의해서 다양한 계층과 계급 간의 구별이 생기고, 우리 인간들의 행복과 불행이 결정된다고 해도 과언이 아니다. 프란츠 카프카의 '굶는 광대'는 그 직업에 충실하기 위하여 굶어 죽어가고, 그의 「유형지에서」의 장교 역시도 자기 자신의 직업에 충실하기 위하여 끝끝내, 그 사형장치의 옹호자(순교자)가 되어간다. 따라서 상하 관계의 예의범절에 충실하며 부모형제에 대한 효도와 우애에 충실했던 '그레고리 잠자'가 한 마리의 애벌레로 변신할 수밖에 없었던 현실성이 바로 여기에 있는 것이다. 프란츠 카프카의 작품 세계가 그 직업의 소중함을 더없이 극단적으로 일깨워주고 있으면서도 하나의 심리적인 방어기제로서 동물적인 퇴행의 삶을 묘사하고 있는 것이라면, 송찬호의 「지하생활자」 역시도 그 반대 방향에서, 해고된 노동자의 삶을 노래한 것이라고 할 수가 있다. 프란츠 카프카의 작품 세계가 그로테스크하고 음산하다면, 송찬호의 「지하생활자」의 삶은 더없이 아늑하고 달콤하다고 하지 않을 수가 없다. 프란츠 카프카가 직업에 대한 강박 관념을 갖고 있는 것이라면, 송찬호는 그와는 정반대 방향에서, '실직'이야말로 진정한 인간 해방의 길이자 구원의 길이라고 역설하고 있는 것인지도 모른다. 그에게는 부모형제도 없고, 도덕과 법과, 그리고 그 어떠한 사회적인 위계질서마저도 소용이 없다. 또한 그에게는 과거도 없고, 미래도 없고, 더, 더군다나 칠전팔기나 불굴의 의지와도 같은 용어들도 전혀 터무니 없고 허무맹랑한 말장난에 지나지 않는다. 따라서 그의 자기 축소지향과 소시민 의식은 "추위에 절어 있는 사내"의 원한 맺힌 저주 감정을 드러내고 있는 것도 아니고, 무조건 체념하거나 절망한 자의 원한 맺힌 복수 감정을 드러내고 있는 것도 아니다. 송찬호의 자기 축소지향과 소시민 의식은 "땅 속에서 방 속의 방"이나 "해고된 후 오랫동안 잠만 잤지요/ 등밑이 따스했습니다"라는 시구에서처럼, 더없이 아늑하고 따뜻한 집단무의식에로의 침잠욕구를 사실 그대로 보여주고 있다고 하지 않을 수가 없다. "땅 속에서 방 속의 방"은 첫 생물이 탄생하기 이전의 어머니의 자궁이며, 그의 존재의 집이기도 하고, 또한, 그곳은 힘에 겨운 생존투쟁이나 선과 악, 진리와 허위, 승리와 패배, 영웅주의와 소시민주의 등의 이분법적인 대립 갈등이 없는 곳이기도 하다. 「지하생활자」의 주거 공간은 기사도적인 모험정신과 성자의 영웅주의가 없어도 행복한 공간이기도 하고, "조그만 애벌레"처럼, 모든 비인간적인 삶과 무지에의 의지만이 있어도 행복한 공간이다. 심리적인 퇴행 현상이란 어떠한 앎에의 의지도 거부하고 있다는 것을 뜻하고, 한 마리의 애벌레나 짐승처럼, 자기 파멸적이고 의지박약하고 염세적—염세적이라는 의미에서는 매우 달콤하고 꿀맛과도 같은—인 무지에의 의지를 실천하고 있다는 것을 뜻한다.

송찬호의 무지에의 의지가 한 마리의 애벌레나 짐승처럼 비인간적이고도 동물적인 퇴행 현상을 보여주고 있다면, 기형도의 무지에의 의지는 너무나도 때 이르게 늙어버렸거나, 더 이상의 성장을 기대할 수 없는 어린 아이들처럼, 자기 파멸적이고 의지박약하고 염세적인 고착 현상을 보여주고 있다고 할 수가 있다. 「대학시절」은 기형도의 가장 매력적인 도피처가 되어주고 있는 것이기는 하지만, 인간의 자기 완성과 진리 탐구라는 상아탑의 목표에 반하여, 한국 현대교육사의 치명적인 오점으로 더욱더 더럽고 불결하게 오염되어 있다고 하지 않을 수가 없다. 어떻게 "나뭇잎조차 무기로 사용"되고 "나무의자 밑에는 버려진 책"들로 가득찬 대학 교정이 아름다울 수가 있겠으며, 어떻게 "시를 쓰던 후배가 기관원"이 되고 항상 침묵으로만 일관하고 있는 "그분"이 "존경하는 교수"가 될 수가 있겠는가? 나는 이미, 『시와 시인』이라는 책에서 기형도 시인의 깊이 있고 함축적인 은유와 상징의 언어를 매우 상세하게 살펴본 바가 있지만, 다른 한편에서, 이 「대학시절」을 분석해 본다면, 기형도 시인의 우울하고 쓸쓸하고 그로테스크한 감정이 매우 잘 드러나고 있다고도 할 수가 있다(7). "몇 번의 겨울이 지나자 나는 외톨이가 되었다"라는 시구가 그렇고, "그리고 졸업이었다, 대학을 떠나기가 두려웠다"라는 시구가 그렇다. 「대학시절」은 기형도의 가장 매력적인 도피처이고 유토피아이며, 기사도적인 모험 정신과 성자의 영웅주의가 없어도 행복한 공간이다. 「대학시절」은 기형도의 존재의 집이기도 하고, 한없이 아득하고 따뜻한 공간이기도 하다.

송찬호의 「지하생활자」가 한 생명이 탄생하기 이전의 어머니의 자궁과 집단무의식에로의 침잠욕구를 보여주고 있는 시라면, 기형도의 「대학시절」은 새로운 것, 낯선 것, 미래에 대한 두려움과 공포 때문에, 심리적인 고착 현상을 드러내고 있는 시라고 할 수가 있다. 그는 비록, 외톨이가 되고 사랑하는 후배와 존경하는 교수가 없는 곳이기는 했지만, 플라톤을 읽고 낭만적인 환상과 꿈을 꿀 수 있는 상아탑의 현실 속에서 안주하기를 바랐던 것이다. 프란츠 카프카가 직업을 인간 존재의 근거이며 더없이 행복한 삶의 수단으로 보았다면, 송찬호는 실직을 인간 존재의 해방이며 더없이 행복한 삶의 수단으로 보았다고 할 수가 있다. 이 동물적인 퇴행의 질적 차이는 욕망을 긍정한 자와 부정한 자의 차이이며, 그 인식의 차이는 행복과 불행을 규정하는 바로미터가 된다. 하지만 기형도의 「대학시절」의 시적 화자는 직업을 갖기 이전의 사내이며, 심리적인 고착에 의하여 '이별불안'을 느끼고 있는 자이다. 그의 삶은 스스로 설 수 없고 독립적이지 못하며, 너무나도 지나치게 타자에게 의존적인 삶에 지나지 않는다. 예컨대 심리적 고착이란,

신체적 발달과 함께 심리적 발달도 생후 20년 동안 꾸준히 진행되는 것으

로서 우리는 발달단계를 비교적 명확하게 구분지을 수가 있다. 예컨대 유아기, 아동기, 청년기, 성인기의 4단계로 나눌 수 있다. 정상적인 경우에 각자는 이 단계를 순서적으로 밟아가게 된다. 그러나 때로는 어떤 단계에서 멈추고서 다음으로 넘어가지 못하는 수도 있다. 신체적으로 이런 현상이 오게 되면 우리는 발육중지라고 부른다. 이런 현상이 심리적으로 일어난 경우에 우리는 고착, 또는 발달중지란 용어를 쓴다.

고착도 또한 불안에 대한 하나의 방어작용이라 볼 수 있다. 고착된 사람은 다음 단계로 발달하는 것을 두려워하게 된다. 왜냐하면 애로와 곤란이 기다리고 있다고 예상되기 때문이다. 대부분이 어린이들은 개학 첫날을 맞으면 공연히 불안감에 휩싸이게 된다. 또 사춘기의 아이들은 첫 데이트를 할 적에 몹시 당황하며 고교생이나 대학생들은 닥쳐올 졸업을 걱정과 기대란 야릇하고 착잡한 심리 속에 맞게 된다. 누구나 어떤 낯선 일을 시작하려고 하면 불안한 마음이 오기 마련이다. 옛날부터 낯익은 고장을 떠나 새로운 낯선 곳으로 가려는 사람은 누구나 불안감을 느끼게 되는데, 이것을 이별불안이라 한다. 이별불안이 너무나 클 적에 사람들은 새로운 생을 받아들이기를 거부하고 옛날부터의 삶에 고착하게 된다.

— 캘빈 S. 홀, 『프로이트 심리학』, 문예출판사, 1987

라는 말에서처럼, 새로운 것, 낯선 것, 그리고 미래에 대한 두려움과 공포 때문에 파생된 '이별불안'이라고 할 수가 있다. 이때의 이별불안은 '발육중지'로 이어지고, 그는 쓸데없이 나이만 먹은 미성숙한 청년에 지나지 않게 된다. 피라미는 자그만 파문에도 무서워서 벌벌 떨지만, 결코 더 넓은 바다로 나아가지 못한다. 이와 마찬가지로, 기형도는 온갖 부조리가 만발하고 있는 대학사회를 그 어느 누구보다도 혐오하고 있으면서도 한사코 그곳을 떠나기가 두려웠다고 말한다. 이 「대학시절」이 아니더라도 기형도의 시세계는 전형적인 흉조의 시선이며 염세주의자의 관점으로 구축되어 있다고 해도 과언이 아니다. 그는 싸워보기도 전에 미리부터 패배한 자이며, 꿈과 희망을 가져보기도 전에, 미리부터 절망한 자이다. 그는 그토록 오랜 학습기간 동안의 앎에의 의지를 무화시키면서, 그의 무지에의 의지 속에다가 둥지를 틀고 싶어 했던 것이다. 플라톤이 모든 시인들을 단칼에 베어버리고 그의 이상적인 공화국으로 도피해 버리는 것도 있을 수가 있는 일이고, 기형도가 그의 모든 앎을 무화시켜버리면서 상아탑의 현실 속으로 도피해 버리는 것도 있을 수가 있는 일이다. 모든 창조적 천재란 정신병의 부산물일는지도 모르지만, 심리적 퇴행과 고착 현상은 앎에 의지하고 있는 우리 인간들의 바람직한 현상도 아니고, 인간이 인간을 깊이 있게 사랑하고 믿어 의심하지 않고 있는 건강한 문화인의 현상도 아니다. 그것은 반인본주의가 자라나고 있는 시대의 문화적 현상이며, 우리 인간들의 쇠퇴의 현상이라고 할 수가 있는 것이다.

송찬호와 기형도와도 같은 시인들에게 진취적이고 용기 있고, 낙천적인 삶을 요구할 수도 없는 노릇이고, 또한 그들에게 순진한 혁명가의 천진성과 시골목사의 명랑성을 요구할 수도 없는 노릇이다. 송찬호는 심리적인 퇴행이라는 보호색으로, 기형도는 심리적 고착이라는 보호색으로, 매우 부정적이기는 하지만, 자기 자신들의 삶을 긍정하고 찬양해 나가고 있는 것인지도 모른다. 그들의 아름다운 보호색은 비인간적이고 동물적인 차원에서, '잘 삶의 원리'가 되어주고 있는 것인지도 모르고, 괴테적인 의미에서, 그 아름다움을 창조한 주체자는 달콤하고 꿀맛과도 같은 삶을 살고 있는 것인지도 모른다. 무모한 용기를 갖고 있는 자가 타락하거나 패배하면 자기 축소지향과 소시민 의식으로 움츠러들기 마련이고, 또한, 그것은 심리적인 퇴행과 고착 현상으로 나타나기도 한다. 앎에의 의지는 하나의 세계정복운동으로서 모든 문명과 문화를 가능케 하는 힘이기도 하지만, 절대적인 신이나 진리가 부재하는 채로 현존하는 것처럼, 특정한 앎에의 의지가 고착되면 가장 진지하고, 성실하게 무지에의 의지를 실천하게 된다.

그렇다면 송찬호와 기형도의 반대 방향에서, 이성복의 「높은 나무 흰꽃들은 燈을 세우고 18」이라는 시를 살펴보는 것도 그렇게 무익하지만은 않을 것 같다.

> 그대가 결혼을 하면 여인은 외부로 열린 그대의 창 그 풍경의 아름다움을 영원히 보지 못했을지도 모를 일 그대가 그 여인에게 아이를 얻으면 그대의 창은 하나 둘 늘어난다 그 아이들이 아니었다면 그대는 캄캄한 어둠 속에 갇혀 있었을지 모른다 그처럼 또한 그대는 그대의 아내와 아이들의 외부로 열린 창 그대가 아무도 만나지 않고 아무도 그대를 만나지 않을 때 그대는 벽이고 누구나 벽이 된다

우리 인간들의 삶에 있어서 죄를 짓고 죄악을 정당화할 수 있는 아들의 무모한 용기를 잠재우고, 반외디프스적인 가족 관계를 찬양하고 있는 아버지처럼 위험한 동물은 없다. 그는 독단주의와 광신주의에 사로잡혀 있는 '聖蠻勇 교단'의 사제와도 같고, 長江의 뒷 물결이 앞 물결을 밀어낸다는 교훈도 잊어버린 채, 더욱더 혐오스럽고 추악한 삶만을 찬양하고 있는 늙디늙은 왕과도 같다. 대한민국 최고의 지식인이자 제일급의 시인인 이성복이 아내의 치마폭—"그대가 결혼하면 여인은 외부로 열린 그대의 창"이라는 시구가 그것이다—에 둘러 싸여 있는 것도 우습고, 또한,

> 그해 가을 소꿉장난은 國産映畫보다 시들했으며 길게
> 하품하는 입은 더 깊고 울창했다 깃발을 올리거나 내릴
> 때마다 말뚝처럼 사람들은 든든하게 박혔지만 햄머
> 휘두르는소리, 들리지 않았다 그해 가을, 모래내 앞

샛강에 젊은 뱀장어가 떠오를 때 파헤쳐진 샛강도 둥둥
떠올랐고 고가도로 공사장의 한 사내는 새 깃털과 같은
速度로 떨어져내렸다 그해 가을 개들이 털갈이 할 때
지난 여름 번데기 사먹고 죽은 아이들의 어머니는 후미진
골목길을 서성이고 실성한 늙은이와 天賦의 白痴는
서울역이나 창경원에 버려졌다 그해 가을 한 승려는
人骨로 만든 피리를 불며 密敎僧이 되어 돌아왔고 내가
만날 시간을 정하려 할 때 그 여자는 침을 뱉고 돌아섰다
아버지, 새벽에 나가 꿈 속에 돌아오던 아버지,
(……)
아버지, 아버지! 내가 네 아버지냐
그해 가을 나는 살아 온 날들과 살아 갈 날들을 다 살아
버렸지만 壁에 맺힌 물방울 같은 또 한 女子를 만났다
그 여자가 흩어지기 전까지 세상 모든 눈들이 감기지
않을 것을 나는 알았고 그래서 그레고리 잠자의 家族들이
埋葬을 끝내고 소풍 갈 준비를 하는 것을 이해했다
아버지, 아버지……씹새끼, 너는 입이 열이라도 말 못해
그해 가을, 假面 뒤의 얼굴은 假面이었다

에서처럼, "아버지, 아버지……씹새끼, 너는 입이 열이라도 말 못해"(「그해 가을」)라고 부르짖었던 비극의 주인공이 그의 아들을 향해서, 반외디프스적인 자장가—"그대가 그 여인에게 아이를 얻으면 그대의 창은 하나 둘 늘어난다"라는 시구가 그것이다—를 들려주고 있는 것도 우습다. 이성복은 "詩神의 아들, 예술가, 참된 문화인의 반대" 방향에서, 가족 제도라는 달팽이 껍질과 아버지라는 이름의 보통명사 속에 자기 자신을 은닉시키고, 자기 축소지향과 소시민 의식을 매우 즐겁고 기

쁘게 향유하고 있는 것인지도 모른다(8: 32).

이성복에게는 어느덧 진취적이고 용기 있고 낙천적인 세계관도 찾아볼 수가 없고, 순진한 혁명가나 시골목사에게서처럼, 또한 그만큼의 천진성과 명랑함도 찾아볼 수가 없다. 기독교, 불교, 공산주의, 자본주의, 민주주의, 만인의 평등과 자유, 공정한 부의 분배와 동정과 연민 등을 거절할 수 있는 고귀하고 귀족적인 가치관도 없고, 인생 七十은 길지 않다며 한평생 여자를 멀리했던 니체와 쇼펜하우어와, 부처와 예수처럼, 인간의 자기 완성과 진리 탐구, 그리고 공동체 사회의 구원과 성자의 영웅주의를 실천할 만한 용기도 없다. 이성복의 무지에의 의지는 자기축소지향과 소시민 의식으로 움츠러들고 있고, 또한 그의 자기축소지향과 소시민 의식은 거지의 탈을 쓴 돈 많은 부자처럼, 심리적인 퇴행과 고착이라는 자기보호색으로 움츠러들고 있다. 이성복의 무지에의 의지는 아버지를 살해했던 외디프스로서의 양심의 가책이나 회한보다는 어느덧 살해되어야 할 아버지로서의 두려움과 공포를 잠재우고 있는 자장가와도 같다. 그는 송찬호와 기형도의 반대 방향에서, 너무나도 부유하고 힘 있고 건강한 자이기도 하고, 새로운 것, 낯선 것, 미래에 대한 두려움과 공포 때문에, 모든 것을 다 잃어버릴까봐 전전긍긍하고 있는 성만용 교단의 사제이기도 하다. 이성복의 자기보호색은 최고급의 격세유전(진리)에 반대하고 역사의 물줄기를 되돌려 보려고 하는 상류 계급의 인사들의 합법적이고도 대규모적인 술책 중의 하나이며, 또한 그것은 반인본주의가 자라나고 있는 시대의 문화적 현상에 지나지 않는다. 1980년대 초, '뒹구는 돌은 언제 잠깨는가'라고 외쳤던 예언자적 지성은 한 시대의 해프닝으로 끝이 났고, 가족제도라는 달팽이 껍질과 아버지라는 이름의 보통명사 속에 숨어 들었던 한 마리의 애벌레를 살아가게 해주던 시계 바늘도 떨어져 나갔다.

하나님이 끝끝내 사랑의 대상이고자 한다면 정의로운 하나님과 최후의 심판자라는 자격을 포기해야 된다는 말도 있고, 정의로운 하나님과 최후의 심판자에게는 늘 그만큼의 잔인함과 피비린내가 따라다닌다는 말도 있다. 하지만 나는 죄를 짓고 죄악을 정당화하는 것이 우리 인간들의 삶이고 역사 자체인 이상, 쓸데없는 양심의 가책 때문에 괴로워하거나 한 사람의 비극의 주인공으로서의 어떠한 고통이나 파멸마저도 회피하고 싶은 생각은 없다. 무지에의 의지의 세 번째 유형은 하나의 망각 기능으로서의 진정제 효과로 작용하기도 하고, 우리 인간들은 그 망각 기능을 통해서 어렵고 힘든 일상 생활마저도 참고 견디면서 살아가고 있는 것처럼도 보인다. 송찬호와 기형도의 심리적인 퇴행이나 고착 현상 역시도 하나의 망각 기능으로서 작용을 하고 있기는 하지만, 그러나 그들의 시는 다같이 참다운 진정제 효과는 자아내지 못하고 있는 것처럼 보인다. 하나의 망각 기능으로서의 진정제 효과는 사회적 하층민들을 어루만져주고, 위로해 주고 있는 것을 말하고, 그 효과는 아리스토텔레스에서부터 쇼펜하우어와 니체에게 이르기까지, 오랜 기간 동안 그 유효성을 잃지 않고 있는 효과라고 해도 틀림이 없다. 가난한 자, 힘 없는 자, 병든 자들을 어루만져주고 위로해 주지 못한다면 어떠한 시와 예술도 존재할 수가 없고, 또한 이 세상에서 패배한 자, 실패한 자, 상처입은 자들을 어루만져주고 위로해 주지 못한다면 어떠한 시와 예술도 존재할 수가 없다. 이성, 합리주의, 도덕, 정의, 선 등이 매우 소중한 것과 마찬가지로, 비이성, 비합리주의, 비도덕, 불의, 악 등도 다같이 소중하고, 하늘을 찌를듯한 환희에의 기쁨이 매우 소중한 것과 마찬가지로, 사회적 하층민들을 어루만져주고 위로해 줄 수 있는 진정제 효과도 다같이 소중하다. 우리 인간들의 삶에 있어서 이성의 산물인 기억이 필요한 것과 마찬가지로 비이성의 산물인 망각도 다같이 필요한데, 이것은 노동 뒤에는 휴식이, 밝은 대낮 뒤에는 어두운 밤이 필요한 것과 마찬가지라고 할 수가 있다. 망각 기능이란 두 번 다시 되돌아 보고 싶지 않은 기억이나 사건을 잊어버리기 위해, "의식의 문과 창을 일시적으로 폐쇄하는 것"이지, 합리주의자와 사회주의자들이 생각하는 것처럼, 단순하고 야만적인 어떤 것이 아니다. 또한, 망각 기능이란 삶이라는 생존 경쟁의 자장으로부터 들려오는 수많은 불협화음들에 대한 능동적이고도 "적극적인 저지 능력"인 것이지, 수동적이며 소극적인 어떤 것이 아니다(9 : 65). 망각 기능이 마비된 자는 튼튼한 위장과 소화기관이 없는 자에 불과하며, 어린 아이들의 천진성과 명랑함의 반대 방향에서, 너무나도 지쳐서 죽어갈 수도 없는 자에 지나지 않는다.

그날 살아 있다고 안심하라고 철없이
마음이
광교 근처를 지날 적에 칸나꽃을 만나더니
꽃 밝은 잠을 자고 싶어 하네

빈 집들 속에 빈 집으로 걸어들어가
쪼그려 잠들면
만발하는 고통아 잎 넓은 한 그루의 애인아
잠이 너무 밝다

몰려가는 사람들 틈에서
늙은 산의 울음 소리 들리고
걸음은 자꾸 넘어지자고 조르고

산 울음에
종로쯤 떠밀릴 때 나사렛 사람처럼

고통이 내게 묻네 "가는 곳이 어디지?"

휑하니 비어 대답하는 길바닥

걸음은 자꾸 넘어지자고 조르고

— 장석남, 「걸음은 자꾸 넘어지자고」 전문

장석남은 두 번 다시 되돌아 보고 싶지 않은 기억이나 사건을 잊기 위해 한없이 "아픈 마음"을 달래며 "꽃 밝은 잠을 자고 싶어"하고, 잠 이루지 못하고 "만발하는 고통"을 다스리기 위해, 이름 없이 죽어간 수많은 민중들처럼, 의식적이든, 무의식적이든 간에, 지하 세계로의 하강을 꿈꾼다. 장석남의 「걸음은 자꾸 넘어지자고」라는 시는 하나의 망각 기능으로서의 진정제 효과를 간직하고 있는 시이며, 달콤하고 맛 있는 죽음보다는 우울하고 쓸쓸하고, 그로테스크한 죽음(잠)을 떠올려 보게 하는 시라고 할 수가 있다. 고귀하고 귀족적이고 건강한 자에게 있어서의 망각 기능은 하나의 시원이고 원형이며, 적극적인 저지 능력인 데 반하여, 비천하고 평민적이고 의지박약한 자에게 있어서의 망각 기능은 하나의 보색이고 부산물이며, 소극적인 저지 능력이라고 할 수가 있다. 장석남 시인을 비롯한 대부분의 한국 시인들은 비천하고 평민적이고 의지박약한 자들에 불과하고, 따라서 그들의 시에는 어떠한 천진성이나 명랑함은커녕, 무한한 긍지와 행복의 모습도 찾아볼 수가 없는 것이다.

묻노니, 나머지 인생도

서리 묻은 기러기 쭉지에

북녘 바람길이라면

차라리

이 호젓한 산자락 어느 보살 곁에

때 이끼 따숩게 덮은
바위로나 잠들었으면

어느 훗날
나같이 세상을 춥게 사는
石工이 있어

아내까지 팽개치도록
돌에 미친 阿斯達같은
석수쟁이 사나이 있어

그의 더운 손바닥
내 몸 스치거든
활옷 입은 新羅女로 깨어나고저
— 유안진, 「경주 南山에 와서」 전문

유안진의 「경주 南山에 와서」라는 시는 하나의 망각 기능으로서의 진정제 효과를 매우 유효 적절하고 뛰어나게 노래해 놓고 있는 것처럼도 보인다. 또한 유안진의 「경주 南山에 와서」라는 시는 시인의 깊이 있고 함축적인 은유와 상징의 언어에 의해서, 수천 년의 시간과 공간을 압축시켜 놓고 있는 것처럼도 보인다. 시인은 "서리 묻은 기러기 쭉지"와도 같은 삶을 통하여 "어느 보살 곁에/ 때 이끼 따숩게 덮은/ 바위로나 잠들고" 싶다고 말하고, "어느 훗날/ 나 같이 세상을 춥게 사는/ 石工이" 있으면 뜨거운 사랑을 통해서 "阿斯達"과 "新羅女"로 맺어지고 싶다고 말한다. 유안진의 망각 기능은 어렵고 힘든 이 세상의 모든 것을 잊어버리고 싶어한다는 점에서는 하나의 보색이고 부산물이며, 소극적인 저지 능력에 불과해 보이지만, 또다른 관점에서 바라본다면, “아내까지 팽개치노록/ 놀에 미친” “석수쟁이”와의 불륜의 사랑을 꿈꾸고 있다는 점에서는, 하나의 시원이고 원형이며, 적극적인 저지 능력이라고도 할 수가 있다. 유안진의 망각 기능으로서의 죽음은 우울하고 쓸쓸하지도 않고, 아직도 시퍼렇게 떫은 맛이 배어 있는 죽음처럼, 음산하고 그로테스크하지도 않다. 그녀의 무지에의 의지로서의 망각 기능은 무한한 긍지와 행복의 가능성을 시사해 주고 있기도 하고, 또한 그것만큼의 고귀하고 귀족적이고 건강한 자의 자기 찬미의 도덕에 침윤되어 있기도 하다.

유안진의 「경주 南山에 와서」는 ‘파우스트를 창조한 것은 괴테가 아니라 파우스트가 괴테를 창조했다’라는 정신분석학자 융의 말처럼, 그녀가 우리 인간들의 집단무의식적인 욕망에 깊이 있게 침윤되어 있다는 사실을 드러내 보여준다. 가난한 자, 힘 없는 자, 병든 자, 상처 입은 자, 어떤 미래의 전망도 없는 자들처럼, 쓰라리고 아픈 기억이나 사건들을 망각하고 싶다는 보편적인 욕망도 그렇고, 비천하고 평민적이고 의지박약한 자들의 그것과는 다르게, 이 세상에서의 원한 맺힌 저주감정이나 복수 감정을 망각하고 장인 정신에 투철한 “阿斯達”과의 불륜적인 사랑을 꿈꾸고 있는 것도 그렇다. 유안진의 시적 주제는 수많은 종교와 신화에서처럼, 매우 보편적인 주제이기도 하고, 신성한 입문의례가 없고 불량배들의 부정적인 입문의례만이 있는 사회에서는 더없이 고귀하고 소중한 주제이기도 하다. 평범하고 범상한 시인은 창조적 천재와 개성이라는 미망에서 벗어나지 못한 채, 사적인 꿈(욕망)만을 드러내놓고 있지만, 진정으로 뛰어나고 훌륭한 시인은 그러한 사적인 꿈에서 벗어나 공적인 꿈(집단무의식, 신화, 종교 등)을 드러내놓고, 창조적 천재와 개성이라는 말을 외치지 않아도 좋을 만큼, 그 모든 것을 완성하게 된다고 하지 않을 수가 없다. 예수와 부처와 마르크스가 부단히 학대받고, 짓밟히고, 신음하고 있는 민중들의 삶을 재발견했던 것처럼, 자기 자신의 사적인 꿈이 동시대의 공적인 꿈과 일치하고 있는 시인이 행복하지 않을 리가 없다. 유안진의 무지에의 의지는 하나의 망각기능으로서 작용하고 있고, 그녀의 망각 기능은 진정제 효과로서 그 무엇보다도 달콤한 죽음에 가 닿아 있다.

하나의 망각 기능으로서의 무지에의 의지는 궁극적으로 죽음에 가 닿아 있고, 죽음이 제기하고 있는 윤리적인 문제는 이루 헤아릴 수 없을 만큼 다양하고 복잡하다고 하지 않을 수가 없다. 너무나도 때 이르게 죽어갔거나 극단적인 순교는 그만큼의 외경감과 부끄러움을 불러 일으켜 주기도 하고, 다른 한편, 키릴로프나 엠페도클레스와도 같은 죽음은 죽음을 가능하게 함으로써 우리 인간들의 삶을 해방시켜 주기도 한다. 어떤 자의 죽음은 아직도 시퍼렇게 떫은 맛이 배어 있는 죽음이기도 하고, 어떤 자의 죽음은 달콤하고 맛있는 열매와도 같은 죽음을 상기시켜 주기도 한다. 유안진의 죽음은 달콤하고 맛있는 열매와도 같은 죽음인데, 왜냐하면 그녀는 하나의 시원이며 원형으로서의 망각할 줄 아는 자의 행복을 향유하고 있기 때문이다. 죽음의 신인 시바의 상징이 링감이고, 인도 사람들은 죽은 자의 관에 성적 합일의 장면을 새겨 넣는다고 한다. N. 프라이의 말대로, 유안진은 대자연의 자궁이며, 무지에의 의지를 배태하고 있는 생산의 여신이라고 하지 않을 수가 없다. 앎과 무지가 서로 서로 맞물려 있고 서로 서로를 사랑하고 있듯이, 기억과 망각도 서로 서로 맞물려 있고 서로 서로를 사랑하고 있다. 어린 아이와 노인이 서로 서로 손을 맞잡고 서로 서로를 사랑하고 있듯이, 삶과 죽음도 서로 서로 손을 맞잡고 서로 서로를 사랑하고 있다. 아직도 시퍼렇게 떫은 맛이 배어 있는 죽음에서는 어떠한 부활도 기대할 수가 없지만, 달콤하고 맛있는 열매와도 같은 죽음에서는 새로운 新生의 싹이 보드랍고 파릇파릇하게 돋아난다고 할 수가 있다.

안키세스(지하 세계의 유령—인용자)는 아들을 데리고 망각의 강 레테로 갔다. 다시금 세상에 올라가 인간으로 살려면 이곳의 물을 마셔야 했기 때문이었다. '망각의 물이다' 하고 안키세스가 말했다. 그리고 이 강물을 마시고 전생前生의 고통과 일을 망각하려고 기다리고 있는 사람들을 보여주며, 이 사람들이 자신들의 혹은 아에네아스의 후손들이라고 일러 주었다. 또한 이 사람들은 세계의 주인이 될 미래의 로마를 위한 위대한 동료가 될 것이라고 말해 주었다. 한 사람씩 지적해 가며, 전생의 일을 잊고 난 후 이들이 해낼 업적들을 말해 주었다. 이윽고 안키세스는 어떻게 하면 이탈리아에 가장 뛰어난 국가를 세울 수 있으며, 어떻게 하면 아에네아스 앞에 가로놓은 역경들을 피하고 견뎌낼 수 있는가에 대해 알려 주었다(10: 312).

오딧세우스, 테세우스, 헤라클레스, 오르페우스와도 같이, 기사도적인 모험 정신과 성자의 영웅주의를 가지고 지하 세계로 내려갔던 아에네아스는 아버지인 안키세스의 뜻대로, 레테의 강물을 마시지 않으면 안 되었고, 그 결과, 그는 모든 고통과 역경을 극복하고 위대한 로마제국을 건설할 수가 있었다. 최고급의 지혜와 지식을 얻기 위해서는 어깨에서 나무가 자라나고 구레나룻에서 새들이 둥지를 틀 때까지 망아 체험을 하지 않으면 안 되고, 또한 그는 자기 자신의 단 하나뿐인 목숨을 걸고 사자의 세계인 지옥으로 내려가지 않으면 안 된다. 이것이 위대한 영웅의 길이고, 새로운 탄생—입문 이전의 옛사람이 해체된 탄생—을 배태하고 있는 죽음이라고 할 수가 있는 것이다.

하지만 카토는 자리에서 일어서며 호통을 쳤다. "내가 언제 분별없이 행동한 적이 있느냐? 어째서 무기를 빼앗아 내 판단대로 행동하지 못하게 하느냐? 차라리 아비의 두 손을 뒤로 묶어 두었다가 카이사르가 오면 내가 몸 하나 방어하지 못하는 모습을 보여주는 것이 어떠냐? 마음만 있으면 칼이 없다고 자살하지 못할 줄 아느냐? 잠시 동안 숨을 쉬지 않거나 머리를 한 번 벽에 부딪치면 끝나는 일이다."

이 말에 아들이 다른 사람들과 함께 울면서 방에서 나가고, 얼마 뒤에 어린 소년이 칼을 가지고 왔다. 그러자 카토는 칼을 뽑아 보고는 이렇게 말했다. "이제야 내 목숨을 내 손에 쥐게 되었군." 그러고는 칼을 내려놓고 다시 책을 읽은 뒤 깊이 잠들었는데, 코고는 소리가 밖에서 대기하고 있는 사람들에게까지 들려왔다.

— 플르타르코스, 『플르타크 영웅전』, 하서출판사,

두 번 다시 떠올려 보거나 되돌아 보고 싶지 않은 기억이나 사건을 잊어버리지 못하고 과거라는 말뚝에 묶여 있는 사람과, 끊임없이 불길한 예감과 예민한 신경 때문에 잠을 이루지 못하고 있는 사람은, 다같이 역사의 힘찬 수레바퀴를 온몸으로 붙잡고 늘어지면서, 사사건건, 우리 인간들의 행복과 복지만을 축내고 있는 사람들일는지도 모른다. 극단적인 예이기는 하지만, 앎과 기억의 능력을 배가시키고 무지와 망각의 능력을 도외시하거나 짓밟아 버리는 사람은 진정으로 문명과 문화가 무엇인지도 모르며, "자기의 적, 자기의 재난, 심지어는 자기의 비행"까지도 망각하고 또 망각할 줄 아는 사람의 반대 방향에서, 저 합리주의자나 사회주의자와도 같이 이성의 광기에 사로잡혀 있는 인간일는지도 모른다(9: 46). 확실히 합리주의자나 사회주의자들은 그들의 이성에 대한 신념과 광기 때문에 무지에의 의지를 그만큼 무모하고 용기 있게 실천하게 된다. 이러한 무지에의 의지는 대단한 용기와 선동적인 힘과 집단 내부의 결속력으로 작용하게 되고, 그들은 다같이 공허한 사상이나 이념을 포기하지 못한 채, 무지에의 수렁 속으로 빠져들게 된다. 그들의 이성은 비이성이 되고, 그들의 합리주의는 비합리주의가 된다. 모든 인간의 삶에는 망각이 필요한데, 이것은 우리 인간들에게 밝은 대낮만이 아니라 어두운 밤이 필요한 것과도 같다.

이성, 역사, 합리주의, 기억, 진리 등의 앎만을 추구하는 사람은 등잔 밑이 어둡듯이 휴식을 모르는 인간과도 같고, 마치, 카토—그는 그 달콤한 잠에서 깨어나자마자 곧바로 할복자살을 결행했다고 한다—와도 같이 모든 것(죽음의 공포)을 망각하고 또 망각할 줄 아는 사람은 순간이라는 말뚝에 묶여 사는 동물과도 같다. 좀 더 과감하게 극단적으로 말한다면, 기억이 없으면 살아갈 수가 있지만, 망각이 없으면 어떤 삶도 가능하지가 않다. 이성, 역사, 합리주의, 기억, 진리 등에는 일정한 어둠이 배어 있기 마련이며, 그 어둠에 익숙해지지 않으면, 인간이든, 역사이든, 민족이든, 문화이든, 살아 있는 모든 것은 마침내 치명적인 해를 입고 파멸하게 된다.

무지에의 의지의 세 번째 유형으로서의 망각 기능은 모든 불쾌한 기억이나 사건에 대해서는 아주 적극적인 저지 능력이며, 망각하고 또 망각할 줄 아는 인간에게 있어서는 하나의 시원이며 원형이라고 할 수가 있다. 이성, 역사, 합리주의, 기억, 진리 등과 마찬가지로, 비이성, 비역사, 비합리주의, 망각, 허위, 순간에 살고 순간에 만족하는 일, 불쾌를 피하고 쾌락을 추구하는 일, 더럽고 위험하고 힘든 육체 노동을 피하고 한가롭게 여가를 선용하는 일, 무조건의 근면이 아닌 이러한 특권과 사치에는 또한 얼마나 값비싼 댓가가 치루어지고 있는 것일까? 또, 그리고 문명과 문화의 반대 방향에서, 깨끗한 물, 맑은 공기, 울창하고 푸르디푸른 숲, 조용하고 아담한 시골 별장, 로키 산맥과 안데스 고원까지의 해외여행, 더없이 아늑하고 달콤한 휴식, 사시사철 벌거벗고도 행복한 남국인들의 삶, 그리고 무의미와 권태가 아닌 한가롭게 풀을 뜯고 있는 가축떼와도 같은 행복에는 또한, 얼마나 많은 잃어버린 고향과 낙원에의 향수 같은 것이 배어 있는 것일까? 에피쿠로스의 말대로, 이 세계는 모든 인간들이 즐길 수 있도록 만들어졌는지도 모르고, 오직 망각할 줄 알고, 또 망각할 줄 아는 인간만이

'최고의 선'과도 같고 '신들의 경지'와도 같은 쾌락을 향유할 수가 있는 것인지도 모른다.

무지에의 의지의 네 번째 유형은 '최고의 선'과 '신들의 경지'와도 같은 삶을 말한다.

> 사람 살다 그친 앞산은 나뭇잎 익는 내, 깨금익기를 기다리다 아그배 익기를 기다리다 소란한 주위에는 찬 물을 뿌리고 나무 그늘에 쌓여 평화로이 잠이 드는 소년들, 이른 아침 山 속에 들어간 사람은 영 나오질 않고 희미한 물소리, 물소리, 마을로 내려간 사람도 도중에 가을 山 속으로 들어갔는지? 소년들이 점점 평화로와지는 동안 山은 더 깊숙이 가을 속으로 들어간다. 山을 멀리 떠나 산 山사람들을 하나씩 가을 속으로 불러 들여 한 번 들어가면 영영 나오고 싶지 않을 데를 찾아 미쳐 헤매게 한다.
>
> 깨금이 떨어진다
> 아그배가 떨어진다
> — 신대철, 「七甲山 2」 전문

무지에의 의지는 지상 최대의 달콤한 잠이고 꿈이며 휴식이고, 무지에의 의지는 불쾌를 피하고 쾌락만을 추구해 나가고 있는 동물적인 행복의 모든 것이라고 하지 않을 수가 없다. 무지에의 의지를 소유하고 있는 자는 즐겁고 기쁘고 행복하게 살아갈 수가 있지만, 무지에의 의지를 소유하고 있지 못한 자는 달콤한 잠이나 꿈이나 휴식은커녕, 너무나도 지쳐서 모든 사람들이 다 밟고 올라갈 수 있는 지옥의 문턱마저도 넘어갈 수가 없다. 인간은 한없이 나약하고 왜소하지만, 무지는 더없이 건강하고 키가 크고 사시사철 늘 푸른 소나무처럼 변함이 없다. 무지만이 착하고 선량하고, 무지만이 유덕하고 자기찬미적이다. 무지만이 가장 진취적이고 낙천적인 전투를 시작할 수가 있고, 무지만이 앎에의 의지의 발목을 붙잡고 그것을 짓밟아버리거나 깔아뭉개버릴 수가 있다. 무지만이 모든 것을 경멸하거나 증오할 줄을 알고, 무지만이 착하거나 선량하지 않은 웃음을 지어 보일 수가 있다. 또한, 무지만이 모든 슬픔과 괴로움을 진정시켜 나갈 수가 있고, 무지만이 가장 소중한 쾌락을 향유해 나갈 수가 있다.

신대철의 「七甲山 2」의 소년들은 망각할 줄 알고 또 망각할 줄 아는 소년들이기도 하고, 어진 성자나 현인들처럼, 나이가 들어서도 더욱더 천진성과 명랑함을 잃지 않고 있는 소년들이기도 하다. 또한 「七甲山 2」의 소년들은 한가롭게 풀을 뜯고 있는 가축떼와도 같이 전문적인 몰아의 경지에 접어든 소년들이기도 하고, 마치, 에덴동산이나 올림프스의 산정에서처럼, 모든 것을 발밑으로 내려다 볼 줄 아는 예언자적 지성과 총명한 두뇌를 소유한 소년들이기도 하다. 어떻게 "사람 살다 그친 앞산은 나뭇잎 익는 내, 깨금 익기를 기다리다 아그배 익기를 기다리다 소란한 주위에는 찬물을 뿌리고 나무 그늘에 쌓여 평화로이 잠이 드는 소년들"이 이 세상을 아름답고 행복하게 살아가지 못하는 인간일 수가 있겠으며, 또한 어떻게 "소년들이 점점 평화로와지는 동안 山은 더 깊숙이 가을 속으로 들어간다"라는 시구에서처럼, 모든 것을 새로운 시간과 공간의 질서 속에 재창조해 놓고 있는 소년들이 최고의 선과 신들의 경지와도 같은 쾌락을 향유하지 못하고 있는 인간일 수가 있겠는가! 「七甲山 2」라는 시는 소란한 주위에는 언제나 찬물을 뿌리고 평화롭게 잠이 들 수 있는 소년들에 의해서 신화적인 시간과 공간 속으로 수직 상승하고 있는 시이며, 입문 이전의 옛사람이 해체되고 새로운 신과도 같은 소년들이 자유롭고 행복하게 살아가고 있는 세계라고 해도 지나친 말이 아니다. "山을 멀리 떠나 산 山사람들을 하나씩 가을 속으로 불러 들여 한 번 들어가면 영영 나오고 싶지 않을 데를 찾아 미쳐 헤매게 한다"는 것은 '七甲山'이라는 시적 공간이 신화적인 공간임을 뜻하고, “깨금이 떨어진다/ 아그배가 떨어진다”라는 것은 ‘七甲山’이라는 聖所가 어떠한 생산수단이나 노동 행위마저도 필요가 없는 자연 그대로의 풍요로운 지상낙원임을 뜻한다. 소년들은 “부르조아가 발명한 호모 에코노미쿠스(경제인)”라는 말은 물론, “경제학의 기초”도 모르고, 언제, 어느 때나 ‘七甲山’이라는 시간과 공간 속에서 자연의 풍부함만을 믿어 의심하지 않고 있는 소년들이라고 하지 않을 수가 없다(11: 38).

「七甲山 2」는 무지에의 의지의 네 번째 유형의 시원이고 원형이며, 또한 「七甲山 2」는 우리 인간들의 시원이고 원형이다. 모든 시인과 예술가들은 비존재에서 출발하여 존재에 이르고 실천적 미래에서 출발하여 현재에 이른다는 사르트르의 말과도 같이, 예언자적 지성과 총명한 두뇌를 소유한 사람들이며, 또한 그들은 이 세상을 창조하는 것처럼 살아가지, 운명이라는 타자의 손에 이끌려서 인간 이하의 짐승이나 노예처럼 살아가지는 않는다.

만일 신들이 존재한다면, 저 무한한 우주의 어딘가에서 조용히 지복의 생활을 하고 있다. 신들은 인간을 괴롭히지 않으며, 신들은 인간이 괴로워하는 것을 바라지도 않는다. 그리고 만일 신들이 존재한다면 우리들 지상의 피조물보다는 행복한 삶을 산다는 점에서 신들인 것이다. 신들은 쾌락 속에서 살며 더할 나위 없는 지복 속에서 쉬고 있고 다른 신이나 인간의 일에는 간섭하지 않는다(4: 61).

앎과 기억(이성)의 능력만을 배가시키고 무지와 망각의 능력을 도외시하거나 짓밟아 버리는 사람은 로버트나 인조 인간과도 같은 사람을 말하고, 앎과 기억의 반대편에서, 망각할 줄 알고, 또 망각할 줄 아는 사람은 달콤한 잠과 꿈과 휴식을 즐기면서, 영원불멸의 삶을 살아가는 사람을 말한다. 안식일 중의 안식일과도 같은 기쁨, 에피쿠로스가 역설하고 있는 것처럼, "무한한 우주의 어딘가에서 조용히 지복의 생활"을 하고 있는 신들과도 같은 기쁨, 또, 엘리아데가 역설하고 있는 것처럼, 깨어지기 쉬운 인간 조건, 즉 죽음으로부터 자유로워진 초월성의 기쁨—. 요컨대, 이러한 삶들이야말로 최고의 선과도 같고 신들의 경지와도 같은 삶이라고도 할 수가 있는 것이다.

셰익스피어도 이 '최고의 선'과 '신들의 경지'와도 같은 삶의 태도를 다음과 같이 아름답고 멋지게 표현한 바가 있다.

> **고온트** 하늘의 눈(太陽)이 찾아드는 곳은 다 현자에게는 좋은 항구요, 행복한 안식처이다. 궁핍에 빠지거든 이렇게 생각하라…… 즉, 궁핍보다 더 좋은 것은 없다라고. 국왕이 너를 추방한 것이 아니라 네가 국왕을 추방한 것이라고 생각해라. 불행은 참는 힘이 약하게 보이면 더욱 무섭게 덮친다. 이번 여행은 이 애비의 권고로 영예를 구하러 떠나는 것이지, 추방이 아니라고 생각해라. 또는 이 잉글란드에는 열병이 퍼져 있어 그것을 피하기 위하여 공기 맑은 곳으로 전지를 한다고 생각해 봐라. 또는 네가 소중히 하는 것은 지금 찾아가는 목적지에 있지, 떠나는 곳에 있는 것이 아니라고 생각해 두렴. 지저귀는 새들은 음악가요, 발에 밟힌 풀은 골풀이 깔린 알현실이오, 꽃은 아름다운 귀부인이오, 내딛는 발걸음은 즐거운 무도나 춤이라고 생각하렴. 으르렁대는 비탄도 그것을 조롱하고 무시하는 사람을 물어 뜯지는 못한다.
>
> — 셰익스피어, 「리처드 2세」, 『셰익스피어 전집 4』, 휘문출판사, 1971년

망각의 힘은 기억(인식)의 힘과는 정반대 방향에서, 기억의 힘만큼이나 생산적이며, 그 풍요로운 다산성을 자랑한다. 망각은 전혀 쓸모가 없고 백해무익하며, 수많은 기인들과 집시들과, 그리고 또한, 이 세상의 어중이 떠중이들만을 잠재우는 수면제가 아니다. 망각의 힘은

최고의 선과 신들의 경지를 가능하게 하고, 또한, 그 모든 것을 가능하게 해준다. 그가 가는 곳은 모든 곳이 다 "행복한 안식처"이며, "골풀이 깔린 알현실"이기도 하고, 그가 가는 곳은 모든 것이 다 "아름다운 귀부인이요, 지저귀는 음악가들"이기도 하다. 따라서 그가 한 걸음, 한 걸음씩 "내딛는 발걸음"은 모두가 다같이 "즐거운 무도나 춤"이 된다.

무지에의 의지는 우리 인간들로 하여금 가장 진취적이고 용기 있고 낙천적인 삶을 살아가게 하기도 하고(첫 번째 유형: 무모한 용기), 무지에의 의지는 또한 우리 인간들로 하여금, 자기파멸적이고 의지박약하고 염세적으로 살아가게 하기도 한다(두 번째 유형: 자기보호색, 혹은 심리적인 퇴행과 고착). 무지에의 의지는 달콤한 잠이나 꿈이나 휴식처럼, 망각이라는 말뚝에 묶여 살아가게 하기도 하고(세 번째 유형: 망각기능), 또한 무지에의 의지는 '최고의 선'과 '신들의 경지'와도 같은 행복한 삶을 살아가게 하기도 한다(네 번째 유형: 최고의 선과 신들의 경지). "시가 존재하는 한 우리 인간들의 삶은 향유되어야만 한다. 삶을 향유하는 데 있어서는 우리들의 삶이 과연 살 만한 것인가, 아닌가라는 냉정한 질문조차도 쓸데없는 시간의 낭비에 지나지 않는다. 삶은 회의되고 질문되기 이전에 향유되어야만 한다. 이 대전제 앞에서만이, 그 향유할 수 없게 하는 모든 장애물들에 대한 성찰이 가능해진다(12: 112). 나는 죄를 짓고 죄악을 정당화할 수 있는 신성모독의 주창자이며, 오직, 쾌락만을 쫓아가는 낙천주의자로서, 또한, 그만큼 즐겁고 기쁘게 살아간다. 나는 千歲不變의 지상 최대의 '행복론'을 연출할 수 있는 방법의 교사이며, 오늘도 모든 인류의 스승이 되고자 하는 꿈을 갖고 살아간다.

| 참고 문헌 |

1, 반경환, 『시와 사상』, 1995, 가을호

2. 아리스토텔레스, 『시학』, 청년사, 1988

3, E. H 카아, 『역사란 무엇인가』, 범우사, 1988

4, 루드비히 마르쿠제, 『행복론』, 범우사, 1984

5, 야콥바리온, 플라메나츠, 『이데올로기란 무엇인가』, 종로서적, 1983

6, 엘리자베드 라이트, 『정신분석비평』, 문예출판사, 1989

7, 반경환, 『시와 시인』 문학과지성사, 1992

8, 니체, 『반시대적 고찰』, 청하, 1989

9, 니체, 『도덕의 계보』, 청하, 1982

10, 에디스 헤밀턴, 『그리스 로마신화』, 을지서적, 1985

11, 장 보드리야르, 『소비의 사회』, 문예출판사, 1991

12, 반경환, 『행복의 깊이』, 한국문연, 1994

제4장 진실에의 의지

나는 '앎에의 의지'와 '무지에의 의지', 그리고 '진실에의 의지'와 '거짓에의 의지'에서처럼, '의지'라는 말을 무수하게 사용해 왔는데, 이제는 의지에 대한 내 나름대로의 사유의 흔적을 드러내 보여줄 때가 되었다고 생각한다. 의지란 생각하고 선택하고 그것을 실행할 수 있는 능력이며, 무아지경이라는 말이 있듯이, 어떤 일에 집중할 수 있는 힘을 말한다. 또한, 의지란 힘에의 의지이며, '의지의 자유'라는 말이 있듯이, 명령자와 자기 자신을 동일시 할 수 있는 최고의 권력자의 감정상태를 말한다. 의지가 강한 인간은 예언자적 지성과 총명한 두뇌를 갖고 있기도 하고, 무엇을 생각하고 선택하는 데 있어서 재빠르고 민첩한 동물적인 감각을 갖고 있기도 하다. 의지가 강한 인간은 황소와도 같이 우직하고 성실하게 밀고 나가는 근면함을 지니고 있기도 하고, 어떠한 불안이나 공포마저도 잠재울 수 있는 용기를 갖고 있기도 하다. 더욱이 의지가 강한 인간은 독자적인 사상과 독자적인 판단능력을 지닌 인간이기도 하고, 쇼펜하우어의 염세주의를 넘어서서, 이 세상을 넓고 풍요롭고 아름답게 바라볼 줄 아는 낙천주의자적인 세계관을 갖고 있는 인간이기도 하다. 예언자적 지성과 총명한 두뇌를 갖고 있는 인간, 재빠르고 민첩한 동물적인 감각을 갖고 있는 인간, 황소와도 같이 우직하고 성실한 근면함을 지니고 있는 인간, 절대절명의 위기 속에서도 백절불굴의 용기와 독자적인 사상과 독자적인 판단 능력을 지니고 있는 인간—, 이 세상을 넓고 풍요롭고 아름답게 바라볼 줄 아는 낙천주의자는 천 개의 눈과 천 개의 팔과 다리를 지니고 있는 인간이며, 곧 바로 그는 비극의 주인공이라고 할 수가 있는 것이다.

의지는 힘에의 의지이고 자유에의 의지이지, 언제나 타인의 말과 타인의 사유 앞에서 노예적인 복종 태도를 지니고 있는 종속에의 의지가 아니다. 또한 의지는 말과 행동, 혹은 앎과 행동을 일치시키고 모든 특권과 특전을 향유하고 싶어하는 삶에의 의지이지, 하나 하나 모든 의지를 좌절시키고 사멸로 인도하기 위한 죽음에 의 의지가 아니다. 의지가 강한 인간은 타인의 영향을 받고 타락하거나 무의도식하는 일도 없고, 부단히 자기 이웃과 이 세계를 부정하거나 황금만능주의에 사로잡혀서 타인의 부를 훔치거나 약탈하는 일도 없다. 그는 모든 장애를 스스로 극복하고 돌파해 나가고 있는 인간이기도 하고, 저 풍요로운 남국인들처럼, 언제, 어느 때나 행복하게 살아가고 있는 인간이기도 하다. 모세나 테세우스도 개인의 불행이나 고통 따위에는 관심이 없었고, 외디프스나 프로메테우스도 개인의 불행이나 고통 따위에는 관심이 없었다. 그는 종의 보존과 증진, 그리고 인간 문화의 성숙과 발전에만 관심이 있고, 따라서 그의 궁극적인 꿈은 不死의 신이 되는 것이라고 하지 않을수가 없다. 不死의 신은 모든 인간들의 원형적인 꿈이며, 진리 자체이고, 모든 신화와 종교의 전거가 되어주고 있다고 하지 않을 수가 없다. 왜냐하면 사회가 개인보다 더 크고 그 넓은 옷자락에 우리 인간들을 품어줄 수도 있지만, 사회 자체를 구원하고 근본적으로 떠바치고 있는 인간이 不死의 신과도 같은 위대한 인간이기 때문이다. 의지가 강한 인간은 그 시대의 핵심이고 본질이며, E. H 카아가 '불기피성의 외관'이라고 역설한 바가 있듯이, 위대한 비극의 주인공이라고도 할 수가 있는 것이다.

너무나도 자명한 일이지만, 이 세계는 근본적으로 행복 없이 사는 것은 가능하지가 않다. 따라서 행복 없이 사는 것이 가능하지 않기 때문에, 우리 인간들은 사색과 철학을 하고, 종교와 법과 제도를 만들고 있는 것인지도 모른다. 또한 시와 예술을 통하여 자유로운 사회와 인간들을 찬양하고, 모든 역사와 전통을 부인하고 있는 것인지도 모른다. 행복이 행복인 것은 우리 인간들이 그것을 아주 조금 밖에 갖고 있지 못하기 때문이며, 행복이라는 말 자체가 하나의 허상이나 신기루처럼, 손에 잡힐 듯 하다가 이윽고 사라져 가고 있기 때문일는지도 모른다. 비록, 어렵고 힘들고 위험한 일이기는 하지만, 그러나 누군가가 꼭 해야만 하는 일 때문에 위대한 문화적 영웅이 탄생하게 되고, 이 세상을 더욱더 넓고 풍요롭고 아름답게 바라보아야만 하는 일 때문에, 수많은 시인과 예술가들이 탄생하게 된다. 만일, 결핍이 행복의 조건이고, 행복이 결핍을 미화시킨 어떤 것이라면, 이제, 우리 인간들은 수많은 실패와 좌절과 절망 속에서도 그것을 향유할 수 있는 힘과 여유가 생기게 된다. 성공과 실패, 승리와 패배, 희망과 절망, 행복과 불행, 기쁨과 슬픔, 선과 악, 아름다움과 추함, 진실과 거짓, 진리와 허위 등의 이분법적인 도식을 떠나서 일희일비하지 않아도되고, 에피쿠로스 학파의 은자적인 즐거움이나 스토아 학파의 퇴폐주의를 다같이 수용하면서도, 그것을 넘어서서 또한 일희일비하지 않아도 된다. 고귀하고 굳센 황금의 의지로 무장되어 있는 인간은 자아의 발전사가 세계의 형성사와 보조를 같이하는 인간을 말하기도 하고, 끝끝내 無에서 有를 창출해낼 수 있는 인간을 말하기도 한다. 고귀하고 굳센 황금의 의지로 무장되어 있는 인간은 모든 신화와 종교의 장본인이며, 가장 찬란하고 화려한 인식의 제전의 제사장이기도 하다. 내가 힘에의 의지를 낙천주의자의 무대 배경으로 깔면서, '앎에의 의지'와 '무지에의 의지', '진실에의 의지'와 '거짓에의 의지'를 매우 야심만만하고 도전적인 사상의 차원에서 천착해 보고자 했던 까닭이 바로 여기에 있다. 우리 인간들은 행복이 없어도 행복하게 살아가는 인간들이기도 하고, 스스로 고귀하고 굳센 황금의 의지를 갈고 닦으면서 不死의 신이 되어가고 있다고 해도 틀림이 없다.

아리스토텔레스는 비극의 주인공을 "덕과 정의에 있어서 월등하지 않으나 어떤 과실 때문에 불행에 빠진 인물"이라고 말하고(1: 67)*, 쇼펜하우어는 비극의 주인공을 우리 인간들을 "체념으로 인도하여 생존의 의지를 포기"하게 하는 인물이라고 말한다(2: 309). 그러나 비극의 주인공은 아리스토텔레스가 말하고 있는 것처럼, 어떤 과실 때문에 불행에 빠진 인물도 아니고, 매우 우연적이고 수동적인 인물도 아니다. 또한 비극의 주인공은 쇼펜하우어가 말하고 있는 것처럼, 지금까지 애써 추구해온 목적을 단념할 수 있는 인물도 아니고, 우리 인간들의 삶에의 의지를 포기하고 있는 인물도 아니다. 비극의 주인공이란 인간이라는 종의 건강과 인간의 자기 한계 극복을 위해 최선의 노력을 경주하는 자를 말하고, 또한 비극의 주인공이란 그가 추구하고 있는 세계가 유토피아적인 지상낙원이든지, 내세의 천국이든지 간에 공동체 사회의 행복을 위해서 그 주체자의 생명까지도 자진해서 헌납할 수 있는 인물을 말한다. 머나 먼 이역 땅에서 노예생활을 하고 있던 이스라엘 백성들을 발견하고 그들을 인도했던 모세를 생각해 보고, 오랜 세월 동안 미노스왕의 압제 밑에서 신음하고 있던 아테네인들을 구원했던 테세우스를 생각해 보라! 또한 스핑크스의 수수께끼를 풀고 테베 사회를 구원했던 외디프스를 생각해 보고, 온갖 무질서와 혼란 속에서 신음하고 있던 원시 인류를 발견하고 그들을 구원

* (1: 67)은 1의 책 67면을 말한다.

했던 프로메테우스를 생각해 보라! 이러한 신화적 영웅들, 즉 위대한 비극의 주인공들은 역사적 문맥 내에서는 하나의 가공적인 인물들이며 증명할 수 없는 존재들이기는 하지만, 신화적인 문맥 내에서는 인간이라는 종의 건강과 인간의 자기 한계 극복, 그리고 공동체 사회를 구원해 냈던 신과도 같은 인물들이라고 해도 지나친 말이 아니다. 비극의 주인공들은 어렵고 힘들고 위험한 일이기는 하지만, 그러나 누군가가 꼭 해야만 하는 일에 투신할 수 있는 인간들이기도 하고, 고귀하고 굳센 황금의 의지로서 앎과 행동을 일치시킬 수 있는 인간들이기도 하다. 비극의 주인공은 연민과 공포의 대상을 뛰어넘어 선 인간들이기도 하고, 또한 비극의 주인공은 이 세상의 삶을 찬양하고 긍정하고 있는 인간들이기도 하다.

> 비극의 예술가는 자신의 무엇을 전달하고 있는 것일까? 그는 무섭고 의심스러운 것에 대면해서 두려움 없는 상태를 나타내 보여주고 있는 것이 아닐까? 이 상태 자체가 하나의 고귀한 소망의 대상이 아닐 수 없다. 그것을 아는 자는 그것에 최고의 경의를 표한다. 그는 그것을 전달한다. 그리고 그가 예술가라면, 전달의 천재라면, 그것을 전달해야만 한다. 강력한 적을, 험난한 고난을, 혐오를 불러 일으키는 문제를 대면했을 때의 용감성과 침착성—이 승리 상태야 말로 비극 예술가가 선택하고 찬미하는 바의 것이다. 비극을 직면했을 때 우리들의 영혼 속의 싸움을 좋아하는 면은 그 사투르누스祭를 거행한다. 고통에 익숙한 자, 고통을 찾아다니는 자, 영웅적인 인간은 누구나 비극으로써 자신의 존재를 찬양한다. 이러한 인간에 대해서만 비극 시인은 가장 달콤한 잔혹의 술을 따르는 것이다(3: 86).

비극의 주인공이란 고귀하고 위대한 인물을 뜻하고, 모든 선악의 의미를 넘어서서, 그것의 가치를 재창조해낼 수 있는 우수한 인물을 뜻한다. 따라서 비극의 주인공이란 언제, 어디서나 "강력한 적을, 험난한 고난을, 혐오를 불러 일으키는 문제"와도 마주할 수 있는 인간을 뜻하고, "고통에 익숙한 자, 고통을 찾아다니는 자"로서의 무서운 견인주의를 실천할 수 있는 인간을 뜻한다. 그는 '이 세상에 태어나는 것이 최선의 기쁨이며, 영생불사의 신이 되어간다는 것은 우리 인간들의 궁극적인 목표'라고 말하지, '이 세상에 태어나지 않는 것이 최선이며, 이윽고 죽어버리는 것이 次善'이라고 말하지는 않는다.

비극의 주인공이란 기사도적인 모험 정신과 성자의 영웅주의에 충만한 인물이고, 언제, 어디서나 「巨大한 뿌리」를 내릴 수 있는 낙천적인 인물이라고도 할 수가 있는 것이다.

나는 아직도 앉는 법을 모른다
어쩌다 셋이서 술을 마신다 둘은 한 발을 무릎 위에 얹고
도사리지 않는다 나는 어느새 南쪽식으로
도사리고 앉았다 그럴 때는 이 둘은 반드시
以北친구들이기 때문에 나는 나의 앉음새를 고친다
八. 一五 후에 김병욱이란 詩人은 두 발을 뒤로 꼬고
언제나 일본여자처럼 앉아서 변론을 일삼았지만
그는 일본대학에 다니면서 四年동안을 제철회사에서

노동을 한 强者다

나는 이사벨 버드 비숍 女史와 연애하고 있다 그녀는
一八九三년 조선을 처음 방문한 英國王立地學協會會員이다
그녀는 인경전의 종소리가 울리면 장안의
남자들이 모조리 사라지고 갑자기 부녀자의 世界로
화하는 劇的인 서울을 보았다 이 아름다운 시간에는

남자로서 거리를 無斷通行할 수 있는 것은 교군꾼,
내시, 外國人의 종놈, 官吏들 뿐이었다 그리고
深夜에는 여자는 사라지고 남자가 다시 오입을 하러
闊步하고 나선다고 이런 奇異한 慣習을 가진 나라를
세계 다른 곳에서는 본 일이 없다고
天下를 호령한 閔妃는 한 번도 장안 外出을 하지 못했다고……

傳統은 아무리 더러운 傳統이라도 좋다 나는 光化門
네거리에서 시구문의 진창을 연상하고 寅煥네
처갓집 옆의 지금은 埋立한 개울에서 아낙네들이
양잿물 솥에 불을 지피며 빨래하던 시절을 생각하고
이 우울한 시대를 패러다이스처럼 생각한다
버드 비숍女史를 안 뒤부터는 썩어 빠진 대한민국이
괴롭지 않다 오히려 황송하다 歷史는 아무리
더러운 歷史라도 좋다
진창은 아무리 더러운 진창이라도 좋다
나에게 놋주발보다도 더 쨍쨍 울리는 追憶이
있는 한 人間은 영원하고 사랑도 그렇다
비숍女史와 연애를 하고 있는 동안에는 進步主義者와
社會主義者는 네에미 씹이다 統一도 中立도 개좆이다
隱密도 深奧도 學究도 體面도 因習도 治安國
으로 가라 東洋拓植會社, 日本領事館, 大韓民國官吏
아이스크림은 미국 놈 좆대강이나 빨아라 그러나
요강, 망건, 장죽, 種苗商, 장전, 구리개 약방, 신전,
피혁점, 곰보, 애꾸, 애 못 낳는 여자, 無識쟁이,
이 모든 무수한 反動이 좋다

이 땅에 발을 붙이기 위해서는
—第三人道敎의 물 속에 박은 鐵筋기둥도 내가 내 땅에
박는 거대한 뿌리에 비하면 좀벌레의 솜털
내가 내 땅에 박는 거대한 뿌리에 비하면

怪奇映畫의 맘모스를 연상시키는
까치도 까마귀도 영접을 못하는 시커먼 가지를 가진
나도 감히 想像을 못하는 거대한 거대한 뿌리에 비하면
— 김수영, 「巨大한 뿌리」 전문

김수영이 살다간 시대는 '동양척식회사', '일본영사관', '영국왕립지학협회', '미국 놈의 좆대강' 등과도 같은 난세의 시대였으며, 1930년대의 김기림이나 이상의 시에서처럼, '새것 콤플렉스'가 무성하게 자라나지 않을 수가 없었던 것이다. 하지만 김수영은 한국의 역사와 전통을 부정하기 이전에, 자기 자신의 몰주체성을 비판하고 있는데, 왜냐하면 그것만이 자기 자신의 존재론적 기반을 확보해 나가는 일이기 때문이다. 또한 김수영은 일본의 제국주의와 미국의 제국주의를 부정하기 이전에, 한국의 역사와 전통을 긍정하고 있는데, 왜냐하면 그것만이 새로운 한국의 역사와 전통을 창출해 내는 일이기 때문이다. "나는 아직도 앉는 법을 모른다"는 시구가 그것이고, "역사는 아무리 더러운 역사라도 좋다"라는 시구가 그것이다. 김수영은 "이 우울한 시대를 패러다이스처럼 생각하면서"도 "썩어빠진 대한민국"이나 "기이한 관습을 가진 나라"의 현실을 까발리고 있는 것을 조금도 두려워하지 않고 있고, 그는 또한, 식민주의자들의 하수인에 불과한 "이사벨 버드 비숍 여사와 연애하고 있다"는 반윤리적인 사실을 조금도 부끄러워하지 않고 있다. 그러나 "역사는 아무리 더러운 역사라도 좋다"라는 말은 무조건적인 말도 아니고, 모든 선악이나 적과 동지, 또는 강대국과 약소국 간의 대립을 무화시키고 있는 말도 아니다. 그 말은 역사와 전통을 중요시 하는 말이기도 하고, 우리 인간들의 삶이 역사를 위해서 봉사해야 된다는 사회주의자나 진보주의자들의 역사관을 다같이 비판하고 있는 말이기도 한 것이다. 왜냐하면 사회주의자이나 진보주의자들의 역사관은 소위 개인과 민족과 문화의 건강을 좀 먹게 하지만, 기념비적인 역사관은 개인과 민족과 문화의 건강에 이바지하게 되기 때문이다. 요컨대 '기념비적인 역사'란 '역사가 삶에 봉사해야지, 삶이 역사에 봉사할 수가 없다'는 것을 뜻한다고도 할 수가 있다. 김수영은 "썩어빠진 대한민국"이나 "기이한 관습을 가진 나라"의 현실을 끌어안으면서도 그것을 넘어서려고 하고 있는 것 같고, 다른 한편, 식민주의자들의 하수인에 불과한 "이사벨 버드 비숍여사"를 받아들이면서도, 그녀가 함축하고 있는 식민주의를 넘어서려고 하고 있는 것처럼도 보인다. 새로운 역사와 전통을 창조하려는 자는 이제까지의 역사와 전통을 파괴하지 않을 수가 없고, 또한 고귀하고 굳센 황금의 의지로서 무장되어 있는 비극의 주인공이 "강력한 적을, 험난한 고난"을 회피해야 될 이유가 없다. 고귀하고 굳센 황금의 의지로서 무장되어 있는 인간은 한 문명의 탄생과 역사적 전개 과정을 이해하고 자아의 발전사가 세계의 형성사와 보조를 같이 하는 인간을 말하고, 끝끝내는 無에서 有를 창출해낼 수 있는 인간을 말하기도 한다.

김수영이 기사도적인 모험 정신과 성자의 영웅주의를 통해서 '기념비적인 역사관'을 확립하고,

이 땅에 발을 붙이기 위해서는
—第三人道教의 물 속에 박은 鐵筋기둥도 내가 내 땅에
박는 거대한 뿌리에 비하면 좀벌레의 솜털
내가 내 땅에 박는 거대한 뿌리에 비하면

怪奇映畫의 맘모스를 연상시키는
까치도 까마귀도 영접을 못하는 시커먼 가지를 가진
나도 감히 想像을 못하는 거대한 거대한 뿌리에 비하면

이라는 시구에서처럼, 이 땅에 「巨大한 뿌리」를 뻗어 내려가고 있다면, 박찬일은 '갈릴레오'라는 역사적 인물을 통하여 '모든 가치들의 전환'을, 매우 섬세하고 정교하게, 또한 그만큼의 집중의 힘을 갖고 추구하고 있다고도 할 수가 있다.

비 오는 날 안경을 닦는다.
불빛이 더욱 낮게 흔들리고
어두워진 골목에서
무심히 뜬 사물을 본다.
다시 젖는 잎사귀들.
살아 움직이는 이끼처럼
안경을 닦는다.

닦다가
망원경을 사서 로마의 추기경에게
권해 본다.
비 오는 날
지구가 태양 주위를 돌아요.
— 박찬일, 「갈릴레오 2」 전문

「갈릴레오 2」는 더없이 단순하고 평범해 보이는 시의 형식과 언어의 행간 속에, 그러나 더없이 단순하다거나 평범하다는 말로 설명할 수가 없는 시인의 인문주의적인 교양과 자연과학적인 지식을 담고 있다고 하지 않을 수가 없다. 종교재판소를 걸어나오면서까지도 지동설을 주장했던 갈릴레오처럼, "비 오는 날 안경을 닦는다"는 것도 시인의 진실에의 의지가 담긴 말이고, "살아 움직이는 이끼"로써 또다시 "안경을 닦는다"는 것도 시인의 진실에의 의지가 담긴 말이다. 「갈릴레오 2」에서 시인이 거듭해서 강조하고 있는 "닦는다"는 행위는 자발적인 정지작업의 일환이지, 어떠한 도덕이나 풍습의 윤리 속에 종속되어 있는 행위가 아니다. 또한, 비 오는 날과어두운 골목을 강조하고 있는 것도 모든 것이 불리한 환경이나 조건 속에서도 그것을 극복해 보겠다는 의지의 표현이지, 종교재판소의 명령에 따라 그것만을 아주 굴욕적으로 수용하겠다는 거짓에의 의지의 표현이 아니다. 따라서, 시인은 '임금님의 귀는 당나귀의 귀'라고 외칠 수밖에 없었던 어느 신화 속의 인물처럼, 불결의 실제적인 닦아냄이란 도전적인 행위를 드러내 보이고, 로마의 추기경에게 "망원경을 사서" "권해" 보는 무모하리만큼 미친 짓을 자행하게 된다.

하지만 그 순간, 추기경(사제)과 갈릴레오(신도) 사이의 관계는 진실을 알고 있는 자(천체 물리학자)와 그렇지 못한 자(비전문가)로, 소위 역전된 주종의 관계로 변모하게 된다. 비록, 눈이 나빠서 안경을 쓰기는 했지만, 날이 흐리고 비가 오늘 날에도 "지구가 태양 주위를 돌아요"라고 말할 수 있는 자는 진실에의 의지에 투철한 자를 말하고, 시인이 전해 준 망원경을 쓰고서도 지동설을 인식하지 못하고 있는 자는 거짓에의 의지에 투철한 자를 말한다. 로마의 추기경은 무엇이 진리인 줄도 모르고 진리(천동설)를 말하지만, 시인은 그것의 베일을 벗겨내고 이제까지의 '모든 가치들의 전환'을 기도하게 된다. 코페르니쿠스나 갈릴레오의 '지동설'은 '천동설'에 대한 하나의 혁명이며, 인류의 역사상, 가장 비극적이면서도 세계적인 대사건으로 기록되어 있다고 하지 않을 수가 없다. 매우 역설적이기는 하지만, 위대한 비극의 주인공은 최초의 진리의 발견자가 되어야만 하고, 그 진리를 위하여 가장 처절하고 비참하게 죽어가지 않으면 안 된다. 또한 위대한 비극의 주인공은 수많은 박해와 험담과 비방에도 불구하고 최초의 진리의 발견자로서, 혹은 不死의 신으로서 되살아 나오지 않으면 안 된다. 이것이 최초의 진리의 발견자가 치루어 내야 할 입문의례이고, 예수의 부활과도 같은 신들의 기원에 해당되는 역사라고 할 수가 있는 것이다. 네메아의 사자를 물리치고 그 사자를 등에 걸머지고 오는 헤라클레스, 거대한 강물 줄기를 끌어들여 아우게우스 왕의 외양간을 청소하는 헤라클레스, 스팀팔로스 사람들을 무한히 괴롭혀 오던 새들을 쫓아내거나 아마존의 여왕의 허리띠를 가져오는 헤라클레스, 지하의 세계인 하데스로 내려가서 망각의 의자에 앉아 있던 테세우스를 구출해 나오는 헤라클레스, 머리가 아홉 개나 달린 괴물을 처치하고 카우카소스의 바윗산에 묶여 있는 프로메테우스를 풀어주고 있는 헤라클레스, 끝끝내는 죽음의 신과의 결투마저도 사양하지 않고 친구의 아내를 되살려 내어 돌아오고 있는 헤라클레스—. 그리스 신화 속에서 헤라클레스는 매우 희극적인 일면도 있지만, 천 개의 눈과 천 개의 팔과 다리를 지니고 있는 不死의 신과도 같은 인물이라고 하지 않을 수가 없다. 김수영과 박찬일은 다같이 기사도적인 모험 정신과 성자의 영웅주의—김수영의 '기념비적인 역사관'과 박찬일의 '모든 가치들의 전환'이 바로 그것이다—를 통해서 비극의 주인공이 되어가고 있는 인물들이며,

재판장 소신은 그때 폐하의 부왕을 대신했던 것이니까, 소신에게는 국왕의 대권이 마련돼 있었던 것입니다. 그래서 국가를 위해 국왕을 대신하여 정사곡직을 가리고 있을 때에, 전하는 정의와 법률을 집행하는 소신의 신분과 국왕의 대리라는 소신의 직책을 무시하고, 하필이면 법정에서 소신을 구

타하였으므로, 직무상 부득이 국왕에 대한 불경죄로 문책하지 않을 수 없었던 것입니다. 만약 그것을 불법으로 생각하신다면, 왕관을 쓰고 계시는 오늘날, 가령 왕자가 계신다고 치고 그 왕자가 폐하의 명령을 무시한다면 폐하는 어떻게 하시겠습니까? 이 왕자가 법정에서, 폐하의 법관을 모욕한다면, 어떻게 하시겠습니까? 그리고 국법의 집행을 방해하고 폐하의 안면과 안태를 지키는 정의의 칼을 무디게 한다면 어떻게 하시겠습니까? 그리고 폐하의 대리를 발길질하고, 폐하의 분신을 모욕한다면 어떻게 하시겠습니까? 그런 경우를 폐하의 마음에 물어 보십시오. 가령 폐하의 왕자가 폐하의 존엄성을 모독하고 국법을 무시하고 그리고 폐하 자신을 모욕했다고 치고, 그리고 소신이 폐하의 대리로서 직권에 의해 왕자를 처벌했다고 상상해 주십시오. 그리고 냉담한 판단 아래 소신에게 선고를 내리십시오. 국왕의 대리자의 직책상 소신이 행한 일 중에 잘못이 있었다면, 국왕으로서 폐하께서 지적해 주십시오.

신왕 재판장, 과연 그렇소. 옳은 말씀이오. 그러니 저울과 검(재판관직)을 계속 맡아 주시오. 그리고 경의 명예는 더욱 높아만 가서 마침내 나의 아들이 나처럼 경을 모독하다가 경의 선고에 복종하는 것을 보게 될 때까지 살아 주기를 바라오. 나 또한 그때까지 살아서 부왕과 같은 말을 할 수 있게 되고 싶소. '나의 적자에 대해서 조차 정의를 집행하기를 두려워 하지 않는 강직한 재판관을 가진 나는 행복하다. 그리고 내 앞에서는 태자의 권리를 포기하기를 주저하지 않는 아들을 가진 것 또한 역시 행복하다'라고…… 경은 나를 감옥으로 보낸 바 있었는데, 그대로 나는 오점없는 검을 지금 다시 경의 손에 맡기겠소. 그럼, 이 검을 경이 전에 나가게 했던 것처럼 대담 공정하게, 그리고 엄정하게 사용해줄 것을 부탁하겠소…… 자, 악수를 합시다. 이 젊은 나의 아버지의 역이 되어 주십시오. 나의 모든 명령은 경의 권고 아래 내려질 것이며, 나의 모든 거취는 경의 현명하고 노련한 지시에 따르겠소. 그리고 동생들, 동생들은 나를 믿어주기 바라오…… 부왕의 무덤에는 나의 종래의 난폭한 기질이 합장되어 있어서, 지금쯤 부왕은 무덤 속에서 골치를 앓고 계시겠지만, 부왕의 근엄한 기질은 내게 살아 남아 있는 것이니, 나를 외관만으로 비판하여 나의 장래에 대해 자자하게 악평을 하고 있는 사람들을 놀라게 해 줄 생각이오. 나의 피는 지금까지는 허영심으로 해서 엉뚱한 방향으로 늘어가고 있었던 것이나, 그것이 썰물이 되는 장래에는 완전히 방향을 바꾸어서 국가 운명의 물결과 진퇴를 같이 하며 한결같이 당당히 흘러가게 될 것이오.

— 셰익스피어, 「헨리 4세」, 『셰익스피어 전집 4』, 휘문출판사, 1971년

라는 셰익스피어의 말처럼, 그만큼 진취적이고 용기 있고 낙천적인 인물들이 되어가고 있다고 하지 않을 수가 없다. 다시 말해서, 대영제국의 왕세자에게까지도 정의의 칼날을 들이댄 그들(재판관)이 어떻게 비극의 주인공이 아닐 수가 있겠으며, 지난날의 자기 자신의 과오를 반성하고 그 재판장에게 또다시 국왕의 대권을 맡기는 그들(신왕, 즉 '헨리 5세')이 또한 어떻게 비극의 주인공이 아닐 수가 있겠는가! 홍해 바다는 갈라지고 구름이 길을 인도하고 바위는 샘물을 내뿜고 하늘에서는 만나가 쏟아져 내린다. 비록, 최초의 진리의 발견자로서 위대한 비극의 주인공은 신들의 질투를 받게 될는지도 모르지만, 이러한 '비극의 진실'이 최고급의 격세유전으로서 사라지지 않고 있는 한, 이 세상은 즐겁고 기쁘고, 아름답고 풍요로울 수밖에 없는 것이다.

고대 귀족 사회의 특징은 고귀하고 위대한 인물들이 지배하고 있는 가운데, 현대 민주주의 사회의 절대 평등주의를 결코 허용하지 않고 있었던 것처럼 보인다. 동등하지 않은 자에게 동등한 대우는 불평을 초래한다는 플라톤의 말처럼, 평등이란 본질적으로 쇠퇴에 속하는 현상이기 때문이고, 그들은 무엇보다도 계층과 계층 간의 차이와 유형의 다양성, 그리고 자기 자신이고자 하는 유별난 의지와 모든 간격의 파토스를 사랑하고 있었기 때문이었는지도 모른다. 고귀하고 위대한 인물들, 즉, 비극의 주인공들은 기사도적인 모험 정신과 성자의

영웅주의로 충만되어 있는 인물들이기도 하고, 어렵고 위험하고 힘든 일들을 더욱더 사랑하는 인물들이기도 하다. 또한 그들은 사회주의나 자유 민주주의가 다같이 타락한 정치 제도라는 것을 역설하고 있는 인물들이기도 하고, 인간이라는 종의 보존과 증진, 그리고 인간 문화의 성숙과 발전을 위해서 자기 자신을 희생시켜 나가고 있는 위대한 인물들이기도 하다.

"하지만 현대 민주사회의 특징은 강한 시대의 특징도 될 수가 없고, 고결한 문화의 특징도 될 수가 없다. 왜냐하면 민주주의 사회에서 모든 인간들은 대중으로서만 떳떳할 뿐이며, 사적 개인으로서는 거짓말을 하고 자기 자신마저도 속이고 있기 때문이다. 그들은 언제, 어느 때나 익명인이며, 그 익명인이라는 달팽이의 껍질 속에 자기 자신을 숨기고 다닌다. 그 익명인들—대중들은 불쾌하고 위험한 일을 싫어하며, 자기 자신보다는 타인들에게 책임전가하기를 더 좋아한다. 대부분의 대중들은 양심의 가책에 시달리는 사제나 죄인이 되기보다는 비분강개파로서 사회주의, 혹은 자유 민주주의의 운동원이 되기를 더 좋아한다. 죄, 양심의 가책 등에 시달리면서 이 세상의 삶에 대한 저주를 퍼붓고 있는 것이 기독교인들이라면, 창조하고 선택할 모든 권리를 포기하고 메마르고 건조한 구호 속에서 우리 인간들의 삶의 다양성과 고급문화의 세련된 싹을 잘라내고 있는 것이 바로 사회주의와 자유 민주주의를 옹호하고 있는 대중들이라고 해도 과언"이 아니다(4).

현대 사회는 타락한 정치 제도에 의해서 지배되고 있는 사회이며, 고귀하고 위대한 인물들보다는 평균 이하의 희극의 주인공들에 의해서 지배되고 있는 사회라고 해도 틀림이 없다.

내 만난 꽃 중 가장 작은 꽃
냉이꽃과 벼룩이자리꽃이 이웃에 피어

서로 자기가 작다고 속삭인다.
자세히 보면 얼굴들 생글생글
이빠진 꽃잎 하나 없이
하나같이 예쁘다

동료들 자리 비운 주말 오후
직장 뒷산에 앉아 잠깐 조는 참
누군가 물었다. 너는 무슨 꽃?
잠결에 대답했다. 꿈꽃
작디작아 외롭지 않을 때는 채 뵈지 않는
(내 이는 몰래 빠집니다)
바로 그대 발치에 핀 꿈꽃
— 황동규, 「꿈꽃」 전문

"현대 민주사회의 대중들은 고독을 싫어하고, 미래를 기획하고 건설할 수 있는 고통의 지옥훈련과정을 싫어한다. 또한 그들은 지배자를 원하지도 않고, 명령자를 원하지도 않는다. 자유와 평등이라는 유일무이한 척도로써 소수의 예외적인 개인들의 선을 베어버리고, 우매한 대중들을 위로할 수 있는 그 모든 것을 찬양하게 된다. 그들에게는 권력도 나쁜 것이고, 명예도 나쁜 것이고, 풍요로운 부도 나쁜 것이다. 그들이 찬양할 수 있는 것은 고통을 덜어주거나 위로해줄 수 있는 것, '자비롭고 친절한 손길, 온정, 겸손함, 평준화의 마력, 온갖 기독교의 종파와 민주주의 제도' 등 뿐이라고 할 수가 있다. 이러한 자유와 평등 속에서 생명부정에의 의지가 자라나고, 연민의 종교, 혹은 현대 민주주의 사회의 노예의 도덕이 자라나고 있다고 하지 않을" 수가 없다(4).

비극은 평균 이상의 고귀하고 위대한 인물들을 모방하고, 희극은 평균 이하의 어중이 떠중이들을 모방한다. 비극이 고귀하고 위대한 인물들을 그 주인공으로 내세우고 있다면, 희극은 비천하고 더러운 인물들—그래서 우스꽝스럽고 지지리도 못난 기인이나 미치광이, 혹은 바보나 얼간이들—을 그 주인공으로 내세우게 된다. 비극의 세계는 자아의 발전사가 세계의 형성사가 되고, 문명과 문화가 무한히 발전하게 되는 세계이지만, 희극의 세계는 모든 가능성이 종말을 고하고, 역사의 종말과 함께, 우상의 황혼을 맞이하게 되는 세계라고 할 수가 있다. 자유와 평등과 생명 부정에의 의지가 자라나고, 동정과 연민의 종교만이 자라나고 있는 사회에서는 황동규의 「꿈꽃」과도 같은 자기 축소지향과 소시민 의식이 자라나게 된다. 대한민국 사회의 제일급의 시인이자 제일급의 영문학자—그래서 국립 서울대학교의 영문학과 교수—인 황동규 시인이 노래하고 있는 것 역시도, 기껏해야 "작디작아 외롭지 않을 때는 채 뵈지 않는" "꿈꽃"일 뿐이고, 그는 그 "꿈꽃"을 위해서 위대한 비극의 주인공이 되기보다는, 동정과 연민의 종교의 사제가 되어가고 있는 것을 더욱더 선호하고 있는 것인지도 모른다. 도대체가 대한민국 사회의 제일급의 시인이자 제일급의 영문학자인 황동규에게 있어서 "냉이꽃과 벼룩이자리꽃이 이웃에 피어/ 서로 자기가 작다고 속삭인다"라는 것이 무슨 의미가 있겠으며, 또한, "작디작아 외롭지 않을 때는 채 뵈지 않는" "꿈꽃"이 무슨 의미가 있을 수가 있겠는가? 제3장, 「無知에의 의지」에서, 이미 밝힌 바가 있듯이, 자기 축소지향과 소시민 의식은 그만큼 자기 파멸적이고 의지박약하고 염세적인 현상이며, 노예의 도덕만이 자라나고 있는 현대 민주주의 사회의 생명 부정에의 의지라고 하지 않을 수가 없는 것이다.

공정한 부의 분배와 절대 평등만을 사랑하고 모든 권력과 명예와 부를 거절하는 인간들, 자유 민주주의와 기독교만을 사랑하면서 모든 고통의 지옥훈련과정들을 거절하는 인간들, 자비롭고 친절한 손길, 온정, 겸손함, 동정과 연민 등만을 사랑하면서 힘에 의지하고 있는 모든 것들—예컨대, 예언자적 지성과 총명한 두뇌, 재빠르고 민첩한 동물적 감각, 황소와도 같이 우직하고 성실한 근면함, 어떠한 불안이나 공포마저도 잠재울 수 있는 용기, 독자적인 사상과 독자적인 판단 능력 등—을 거절하는 인간들, 바로 이러한 인간들이 현대 민주주의 사회의 어중이 떠중이들이라고 할 수가 있다. 그러나 황동규의 자기 축소지향과 소시민 의식이라는 보호색은 기사도적인 모험 정신과 성자의 영웅주의를 은폐한 채, 현대 민주주의 사회의 어중이 떠중이들의 대규모적인 불만이나 원성을 잠재우고 있는 자장가에 지나지 않고 있는 것일는지도 모른다. 왜냐하면 황동규는 이 땅의 지배 계급의 인사이기 때문이고, 그의 자기보호색은 현대 사회의 시대적 조류 앞에서 어쩔 수 없이 쓰게 된 가짜의 탈에 불과하기 때문이다. 황동규는 지배계급의 인사로서 '국민의 첫째가는 공복들과도 같은 선량'일 뿐이고, 따라서 그의 자기 보호색의 외피 속에는 어느 것 하나 모자라거나 넘치는 것이 있을 수가 없다. 황동규의 앎에의 의지는 무지에의 의지가 되고, 그의 무지에의 의지는 진실에의 의지가 된다. 그의 진실에의 의지는 거짓에의 의지가 되고, 그의 거짓에의 의지는 앎에의 의지가 된다. 이 모든 것들은 서로 서로 대립하면서도 하나의 사슬에 묶여 있고, 그 사슬은 해와 달과 별과 지구의 운행과도 같이, 언제, 어디서나 자전과 공전을 거듭하고 있는 것인지도 모른다. 아무튼 황동규의 「꿈꽃」을 피상적으로 읽거나 현대 민주주의 사회의 어중이 떠중이들의 시선으로 읽게 되면, 그대들은 이성과 역사적인 감각을 잃게 되고, 몹시도 기만적인 속임을 당하게 될는지도 모른다. 어떻게 절대 권력자나 고귀하고 위대한 인물들이 등한시 되고, '국민들의 첫째가는 공복들과도 같은 선량들'만이 득세를 할 수가 있겠으며, 또한 어떻게 모든 것을 다 가지고 있는 지배 계급의 인사가 자유 민주주의와 절대 평등주의의 사제가 될 수가 있겠는가?

황동규의 「꿈꽃」은 현대 민주주의 사회와 절대 평등주의라는 시대적 조류 앞에서 표면적으로만 그것에 영합하고 있는 시이며, 인간이라는 종의 건강과 함께, 고급문화의 세련된 싹을 약화시키고 있는 속물 교양주의자의 시에 지나지 않는 것처럼 보인다. "동료들 자리 비운 주말 오후/ 직장 뒷산에 앉아 잠깐 조는 참/ 누군가 물었다/ 너는 무슨 꽃"이라는 시구나 "내가 만난 꽃 중 가장 작은 꽃/ 냉이꽃과 벼룩이자리꽃이 이웃에 피어/ 서로 자기가 작다고 속삭인다/ 자세히 보면 얼굴들 생글생글/ 이빠진 꽃잎 하나 없이/ 하나같이 예쁘다"라는 시구에서처럼, 한국 사회는 위대한 제국의 건설과 가장 찬란하고 화려한 문명과 문화를 촉진시키기보다는 자기축소지향과 소시민 의식을 더욱더 선호하고 있는 것처럼도 보인다. 자기 파멸적이고 의지박약하고 염세적이고, 공격기관과 방어기관이 무한히 쇠퇴하고 있는 인간들, 홍해 바다는 갈라지고 구름이 길을 인도하고 바위는 샘물을 내뿜고 하늘에서는 만나가 쏟아져 내리는 '비극의 진실'을 찾아 헤매기보다는 비천하고 더럽고 지지리도 못난 '희극의 진실'에 의지해서 온갖 각설이 타령이나 백해무익한 마당굿이나 벌이고 있는 인간들—. 과연, 이러한 어중이 떠중이들이 현대 민주주의 사회의 미풍양속의 살해범이 되어감으로써 동시대를 구원하고, 진정으로 위대한 비극의 주인공들의 계승자가 되어갈 수가 있는 것일까? 나는 이러한 의문 부호 아닌 의문 부호들을 거듭 썼다가 또 지워보기도 하면서, '비극의 주인공/ 희극의 주인공', '비극의 진실/ 희극의 진실', '위대한 영웅/ 기인, 미치광이, 바보, 얼간이', '위대한 제국/ 약소국가', '고급문화인/ 야만인', '진보주의자/ 속물 교양주의자', '重鎭/ 重塵', '元老/ 早老' 등을 대립시켜 보기도 하고, 후자의 이름으로 전자의 이름들을 무한히 지워보기도 했다. 그렇다. 우리 한국인들은 고귀한 사상과 고귀한 이념으로 무장되어 있지도 못하고, 기사도적인 모험 정신과 성자의 영웅주의로 무장되어 있지도 못하다. 자기 축소지향과 소시민 의식은 희극의 진실에 맞닿아 있고, 또한 그것은 현대 사회의 어중이 떠중이들만을 대량 생산해 내고 있는 제3세계의 문화적 풍토병에도 맞닿아 있다. 참으로 현대 민주주의 사회에서는 비극의 진실은 온 데 간 데가 없고, 희극의 진실만이 자라나고 있다고 하지 않을 수가 없다.

황동규의 선배로서 이상 시인은 한국 시문학사상 최초의 전위주의자라고 할 수가 있겠지만, 그가 부른 노래는 기껏해야,

> 안해는 정말 鳥類였든가보다 안해가 그렇게瘦瘠하고 거벼워졌는데도 나르지못한것은 그손가락에 낑기웠든 반지때문이다 午後에는 늘 粉을바를때壁한겹걸러서 나는 鳥籠을느낀다 얼마안가서 없어질때까지 그 파르스레한주둥이로 한번도 쌀알을 쪼으려들지않았다 또 가끔 미닫이를 열고 蒼空을 쳐다보면서도 고흔목소리로 지저귀려들지않았다 안해는 나을줄과죽을줄이나 알았지 地上에발자죽을 남기지않았다秘密한발은 늘보선신고 남에게 안보이다가 어느날 정말 안해는 없어졌다 그제야 처음房안에 鳥糞내음새가 풍기고 날개퍼덕이든 傷處가 도배우에 은근하다 헤뜨러진 깃부시러기를 쓸어모으면서 나는 世上에도 이상스러운것을얻었다 散彈 아아안해는 鳥類이면서 염체닺과같은쇠를 삼켰드라그리고주저않었었드라 散彈은 녹슬었고 솜털내음새도 나고 千斤무게드라아아
>
> —「紙碑 二」 전문

라는 「紙碑 二」에서처럼, 룸펜 프롤레타리아로서의 퇴폐적인, 혹은 염세주의적인 시였으며, 황동규의 후배로서 마종하 시인이 부른 노래는, 또한 기껏해야,

> 신경성 다발증으로 그녀는 연주를 할 수 없다.
> 바이올린이 온몸을 파고들어 울리기 때문이다.

홀로 열린 창, 밖에는 늙어 목쉰 고물상.
—여보, 나도 이제 고물이니 사감이 어떠하오?
농담은 날로 진담이 되어서 그녀는 과감하게
고물상에게 몸을 통째로 던지고 말았다.
건드릴 적마다 몸저린 고물상의 기쁨,
해는 그때부터 눈부시고 몸부신 빛이 되었다.
—「한 바이올린주자의 절망」 전문

라는 「한 바이올린 주자의 절망」에서처럼, 어쩔 수 없이 따라 부르게 되는 실소失笑와도 같은 시라고 할 수가 있다.

「紙碑 二」는 일제 식민지의 현실에서 이상 시인이 부른 각설이 타령이자 황동규의 시적 기원임을 뜻하기도 하고, 마종하의 「한 바이올린 주자의 절망」은 더 이상 순수 예술을 해나갈 수 없는 자의 처절한 절망을 뜻하기도 한다. 「紙碑 二」는 "안해는 정말 조류였든가 보다 안해가 그렇게 수척하고 거벼우졌는데도 나르지 못한 것은 그 손까락에 끼기웠든 반지 때문이다"라는 시구에서처럼, 풍자와 해학적인 기법을 교차시키고 있는 시이며, '무시무시한 익살'과 '난처함의 유모어'에 의해서 지배되고 있는 시라고 할 수가 있다. 무시무시한 익살이라는 점에서는 창녀와도 다름없는 아내의 매춘업에 기생해서 살아가고 있으면서도 아내의 가출을 희화화시키고 있는 것이 돋보이고, 난처함의 유모어라는 점에서는 이제는 오고 갈 데가 없는 시인의 처지를 은폐한 채, 고의적인 과장과 우스꽝스러운 몸짓, 그리고 교묘한 말놀이들—"얼마 안가서 없어질 때까지 그 파르스레한 주둥이로 한 번도 쌀알을 쪼으려 들지 않았다", "안해는 나을 줄과 죽을 줄이나 알았지 지상에 발자죽을 남기지 않았다", "비밀한 발은 늘 보선신고 남에게 안 보이다가 어느 날 정말 안해는 없어졌다", "그제야 처음 방안에 조분 내음새가 풍기고 날개 퍼덕이든 상처가 도배 우에 은근하다"라는 시구가 그것이다—을 즐기고 있는 것이 돋보인다. 풍자란 그 주체자의 도덕인 선을 강조하면서 사회적인 죄악상이나 구조적 모순들을 날카롭게 베어버리거나 공격하는 것을 말하고, 해학이란 날카로운 풍자의 반대 방향에서, 그 사물과 대상들을 아주 우스꽝스럽고 희화적으로 변모시켜서, 그것을 부드럽게 감싸안는 것을 말한다. 풍자와 해학의 기법이 혼융되면 조롱, 조소, 냉소, 교묘한 말놀이, 온갖 속어와 비어들이 난무하게 되고, 고귀하고 장중한 울림의 문체가 아닌, 가볍고 경박하고 비천한 울림을 지닌 문체들이 나타나게 된다. 이상의 「紙碑 二」는 일제 식민시대의 사회적인 죄악상이나 구조적 모순이 아닌, 창녀와도 다름 없는 아내를 공격하고 있다는 점에서, 더욱더 한계를 지니고 있는 것처럼도 보이고, 따라서 그의 시는 지적인 공감이나 감정의 이입보다는 못 볼 것을 보았다는 점에서 무시무시한 익살과 난처함의 유모어를 불러 일으키고 있다고 해도 틀림이 없다. 이러한 이상의 퇴폐적인, 혹은 염세주의적인 시가 황동규의 「꿈꽃」의 지적 토양이 되어주었다고 해도 틀림이 없다.

앎이 미덕이 되지 못하고 有罪가 되고 있는 사회, 절대 고독이나 고통의 지옥훈련과정을 싫어하고 자기 자신보다는 타인들에게 책임전가하기를 더욱더 좋아하는 사회, 기사도적인 모험 정신과 성자의 영웅주의가 사라지고, 온갖 어중이 떠중이들의 '희극의 진실'만이 더욱더 존중을 받고 있는 사회, 고귀하고 장중한 울림의 문체가 사라지고, 가볍고 경박하고 비천한 울림의 문체들이 나타나고 있는 사회, 퇴폐주의, 염세주의, 패배주의, 온갖 허무주의에 침윤되어 있는 각설이 타령이나 판소리 가락만이 울려 퍼지고 있는 사회—. 어떻게 이러한 사회에서 천 개의 눈과 천 개의 팔과 다리를 지니고 있는 비극의 주인공들이 탄생할 수가 있겠으며, 또한 어떻게 이 세상을 더욱더 넓고 풍요롭고 아름답게 바라볼 줄 아는 낙천주의자적인 세계관이 울려 퍼질 수가 있겠는가? 「한 바이올린 주자의 절망」의 시적 화자가 "신경성 다발증"으로 고통을 받고 있는 것도 당연한 일이고, 또한 그녀의 육체가 망가질대로 망가진 바이올린처럼, "고물상"을 향하여 "통째로" 던져지고 있는 것도 당연한 일이다. 대부분의 한국인들은 퇴폐주의, 염세주의, 허무주의에 젖어서 「한 바이올린 주자의 절망」에 시적 공감을 표하고 있겠지만, 나는 현대 민주주의 사회의 희극적인 토양에 대해서는 쓰디 쓴 절망감과 함께, 냉소적인 비웃음만을 보태지 않을 수가 없다.

하지만 희극의 주제는 '해피 엔딩'이라는 말이 있듯이, 사회적인 융합이라고 해도 틀림이 없다. 따라서 대부분의 주인공들은 반동적인 인물들에 의해서 잔인한 학대와 억압과 고통을 겪게 되지만, 마침내 플롯의 역전에 의해서 반동적인 인물들을 물리치거나 그들과 화해를 하게 되고, 그들이 살아가야 할 공동체 사회 속에 아무런 조건도 없이 통합되지 않을 수가 없게 된다. 비극의 주인공들은 그들이 발견했거나 재창조한 '최초의 진리' 때문에 공동체 사회에서 버림을 받고 쫓겨나게 되지만, 희극의 주인공들은 이렇다 할 충격이나 강렬한 메시지도 전해주지 못한 채, 마치, 전형적인 통속극에서처럼, 가짜 만족과 가짜 화해의 삶을 살아가게 된다. 희극의 형식을 전개하는 방법 중에는 N. 프라이가 말하고 있는 것처럼, 두 가지의 방법이 있을 수가 있는데, 그 하나는 "주로 방해꾼들에게 역정을 두는 방법"이고, 다른 하나는 "발견과 화해의 장면을 가져오는 데 역점을 두는 방법"이라고 할 수가 있다. 방해꾼, 즉 반동적인 인물들에게 역점을 두는 방법은 "희극적인 아이러니, 풍자, 리얼리즘과 풍습 희극에서 찾아볼 수 있는 일반적인 경향"들이고, 발견과 화해의 장면에 역점을 두는 방법은 아리스토파네스의 「새들」, 「평화」, 「류시스트라테」와도 같은 작품들에서 찾아볼 수가 있는 경향들이다(5: 233). 속물 교양주의자로서의 황동규의 「꿈꽃」은 이 시대의 어중이 떠중이들을 위로하고 그들과 함께 호흡하고 있다는 점에서, 발견과 화해의 형식에 해당되고, 이상과 마종하의 시들은 희극적인 아이러니, 풍자, 리얼리즘, 풍습의 희극 등으로 설명되는 전자의 형식에 해당된다. 희극의 형식이 최초의 민주정치제도를 이룩했던 고대 그리스 사회 내의 "메가라인들에 의해서 창안"되었듯이, 희극의 형식은 현대 사회의 민주주의 제도와 새로운 중산 계급의 대두라는 현상을 빼어놓고 설명할 수는 없다(1: 24). 따라서 희극의 주인공들은 매우 비천하고 우스꽝스러운 인물들이고, 그 인물들의 범주표에는 온갖 기인과 미치광이와 바보와 얼간이들이 자리잡게 된다. 평균 이하의 인물들, 즉 희극의 주인공들은 고급문화인과는 반대되는 속물 교양주의자나 야만인들에 해당되고, 그들이 지배하거나 등장하게 되는 희극의 세계는 현대 사회의 타락한 정치제도처럼, 세기말적인 몰락과 쇠퇴의 풍경을 낳게 된다.

"수천 년의 역사와 전통을 지닌 인본주의가 반인본주의의 거센 도전을 받아 마침내 흔들리고 있는 시대, 앎이 미덕이 되지 못하고 유죄가 되어버린 시대, 위대한 영웅의 탄생이 아닌 저자의 죽음과 주체의 위기가 강조되고 있는 시대, 기독교, 불교, 공산주의, 민주주의, 만인의 평등과 자유 등, 정치 제도의 타락한 형태와 동정적인 이타설만이 난무하는 시대, 만화, 영화, TV, 컴퓨터, 비디오, 전자오락기기 등의 영상매체와 전자매체에 의하여 인쇄매체가 서서히 밀려나고 있는 시대, 자본이 자본을 낳고 진리 자체가 되어버린 시대, 기사도적인 모험 정신과 성자의 영웅주의가 없어도 명예와 명성을 황금으로 채색시켜 주고 있는 시대, 눈 앞의 이익을 위해서는 비굴한 굴종마저도 두렵지가 않고, 인간 해방과 여성 해방이 상품화되어도 좋은 시대, 어떠한 사상과 이념도 밤 하늘의 별자리가 되어주지 못하고 자기 축소지향과 소시민 의식이 보편화되어도 좋은 시대"(제3장, 「무지에의 의지」)—, 이 우울한 20세기 말을 대변해 주던 반인본주의의 철학자들의 급격한 퇴조 현상은 현대 민주주의 사회의 '희극의 진실'을 사실 그대로 반영해 주고 있는 것인지도 모른다. 알튀세르의 정신 착란과 죽음, 미셸 푸코의 에이즈 감염설과 죽음, 끊임없이 탈영토화만을 외치던 들뢰즈의 자살 등이 말해 주듯이, 그들은 모두가 기사도적인 모험정신과 성자의 영웅주의가 사라져간 문화적 쇠퇴기에 나타난 어중이 떠중이들이었는지도 모른다. 희극의 주인공들은 어렵고 힘들고 위험한 일보다는 쉽고 안전하고 순조로운 일을 더욱더 좋아하고, 또한 그들은 인간이라는 종의 보존과 증진, 그리고 인간 문화의 성숙과 발전보다는 사적인 개인의 안녕과 행복을 더욱더 좋아한다. 희극의 주인공은 한 문명의 탄생과 역사적 전개 과정을 알고 이해하기보다는 순간만을 쫓아서 순간에 만족하는 것을 더욱더 좋아하고, 또한 그들은 기사도적인 모험 정신과 성자의 영웅주의를 찬양하기보다는 고통을 덜어주거나 위로해줄 수 있는 모든 것, 예컨대 기독교나 동정과 연민의 종교 등을 더욱더 좋아한다. 오늘날 우리 인간들은 천 개의 눈과 천 개의 팔과 다리를 지닌 헤라클레스와도 같은 문화적 영웅들을 어디서 찾아볼 수가 있겠으며, 위대한 제국의 건설과 가장 찬란하고 화려한 문명과 문화는 또한 어디서 꽃 피워볼 수가 있겠는가? 희극의 진실은 현대 사회의 민주주의 제도와 새로운 중산 계급의 대두라는 현상에 맞닿아 있고, 또한 그것은 자기 파멸적이고 의지박약하고 염세적인 현상들과도 맞닿아 있는 것처럼 보인다.

모든 고급문화는 잔인성이 정화되고 심화된 것이듯이, 대체로 문화인이라는 탈을 쓰고 있는 서양인들은 잔인하고 호전적이고, 야만인의 탈을 쓰고 있는 아시아, 아프리카, 남아메리카의 제3세계인들은 매우 온순하고 비호전적이라고 해도 틀림이 없다. 고급문화는 이 세상을 어렵고 힘들고 위험하게 살아가는 사람들에 의해서 이루어지는 것이지,

사시사철 발가벗고도 행복한 남국인들처럼 한없이 나태하고 게으르게 살아가고 있는 사람들에 의해서 이루어지는 것이 아니다. 이 말은 서양인들이 선천적으로 매우 잔인하고 호전적이라는 말도 아니고, 또한 남국인들이 선천적으로 매우 온순하고 비호전적이라는 말도 아니다. 모든 역사는 그 주체자들의 지정학적인 조건과 환경의 산물이라는 말이 맞는다면, 일 년 내내 밝은 햇빛이 드물고, 겨울이 긴 서양인들에게는 매우 잔인하고 호전적—그래서 부지런한—이지 않으면 생존과 생계 자체가 위협을 받게 되지만, 일 년 내내 뜨거운 햇빛과 풍요로운 천연자원과 기름진 옥토를 가지고 있는 제3세계인들에게는 어렵고 힘들고 위험한 노동 자체가 불필요했는지도 모른다. 따라서, 이러한 지정학적 조건과 환경 때문에 서양인들은 매우 잔인하고 호전적이면서도 고급문화인으로 될 수가 있었던 것인지도 모르고, 사시사철 발가벗고도 행복한 제3세계인들은 매우 온순하고 비호전적이면서도 아주 저질적인 야만인이 될 수가 있었던 것인지도 모른다. 인류의 역사에 있어서 강자는 언제나 폭력을 행사할 권리를 갖고 있다는 것이 스피노자의 법 개념이라면, 고급문화인과 야만인이라는 가치판단을 내릴 수 있는 권리마저도 또한 그들이 갖고 있다고 하지 않을 수가 없다.

문화 인류학자이자 『야만적 사고』의 저자인 레비스트로스의 말이 아니더라도, 문화인과 야만인의 대립 갈등은 그 관점을 달리할 때 성립할 수 없거나 전도될 수밖에 없는 것들이다. 하지만 문화인과 야만인이라는 말을 만들어 낸 것은 서양인들이고, 그들에 의해서 이 세계가 지배되고 있는 이상, 우리는 그 대립 갈등 자체를 무화시킬 수 있는 힘이 없다. 서양인들은 어렵고 힘들고 위험한 생존 조건과 싸우면서 눈부신 과학 혁명과 산업 혁명을 이룩했고, 제3세계인들, 혹은 우리 남국인들은 무사태평하고 풍요로운 생존 조건에 안주하면서, 동물적인 정체성과 풍요로운 생존 조건을 수탈당해야만 하는 굴욕을 겪지 않으면 안 되었다. 이것이 4대 종교—기독교, 불교, 이슬람교, 힌두교—와 4대 문명—황하 문명, 메소포타미아 문명, 인도 문명, 이집트 문명—에 안주한 제3세계인들의 운명이고, 4대 종교와 4대 문화권에서 쫓겨난 서양인들의 운명인 것이다. 대부분의 서양인들은 죽음의 본능보다는 삶의 본능 앞에서, 매우 잔인하고 호전적인 공격성을 자랑하는 국가를 형성하지 않을 수가 없었던 것이고, 그 결과, 조국의 번영과 행복을 약속해 주는 해외로의 식민지 개척을 서두르지 않을 수가 없었던 것이다. 따라서 그들의 호전성은 평화를 사랑하는 비호전성으로 위장되었고, 그들의 동물적인 야만성은 고급문화인이라는 외피로서 은폐되었다. 총과 칼과, 그리고 기독교적인 사상과 이념으로 무장되어 있는 서양인들은 하늘 나라의 천사가 되었고, 그들은 전기와 철도와 항만을 건설해 주는 구세주와도 같은 고급문화인이 될 수밖에 없었다. 대부분의 제3세계인들은 더럽고 발가벗고 추한 모습 자체만으로도 매우 잔인하고 호전적인 인간이 되어가지 않을 수가 없었던 것이고, 또한, 한없이 자비롭고 친절한 서양인들을 거절하거나 이단시하는 야만인들이 되어가지 않을 수가 없었던 것이다. 인류의 역사에 있어서 강자는 언제나 폭력을 행사할 권리를 갖고 있는 것처럼, 하나님이 하나님인 것은 그가 전지전능한 힘을 소유하고 있기 때문이다.

이러한 선악을 넘어서 있는 힘의 논리 앞에서,

> 그러면 우리가 남에게 무슨 일을 당하건, 부정을 부정으로 갚아서는 안 되고 해를 끼쳐서는 안 되네. 오오 친애하는 크리톤, 자네가 여기에 대해서 동의할 때 마음에 없는 동의는 말아 주게. 오직 소수의 사람만이 이렇게 생각하고 앞으로도 그럴 것이기에 말일세. 따라서 이렇게 생각하는 사람들과 그렇지 않은 사람들은 생각이 서로 같을 수 없고, 또 피차 상대방의 생각을 경멸하기 마련이야. 자네 자신도 깊이 생각해 보게. 자네가 내 생각에 동의하고

나와 같이 생각하는지 말이야(6: 101).

라는, 소크라테스의 순진한 도덕론이나,

선한 사람은 자애자가 되어야 하지만 악한 자는 자애자가 되어서는 안 된다. 그는 사실 좋지 못한 정욕에 따름으로써 자기 자신도 해치고 또 이웃 사람도 해치니 말이다. 아닌게 아니라 악인은 자기가 마땅히 해야 할 일과는 다른 엉뚱한 일을 하지만, 선인은 자기가 마땅히 해야 할 일을 한다. 무릇 이성은 그것을 소유하는 모든 사람에게 있어서 이성 자체를 위하여 가장 좋은 것을 선택하며, 또 선인은 자기의 이성에 순종한다. 선인은 또 자기의 친구와 자기의 나라를 위하여 많은 일을 하며, 필요하다면 이를 위하여 목숨을 버린다는 것도 사실이다. 그는 재화와 명예와 또 일반적으로 경쟁의 대상이 되는 좋은 것들을 내동댕이치고, 그럼으로써 고귀함을 획득한다. 이것은 그가 오랜 세월에 걸친 미지근한 향락보다 짧은 기간이나마 강렬한 쾌락을 택하며, 여러 해에 걸친 평범한 생존보다 1년이라도 고귀한 행동을 택하기 때문이다. 그런데 남을 위하여 목숨을 버리는 사람들은 틀림없이 이 결과를 얻는다. 그러므로 그들이 스스로 택하는 것은 하나의 큰 償인 것이다. 그들은 자기의 친구가 더욱 많은 것을 차지하게 된다면 재물도 내동댕이친다. 친구가 재물을 얻으면 그 자신은 고귀함과 아름다움을 차지하니 말이다. 이런 까닭에 그는 자기 자신에게 더욱더 큰 선을 배당하고 있는 것이다. 명예나 직위에 있어서도 이와 마찬가지이다. 즉 그는 이 모든 것을 그 친구를 위하여 희생한다(7: 274).

라는, 아리스토텔레스의 순진한 도덕론은 결코 튼튼한 뿌리를 내릴 수가 없게 된다.

우리 집으로 오는 길은 시장이 있고 그 길로 한 백미터쯤 위로 올라오면 호남 정육점이 있는데요, 거기서 오른쪽 생선가게 있는 샛길로 올라오면 신림탕이라고 공중 목욕탕이 있고요, 그 뒤 공터에 소금집과 기와공장이 있지요. 소금집은 루핑으로 지붕을 얹은 판자집인데요, 거기서 다시 연립주택이 있는 골목길로 쭉 타고 올라오면 여덟 번째 반슬라브 가옥이 바로 우리 집이지요. 이 집에서 나는 번역도 하고 르포도 쓰고 가끔 詩도 쓰면서 살지요. 마누라가 신경질 부리면 다섯 살 난 딸을 데리고 소금집 공터에 나와 놀지요. 공터의 큰 포플라나무 그늘에 앉아 노인들은 화투를 치고.

어떤 날은, 리어카에 목마 여섯 대를 달고 아이들에게 백 원씩 받고는 한 이십 분이고 삼십 분씩 태워 주는 할아버지가 그 그늘 아래로 오지요. 나는 환호하는 딸을 하얀 백말에 앉혀 주고 그 하얀 백말의 귀를 잡고 흔들어 주지요. 아, 나의 아름다운 딸은 내 눈 앞에서, 네 발을 묶은 용수철을 단방에 팍 끊고 튀어가는 듯하지요. 말갈기를 흩날리며 나의 아름다운 딸은 기와공장에서 불어오는 모래바람 속으로, 아, 노령 연해주 땅으로, 멀고 안 보이는 나라로 들어가 버린 듯하지요.

— 황지우, 「목마와 딸」 전문

요정 테티스의 아들로 태어나 일장춘몽의 운명을 지니고 태어난 그리스 최고의 명장, 아킬레스를 찾아내어 트로이 전쟁에 참가시키는 오딧세우스, 순진한 필로크테테스를 속여서 헤라클레스의 활과 화살을 훔쳐오게 하는 오딧세우스, 트로이 성의 함락과 정복을 위해서는 팔라스 아테네의 성상마저도 훔쳐 내오는 오딧세우스, 절대 절명의 위기 속에서도 거대한 목마를 만들고 마침내 트로이 성을 함락시키는 오딧세우스—. 이처럼 오딧세우스가 오딧세우스인 것은 그가 거짓말을 잘하고, 총명하고, 교활하고, 지혜롭기 때문일는지도 모르며, 또한, 오딧세우스가 오딧세우스인 것은 그가 천 개의 눈과 천 개의 팔과 다리를 지니고 있는 비극의 주인공, 즉 위대한 문화적 영웅이기 때문일는지도 모른다. 오딧세우스와 그리스인들에게 있어서 트로이의 정복과 해외 영토의 확장은 조국의 번영과 행복을 약속해 주는 최고의 선이지만, 트로이의 사제, 라오콘—그는 "난 그리스인들이 선물을 줄 때조차도 겁이 난다"라고, 오딧세우스의 거대한 목마를 때려 부셔버릴 것을 주장했던 인물이다⑻—에게 있어서의 트로이의 함락과 조국의 상실은 씻을 수 없는 치욕과 최악의 경우에 해당된다. 오딧세우스와 라오콘의 대립이 서양인과 비서양인, 혹은 고급문화인과 야만인의 대립이고, 좀 더 근본적으로는 지배자와 피지배자, 혹은 주인과 노예의 대립이 생겨나는 것이기도 하다. 한 민족을 평가할 때, 우리는 그 민족이 어떠한 인물들을 배출해 냈는가로 따져보지 않을 수가 없게 된다. 유태인들은 예수, 마르크스, 아인시타인, 프로이트 등의 문화적 영웅들을 배출해 냈고, 영국인들은 셰익스피어, 프란시스 베이컨, 존 로크, 찰스 다윈, 뉴턴 등을 배출해 냈다. 또한, 프랑스인들은 나폴레옹, 데카르트, 보들레르, 랭보 등을 배출해 냈고, 독일인들은 칸트, 헤겔, 니체, 베토벤, 바하 등을 배출해 냈다. 이처럼, 문화적 영웅들을 배출해 낸 민족은 지배자의 민족이 되고, 그렇지 못한 민족은 피지배자의 민족에 지나지 않게 된다. 주인과 노예의 대립에 의해서 자기찬미의 도덕과 노예의 도덕이 생겨나고, 또한 지배 계급의 가치관을 전파하고 있는 종교(힌두교와 유태교)와 피지배 계급의 가치관을 전파하고 있는 종교(기독교와 불교)가 탄생하게 된다. 따라서 주인의 도덕은 '도덕의 진실'이 되고, 노예의 도덕은 '부도덕의 진실'이 된다.

황지우의 「목마와 딸」은 "번역도 하고 르포도 쓰고 가끔은 詩도 쓰면서" 살아가고 있는 시인의 일상 생활과 시인의 일상 생활에 대한 출구로서 기사도적인 모험 정신과 성자의 영웅주의가 한 편의 파노라마처럼 새롭고 산뜻하게 묘사되고 있는 시라고 해도 좋다. 「목마와 딸」에서 "번역도 하고 르포도 쓰고 가끔은 詩도 쓰는" 시인의 삶은 매우 정체되어 있는 삶이지만, "말갈기를 흩날리며" "모래바람 속으로", "아,

노령 연해주 땅으로, 멀고 안 보이는 나라로" 달려 갈 수 있는 시인의 딸의 삶은 그만큼 진취적이고 용기 있고 낙천적인 삶이라고 할 수가 있다. 매우 무료하고 답답한 삶은 정체되어 있는 삶이지만, "네 발을 묶은 용수철을 단방에 팍" 끊어버리고 "말갈기를 흩날리며" 달려 나갈 수 있는 삶은 이민족의 정복과 해외 영토의 확장의 기쁨이 배어 있는 삶이라고 할 수가 있다. 물론, 황지우의 「목마와 딸」은 별 볼 일이 없는 일상 생활에 대한 출구로서의 단순한 노래일 수도 있고, 이민족들에게 빼앗겨버린 옛날의 영토에 대한 그리움의 노래일 수도 있고, 진정으로 불가결한 전쟁에서의 승리와 해외의 영토 확장에 대한 소망의 노래일 수도 있다. 하지만 제국주의를 가능하게 만들고 "가장 큰 소리로 성원하고 또한 가장 지속적으로 후원한 자는 민족주의적인 대중들"이었다는 말을 생각해 볼 때, 「목마와 딸」은 언제, 어느 때나 폭력을 행사할 권리를 갖고자 하는 고급문화인의 소망이 담겨 있는 것처럼도 보인다(9: 21). 모든 군주는 상승 장군으로서 "자기 나라를 빼앗기는 악덕의 오명을 피하기" 위하여 최선의 노력을 다하고 있듯이, 모든 민족주의적인 대중들 역시도 위대한 제국의 건설과 가장 찬란하고 화려한 문명과 문화를 촉진시킬 수 있는 소수의 지도자들을 선호하고 있다고 해도 과언이 아니다(10: 50). 상승 장군으로서의 오딧세우스와도 같은 절대 군주에게 선악의 개념이 있을 수도 없고, 위대한 제국의 건설과 가장 찬란하고 화려한 식민주의를 선호하는 대중들에게는 어떠한 양심의 가책 따위도 있을 수가 없다. 왜냐하면 전쟁에서의 승리와 해외의 영토 확장은 최고의 선으로서 조국의 번영과 행복을 약속해 주고 있기 때문이다.

……미국의 제국주의는 국내에서는 자리를 찾을 수 없고 상품과 투자를 위하여 해외 시장을 필요로 하는 자본주의의 갑작스런 발전으로 말미암은

경제적 압력이 가져온 자연적인 산물이다. (……)

현재의 시점에서 독일은 소위 자본과 제조 능력의 과잉으로 심각한 고통을 당하고 있으며, 새로운 시장을 갖지 않으면 안 된다. 전 세계의 독일 영사들은 무역을 위해 동분서주하고 있다. 소아시아에서 상업 식민지가 강요되고, 동아프리카, 서아프리카, 중국 및 여타 지역에서 독일 제국은 독일의 상업 에너지를 위한 출구로서의 식민지화 및 보호령 정책을 재촉하지 않을 수가 없게 되었다(9: 56).

대부분의 식민주의자들은 그들의 정치적 목적과 경제적 목적을 은폐한 채, 천사와도 같은 박애주의—해외 선교를 촉진시키고 노예제도를 폐지하고 선진 문명과 문화를 전파한다는 것이 그것이다—를 그들의 가면으로 착용하고 있지만, 그들은 다같이 상품 판매 시장의 확보와 천연자원의 확보, 그리고 천 년 왕국의 건설(제국주의)이라는 목적을 아주 은폐할 수는 없었던 것처럼도 보인다. 이밖에도 해외영토의 확장은 "군부, 외교, 교회, 교직敎職, 기술직 등, 모든 직업인들의 배수로 역할"을 하게 되고, 또한 그것은 "국내 시장의 혼잡을 경감시키고, 보다 무모하고 모험심 있는 자들에게 더욱더 편리한 변경지방을 제공"해 주게 된다(9: 43). 제국주의는 사슴 사냥보다도 더욱더 재미 있는 사람 사냥이라는 게임이며, 그 스포츠와도 같은 성격 때문에 수많은 대중들의 전폭적인 지지와 참여를 유도해낼 수가 있었던 것인지도 모른다. 황지우의 「목마와 딸」은 '호남 정육점', '생선가게', '루핑으로 지붕을 얹은 판자집', '연립주택' 등의 달동네의 생활 현실이 사실주의적인 기법으로 드러나고 있는 시이며, 다른 한편, 어린 아이들의 오락기구에 불과한 목마를 통해서 낭만주의적인 환상이 교차되고 있는 시라고 할 수가 있다. 사실주의는 시인의 상상력과 목마와 딸의 발목을 붙잡고 늘어지지만, 낭만주의는 시인의 상상력을 풀어놓고 목마와 딸이 말갈기를 흩날리며, "아, 노령 연해주 땅으로, 멀고 안 보이는 나라"로 달려가게 한다. 하지만 황지우의 「목마와 딸」은 단순히 낭만주의적인 시가 아니며, 北進의 즐거움과 가장 찬란하고 화려한 제국주의적인 꿈이 담겨 있는 시라고 할 수가 있다. "노령 연해주"는 우리 한국인들이 잃어버린 옛날의 영토가 아니라면 무엇이고, "멀고 안 보이는 나라"는 세계의 중심지로서 천하를 호령할 수 있는 위대한 제국이 아니라면 무엇이란 말인가? 일제 식민지와 한국 전쟁을 통해서 이민족들에게 수없이 유린당하고 짓밟힌 땅, 좁고 좁은 땅덩어리마저도 좌우의 이념 대립에 의해서 갈라지고, 아직도 일제 식민주의의 잔재와 동족상잔의 상처가 치유되지 않고 있는 한반도—, 이러한 한반도에서 최고의 선은 무한히 넓고 넓은 대륙의 진출이며, 위대한 제국을 건설하는 것이라고 할 수가 있다.

우리 한국인들에게 있어서 北進의 즐거움과 위대한 제국의 건설은 최고의 선이며, 그것은 오딧세우스의 진실(도덕의 진실)과도 맞닿아 있다고 할 수가 있다. 위대한 제국의 꿈은 상품 판매 시장의 확보와 천연자원의 확보에도 맞닿아 있고, 가장 찬란하고 화려한 정복자의 민족으로서의 천 년 왕국에도 맞닿아 있다. 이 지구 상의 모든 민족들은 언제, 어디서나 위대한 제국을 건설해 주는 영웅들을 선호하고, 또한 그들만을 위해서 거대한 바벨탑을 쌓아주기를 바랄 뿐이다. 불가결한 전쟁을 기피하고 평화만을 사랑했던 중국이나 한국이 지불했던 혹독한 댓가를 생각해 보고, 무사태평하고 풍요로운 생존 조건에 안주했던 제3세계인들, 혹은 우리 남국인들이 지불했던 혹독한 댓가를 생각해 보라! 오딧세우스가 오딧세우스인 것은 거짓말을 잘 하고, 총명하고, 교활하고, 지혜롭기 때문일는지도 모르며, 또한 오딧세우스가 오딧세우스인 것은 10년 동안이나 난공불락의 요새처럼 보였던 트로이 성을 함락하고 트로이인들을 정복했기 때문일는지도 모른다. 도덕이 도덕인 것은 그것이 명령자의 힘으로서 무장되어 있기 때문이며, 부도덕이 부도덕인 것은 그것이 명령자의 힘에 의해서 짓밟혀 버렸기 때문이다. 명령자, 혹은 정복자만이 도덕의 진실을 말할 수가 있고, 위대한 제국의 건설과 가장 찬란하고 화려한 문명과 문화를 꽃피울 수가 있는 것이다. 제국주의는 민족주의이고, 민족주의는 제국주의이다. 악을 악으로 갚아서도 안 되고, 부정을 부정으로 갚아서도 안 된다는 도덕군자로서의 소크라테스마저도,

> 조국은 부모나 조상보다도 더 존귀하고 더 신성하며, 또 신들이나 뜻 있는 사람들이 보기에 더욱 가치 있는 것임을 너는 모르는가? 너는 조국에 대하여 존경하고 순종하며, 조국이 노여워 할 때에는 아버지가 노여워 할 때보다도 더 양보해야 해. 너는 조국을 설득하거나, 그 명하는 바를 무엇이나 행해야 해. 조국이 네게 견디고 참으라고 하는 것은 무엇이나 매질이나 투옥이나, 모두 참고 견디어야 해. 또 조국이 너더러 전쟁터로 가라하면 부상을 당하게 되건, 전사하게 되건 전쟁터로 가야 하고, 또 이것이 옳은 일일세. 너는 기피해서도 안 되며, 후퇴해서도 안 되며, 맡은 곳을 버리고 떠나서도 안 되네. 전쟁터에서나 법정에서나 그밖의 어디에서나 나라와 조국이 명하는 것을 행하지 않으면 안 되네(6: 105).

라는 것처럼, 영락 없는 제국주의자—왜, 전쟁마저도 불사하는 조국예찬론자이기 때문에—로서의 그의 얼굴을 드러내고 있을 뿐인 것이다. 역사가는 국가를 형성하지 못한 민족을 주목하지 않는다는 헤겔의 국가숭배설도 우연이 아니고, 소련 연방이나 동구권의 몰락이 민족주의 앞으로 또다시 헤쳐 모이고 있는 것도 우연이 아니다. 국가는 쇼펜하우어의 말처럼, "대외적으로는 나라 전체를 적의 공격으로부터" 막아야만 하는 방어적인 기관만도 아니고, "대내적으로는 개인들

이 서로 공격하는 것을 막는" 수동적인 기관만도 아니다(2: 277). 국가야말로 위대한 제국의 꿈이 형성되고 있는 기관이며, 우리 인간 존재의 최고 목적 자체라고 하지 않을 수가 없다. 고귀하고 강한 민족, 독자적인 사상과 독자적인 이념으로 무장되어 있는 민족, 제1급의 정신에 걸맞게 모든 가치판단을 내릴 수 있는 민족, 선악을 넘어서서 언제, 어디서나 자기 자신의 미덕을 긍정하고 개나 돼지와도 같은 이민족들을 지배할 수 있는 민족, 청동보다도 더욱더 빛나는 위대한 제국의 민족—, 이러한 민족들의 근본 신조는 민족은 민족 자체만을 위해서 존재해서는 안 되며, 보다 선택받고 우수한 민족이 그들을 지배하고 이끌어 가야 한다는 신념이라고 할 수가 있다. 도덕의 진실은 위해, 폭력, 착취를 할 수 있는 힘으로 무장되어 있으며, 그것은 오딧세우스의 진실과도 일치한다고 할 수가 있다. 미국의 야만적인 노예제도의 역사는 전인류의 치욕으로 기록될 수가 있겠지만, 오늘날 인류의 행복과 세계 평화를 제멋대로 외치고 있는 자들이 바로 그들이라는 사실을 우리는 결코 잊어서는 안 된다. 도덕의 진실은 오딧세우스와도 같은 그리스인들이 갖고 있고, 매우 잔인하고 호전적인 미국인들이 갖고 있다.

> 그 민족에게 어려운 것으로 여겨지는 것은 찬양할 만한 것이고, 없어서는 안 되는 어려운 것은 선이라 불리운다. 그리고 가장 큰 곤경으로부터 해방시켜주는 것, 가장 희귀한 것, 가장 어려운 것—그것을 신성한 것으로 찬미한다.
>
> 한 민족으로 하여금 이웃 민족이 두려워하고 질투할 정도로 지배하게 해주고 정복하게 해주고 화려하고 빛나게 해주는 것—그것이 그 민족에게는 지고한 것이며, 최상의 것이며, 척도이며, 삼라만상의 의미인 것이다(11: 98).

황지우의 「목마와 딸」이 北進의 즐거움과 위대한 제국을 건설할 수 있는 '도덕의 진실'에 맞닿아 있다면, 이성복의 「1959년」은 北進의 즐거움과 위대한 제국의 건설은커녕, '부도덕의 진실'에 맞닿아 있다고 할 수가 있다.

그해 겨울이 지나고 여름이 시작되어도
봄은 오지 않았다 복숭아나무는
채 꽃 피기 전에 아주 작은 열매를 맺고
不姙의 살구나무는 시들어 갔다
소년들의 性器에는 까닭없이 고름이 흐르고
의사들은 아프리카까지 移民을 떠났다 우리는
유학 가는 친구들에게 술 한 잔 얻어 먹거나
이차 대전 때 南洋으로 징용 간 삼촌에게서
뜻밖의 편지를 받기도 했다 그러나 어떤
놀라움도 우리를 無氣力과 不感症으로부터
불러내지 못했고, 다만, 그 전 해에 비해
약간 더 화려하게 절망적인 우리의 습관을
修飾했을 뿐 아무 것도 追憶되지 않았다
어머니는 살아 있고 여동생은 발랄하지만
그들의 기쁨은 소리 없이 내 구둣발에 짓이겨
지거나 이미 파리채 밑에 으깨어져 있었고
春畫를 볼 때마다 부패한 채 떠올라 왔다
그해 겨울이 지나고 여름이 시작되어도
우리는 봄이 아닌 倫理와 사이비 學說과
싸우고 있었다 오지 않는 봄이어야 했기에
우리는 보이지 않는 監獄으로 자진해 갔다

— 이성복, 「1959년」 전문

「1959년」은 황지우의 「목마와 딸」의 반대 방향에서, 일제 식민지의 현실과 한국 전쟁의 후유증들이 "무기력과 불감증"으로 나타나고 있는 시라고 할 수가 있다. "불임의 살구나무"가 자라나고 "소년들의 성기"에서 까닭 없이 "고름이 흐르고" 있는 곳, "봄이 아닌 윤리"와 함께, "사이비 학설"만이 무성하게 자라나고 있는 곳, 개와 돼지와 오랑캐와도 같은 이민족들에 의해서 집단적인 살육과 약탈과 수많은 강간과 방화 등이, 마치, 불가항력적인 천재지변처럼 할퀴고 지나간 곳—, 바로 그곳이 「1959년」의 불모지대라고 할 수가 있는 것이다. 「목마와 딸」에서는 北進의 즐거움과 위대한 제국의 건설의 기쁨이 쏟아져 나오지만, 「1959년」에서는 패배의 괴로움과 몰락의 슬픔만이 추풍의 낙엽처럼 쏟아져 내린다. 「1959년」의 현실에서 위대한 제국의 꿈은 있을 수도 없고, 또한 오딧세우스와도 같은 위대한 영웅의 출현도 기대할 수가 없다. 오직, 있다면, 오딧세우스의 교활한 거짓 책략을 간파해낸 댓가로 비명횡사해간 라오콘의 회한과 함께,

어머니는 살아 있고 여동생은 발랄하지만
그들의 기쁨은 소리 없이 내 구둣발에 짓이겨
지거나 이미 파리채 밑에 으깨어져 있었고
春畫를 볼 때마다 부패한 채 떠올라 왔다
그해 겨울이 지나고 여름이 시작되어도
우리는 봄이 아닌 倫理와 사이비 學說과
싸우고 있었다 오지 않는 봄이어야 했기에
우리는 보이지 않는 監獄으로 자진해 갔다

라는 시구에서처럼, 이미 소멸했거나 소멸되어가고 있는 약소국가의

어수선한 살풍경만이 있을 뿐인 것이다. 힘에 의지하고 있는 도덕만이 도덕이고, 힘에 의지하지 못하고 있는 도덕은 도덕이 될 수가 없다. 오딧세우스의 도덕은 도덕의 진실이 되지만, 라오콘의 도덕은 부도덕의 진실이 된다. 국가는 매우 호전적인 강도 집단에 불과하며, 전쟁이란 필요한 것을 빼앗고 약탈할 수 있는 합법적인 수단일 뿐인 것이다. 위해, 폭력, 착취란 모든 유기체들의 삶에의 의지이고, 전쟁이란 모든 문명과 문화의 어머니이다. 만일, 위해, 폭력, 착취가 제거된다면 우리 인간들의 삶은 무의미한 체념이나 권태에 둘러 싸이게 될는지도 모르고, 또한 모든 전쟁이 근절된다면 문명과 문화의 교류는커녕, 더 이상의 인간의 지혜조차도 아무런 쓸모가 없게 될는지도 모른다. 전쟁에서의 패배와 조국의 상실은 최대의 수치와 굴욕감만을 가져다 주게 되고, 또한 그들의 진실은 더 이상의 도덕의 진실이 될 수가 없다.

비천하고 평민적이고 의지박약한 민족, 타인의 말과 타인의 사유 앞에서 노예적인 복종 태도만을 지니고 있는 민족, 제1급의 정신은커녕, 기독교와 불교와 민주주의와 절대 평등주의에 집착하면서 동정과 연민을 궁극적인 목표로 삼고 있는 민족, 가진 자, 힘 있는 자, 지배하는 자는 사악한 자이고, 가난한 자, 힘 없는 자, 지배당하는 자는 선량한 자라는 선악의 이분법에 안주하면서 귀족적인 가치관이라면 무조건 부정을 해놓고 보는 민족—이러한 민족들은 대체로 자기파멸적이고 의지박약하고 염세적이기가 십상이며, 기껏해야 원한 맺힌 저주감정으로 밖에는 그들의 울분을 달랠 길이 없는 것처럼 보인다. 전쟁에서의 승리와 해외의 영토 확장은 조국의 번영과 행복을 약속하지만, 전쟁에서의 패배와 조국의 상실은 그 주체자들의 몰락과 불행만을 가져다 준다. 피지배 민족과 약소 민족의 서러움으로서 더 이상 지배당하지 않기 위하여 주체성, 자유, 해방, 독립을 떠들어 보아도 아무런 소용이 없고, 불가결한 전쟁을 기피하고 무사태평했던 지난날들을 너 이상 후회해 보았자 아무런 소용이 없다. 오딧세우스의 교활한 거짓 책략을 알아차린 라오콘의 진실을 묵살했던 트로인들, 적을 이롭게 하고 적을 강력하게 해준 댓가로 몰락해간 트로이인들, 아아, 老論小論 따위의 당파 싸움에만 열중하고 대일본 제국주의의 호전적인 침략 준비 따위는 안중에도 없었던 우리 한국인들, 불임의 살구나무와 함께 까닭 없이 고름이 흐르고 있는 성기를 가지고 있는 「1959년」의 한국인들—. 우리 한국인들에게는 도덕의 진실이란 없고 부도덕의 진실만이 있다.

만일, 예컨대, 아주 굴욕적이고 쩨쩨하게 주한 미군의 필요성과 방위비 분담 문제, 그리고 불평등한 한미행정 협정 따위 등이나 따지지 말고, 이제는 세계의 초강대국이 되어 미국과 중국과 일본의 안보와 평화를 위해서 대한민국의 군대와 경찰을 파견하겠다고 선언하면 어떻게 될까? "상표권, 특허권, 지적 소유권, 핵무기를 보유하고 핵실험을 강행할 수 있는 권리와 상업적인 인공위성을 띄울 수 있는 권리, 언제, 어느 때나 슈퍼 301조와도 같은 통상 압력과 불평등 조약을 강제할 수 있는 권리와 그때 그때마다 대리전쟁을 사주하고, 또 그것을 무력으로 잠재울 수 있는 권리, 대내적으로는 민주주의와 대외적으로는 식민주의를 지향할 수 있는 권리와 이민족에 대한 내정간섭과 국제질서를 제멋대로 재편성할 수 있는 권리 등"—, 이와 같은 권리가 만일 우리 한국인들에 의해서 이루어진다면, 그 권리를 창출해낸 대통령은 '國父'나 혹은 살아 있는 신과도 같은 존재가 될 것이다(12). 그러나 피지배 당사국인 미국이나 중국이나 일본은 대한민국의 대통령을 불구대천의 원수로 간주하고, 탈식민지 정책과 함께, 게릴라적인 전략 투쟁을 일삼게 될 것이다. 아무런 실현성도 없는 허황된 이야기에 불과하지만, 이것이 이루어진다면, 우리 한국인들에게는 조국의 번영과 행복이 약속되고, 피식민지인들에게는 그들의 조국의 상실과 불행이 약속되리라. 황지우의 「목마와 딸」은 도덕의 진실에 해당되고, 이성복의 「1959년」은 부도덕의 진실에 해당된다. 이러한 도덕의 진실/ 부도덕의 진실은 남성/ 여성의 관계에서도 그대로 적용된다.

> 천하에 어찌 일정한 주인이 있으랴. 지당한 말을 너무 일찍 한 탓에 정여립은 살해되고, 더불어 천여 명이 죽고 다치면서 당쟁은 불붙고…… 이제 사람들은 다 잊어버린 사건이 되었지만 그의 이름은 금산의 모악산 골짜기, 파뿌리 할머니의 입을 통해 억센 장사로 되살아난다. 힘차게 바위를 굴려 성을 쌓는다. 누이는 삼씨를 뿌려 어느 새 천 벌의 옷을 다 지어가고 그들의 어미는 뜨거운 팥죽으로 딸을 유혹한다. 어미의 뜻을 짐작한 누이는 부러 내기에 져서 죽고…… 할머니는 마치 오누이의 어머니인 양 한숨을 쉰다. 목숨내기가 어찌 그리 장난 같을까. 한숨은 저녁 어둠에 스며 자욱히 퍼지고 정여립이 정말 모반했을까 의심하는 오늘날, 실상 그가 진짜 반역자였으면 싶다.
>
> —최두석, 「정여립」 전문

모든 텍스트는 단일하게 고정되어 있지 않고, 다양한 해석들을 가능하게 해준다. 가령, 예컨대, 『로빈슨 크루소』는 존재론적 관점과 종교적 관점, 사회적 관점과 제3세계의 관점, 그리고 인도주의의 관점으로 읽고 해석할 수도 있을 것이다. 존재론적 관점은 그의 홀로서기와 자기 완성에 그 초점을 맞출 수도 있고, 종교적 관점은 로빈슨 크루소의 기독교적 관점에 그 초점을 맞출 수도 있다. 사회적 관점은 자본주의와 제국주의에 대한 찬가로서 그것을 읽을 수도 있고, 제3세계의 관점은 반자본주의와 반제국주의의 관점으로서 그것을 읽을 수도 있다. 그리고 마지막으로 다섯 번째로, 인도주의의 관점은 로빈슨 크루소의 자비롭고 친절한 성품에 그 초점을 맞출 수도 있을 것이다. 모든 텍스트는 단일하게 고정되어 있지 않고, 다양한 해석들을 가능하게 하며,

바로 이 지점에서 '수용미학'이 그 설득력을 띠게 된다고도 할 수가 있는 것이다. 최두석의 「정여립」 역시도 그의 '이야기 시'의 진수가 사실 그대로 드러나고 있는 시이기는 하지만, 적어도 다섯 가지의 진실이 매우 다양하고 복잡하게 교차되고 있는 것처럼도 보인다. 첫 번째는 정여립과도 같은 '반역자'를 처형해야만 하는 지배 계급의 진실이고, 두 번째는 정여립처럼 반역을 꿈꿀 수밖에 없는 피지배 계급의 진실이다. 세 번째는 남근중심주의에 젖어 있는 지배 계급의 인사들의 진실이고, 네 번째는 피지배계급의 인사로서 남근중심주의에 신음을 하고 있는 수많은 여성들의 진실이다. 그리고 마지막으로 다섯 번째는 지배자와 피지배자와의 싸움, 그리고 남성과 여성의 대립 갈등을 깊이 있게 되풀이 상기해 보고 있는 할머니와 그 손자의 진실이라고 할 수가 있다. 날이면 날마다 사색당쟁이나 일삼고 있는 지배 계급의 인사들의 도덕의 진실은 정여립을 단죄하고, 피지배계급의 입장에서 정여립의 부도덕의 진실은 지배 계급 인사들의 불의를 단죄한다. 정여립이나 정여립의 어머니와도 같이 남근중심주의에 젖어 있는 도덕의 진실은 힘없는 여성을 단죄하고, 단지 여성이라는 이유만으로 모든 것을 체념해야만 하는 누이동생은 부도덕의 진실과 함께 죽어갈 수밖에 없게 된다. 따라서 옛날 이야기를 들려주고 있는 할머니와 그 손자에게 바램이 있다면, 지배자/ 피지배자, 그리고 남성/ 여성 간의 성적 차별이나 대립 갈등이 없는 세계이지만, 여성해방의 입장에서 이 시를 읽게 되면, 너무나도 가혹한 성적 차별의 현상만이 드러나게 된다. 시어머니에게 불손하거나 자식을 낳지 못해서도 안 된다는 것이 그렇고, 간통을 하거나 음란한 짓을 해서도 안 된다는 것이 그렇다. 또한 질투를 하거나 나쁜 병을 앓아서도 안 된다는 것이 그렇고, 도둑질을 하거나 남의 입에 자주 오르내려서도 안 된다는 것이 그렇다. 남근중심주의적인 입장에서 바라보아도 여성들의 진실은 부도덕의 진실이 되고,

대작가의 신화를 간직하고 있는 괴테의 입장에서 바라보아도 여성의 진실은 부도덕의 진실이 된다.

너희들은 도대체 누구냐? 달을 쳐다보고 짖는
개의 무리처럼 왕궁의 관리자들을 향해서 소리를 지르다니
너희들의 정체와 내력을 모르리라고 생각하느냐?
전쟁에서 태어나 싸움터에서 자란 젊은 계집아!
이 색色에 미친 계집아, 남자에게 속고, 남자를 속이고
군인과 시민 양쪽 힘을 소모시키는 계집아!
떼를 지어 있는 너희들을 보면 메뚜기 떼가
내려와서 초록빛 밭의 작물을 뒤덮는 것 같다.
다른 사람의 근면을 좀먹는 계집들아!
싹이 튼 복지를 훔쳐 먹어 없애버리는 계집들아!
정복당해 시장에 팔려 교환되는 물건 같은 것들아!

만일, 칠거지악과 여필종부라는 억압의 굴레가 동양의 유교적인 전통에 맞닿아 있는 것이라면, 괴테의 여성 차별 현상은 "이 색色에 미친 계집아, 남자에게 속고, 남자를 속이고/ 군인과 시민 양쪽 힘을 소모시키는 계집아!/ 떼를 지어 있는 너희들을 보면 메뚜기 떼가/ 내려와서 초록빛 밭의 작물을 뒤덮는 것 같다/ 다른 사람의 근면을 좀먹는 계집들아!/ 싹이 튼 복지를 훔쳐 먹어 없애버리는 계집들아!/ 정복당해 시장에 팔려 교환되는 물건 같은 것들아!"라는 시구에서처럼, 여성과 뱀, 혹은 여성과 죄악을 동일시 하고 있는 서양의 기독교적 전통에 맞닿아 있는 것처럼도 보인다. 이 점에 있어서, 동양의 유교적 전통이 서양의 기독교적 전통과 똑같고, 서양의 기독교적 전통이 동양의 유교적 전통과 똑같다. 남성은 남성이라는 이유만으로 도덕의 진실을

가진 자가 되고, 여성은 여성이라는 이유만으로 부도덕의 진실을 가진 자가 된다. 그 결과, 정여립과 누이동생의 내기는 남성의 능력—"힘차게 바위를 굴려 성을 쌓는"—이나 여성의 능력—"삼씨를 뿌려 천 벌의 옷을 짓는"—과는 상관없이, 이미, 결정이 나게 되어 있고, 누이동생은 한 사람의 인간이기 이전에 어쩔 수 없이 성적 차별 현상을 감수해야만 하는 속죄양이 되어가고 있는 것인지도 모른다. 여성은 기껏해야 색色에 미친 계집에 불과하고, 싹이 튼 복지를 훔쳐먹거나 정복당해 시장에 팔려고 내놓은 물건 같은 도구에 불과하다. 비록, 오늘날 여성의 사회적 지위가 나날이 증대되어가고 있기는 하지만, 아무도 칠거지악이나 여필종부라는 말에서 자유롭지가 않고, 또한, 아무도 기독교적 전통에서 인류의 타락과 섹스의 화신이라는 관점에서 자유롭지가 못하다. 무엇보다도 제일 악명 높은 것은 쇼펜하우어와 니체의 성적 차별 현상인데, 그들은 다같이 기독교적 전통 이외에도 '어머니'에 대한 원한 맺힌 저주 감정을 통해서 모든 여성들을 무차별적으로 공격하고 있다고 하지 않을 수가 없다.

그리고 여성의 근본적인 결함은 부정不貞이라고 말할 수 있다. 이 결함은 우선 위에서 언급한 바와 같이 이성과 숙고의 부족에서 생기며, 게다가 여자가 보다 약한 자로서 힘 대신에 무엇보다도 술책에 의지하도록 규정되어 있음으로써 더욱 심하다. 여성이 본능적으로 간직하고 있으며 고칠 수 없을만큼 거짓말을 잘하는 것도 여기에 기인하다. 즉 자연은 사자에게 발톱과 이빨을, 코끼리와 멧돼지에게 앞니를, 황소에게 뿔을, 오징어에게 먹물을 주었듯이 여성에게는 자기 방어를 위한 위장술을 주었다. (……) 그러므로 성실하고 허위를 일삼지 않는 여성이란 아마도 없을 것이다. 이런 이유로 여성은 사람의 거짓을 쉽사리 간파하는 것이다. 여성 앞에서는 거짓말을 해도 별로 효과가 없다. 위에서 열거한 근본적 결함과 그것에 붙어다니는 결점에서 거짓, 부정不貞, 배신, 배은背恩 등이 생기는 것이다. 법정에서 위증을 하는 것은 남성보다 여성이 훨씬 많다. 여성에게 증언을 하게 한다는 것부터가 생각해 볼 문제다. 가끔은 부족한 것이 전혀 없는 숙녀들이 상점에서 남몰래 물건을 훔쳐 가지고 도망가는 것을 도처에서 볼 수 있다(2: 169).

— 쇼펜하우어

여성이 가진 최대의 재능은 거짓말하는 것이고 그녀의 최대의 관심사는 겉으로 드러난 아름다움 뿐이다. (……) 일찍이 여성의 머리에 깊이가 있고 여성의 가슴에 정의가 있다고 인정한 여성이 있었는가? 이제까지 가장 여성을 경멸해온 사람은 우리가 아니라 바로 여성 자신들이었다는 것이 사실이 아니었던가?

우리 남성으로서는 여성 자신을 노출시킴으로써 스스로를 모독하는 일이 없었으면 한다. 일찍이 교회가 "여성은 교회의 일에 관여하지 말라!"라고 선언한 것은 바로 이 같은 남성의 배려와 존중에서 나온 것이었다. 나폴레옹이 지나치게 말이 많은 스탈 부인에게 "여성은 정치 문제에 관여하지 않는 것이 좋소!"라고 일깨워 준 것도 역시 여성을 위해서였다. 그리고 오늘날 "여성은 여성의 문제에 관여하지 말라!"라고 충고해 주는 사람이야 말로 여성들의 진정한 친구라고 나는 생각한다(13: 170).

— 니체

쇼펜하우어와 니체의 말에 의하면, 여성들은 무엇보다도 "거짓, 부정不貞, 배신, 배은背恩" 등을 사랑하고, 또한 여성들은 무엇보다 도둑질, 위증, 화장술, 외면적인 아름다움 등을 사랑한다. 힘에 의지하지 않고 기만적인 '술책'에 의지하고 있는 여성들에게는 이성적인 사유의 깊이도 있을 수가 없고, 또한 도덕의 진실보다는 부도덕의 진실에 의지하고 있는 여성들에게는 가슴 속 깊이 그 무엇보다도 선명한 '정의'도 있을 수가 없다. 따라서 그들은 한결같이 "여성은 교회의 일에 관여하지 말라", "여성은 정치적 발언을 삼가하라", "여성을 극장에 입장시키지 말라"라는 성적 차별의 불문율과 함께, 한 걸음 더 나아가 "여성은 여성의 문제에 관여하지 말라"라는 극단적인 食言마저도 서슴없이 자행하고 있는 것이다. 쇼펜하우어의 어머니는 자유분방한 연애로 막대한 유산을 탕진한 것은 물론, 쇼펜하우어마저도 계모와 같이 학대했던 여성이고, 니체의 어머니는 그녀의 무지와 기독교적인 맹신 때문에, 한 번도 니체의 관심을 불러일으켜 본 적이 없었던 여성이다. 쇼펜하우어와 니체의 최대의 약점은 학문과 예술에 있어서는 그토록 냉정하고 객관적인 지성인들이었지만, 모든 여성을 대할 때는 그토록 냉정하고 객관적인 이성을 잃어버리고 균형 감각을 상실하고 있다는 데 있는 것처럼도 보인다. 성적 억압, 혹은 여성 차별의 입장에서만 여성을 바라보고, 여성의 어느 한 단면만을 바라보고 전체를 재단하거나 특정 개인의 잘못을 여성 전체의 잘못으로 보는 오류를 범한다. 그들은 다같이 '어머니'에 대한 원한 맺힌 저주 감정을 통해서 '부도덕의 진실'(성적 억압과 성적 차별 현상)을 더욱더 왜곡시키고, 이미 '도덕의 진실'(남근중심주의)을 가진 자로서의 최소한의 양심의 가책이나 회한조차도 없었던 것이다.

쇼펜하우어와 니체, 혹은 「정여립」의 반대 방향에서, 남근중심주의를 비판하자면,

> 여성이 없다면 우리의 인생의 초년에는 도움을 받을 수가 없을 것이고 중년에는 쾌락이 없을 것이고, 만년에는 위안이 없을 것이다.

라는, 프랑스의 극작가이자 시인인 주이의 말이 돋보이고, 다른 한편에서는,

> 인간의 생명은 여인의 가슴에서 비롯되며,

그대가 처음으로 더듬거리는 말은 그녀가 가르쳤다
그대가 처음으로 흘린 눈물도 그녀가 닦았으며
그대의 맨 나중 숨결 또한 여인 곁에서 거두지만
이전에 자기를 인도해준 자의 임종을 지키는 일을
남자가 꺼리며 하지 않을 때에는……

라는, 바이런의 시가 돋보인다. '부도덕의 진실', 즉 여성 해방의 관점에서 '도덕의 진실'(남근중심주의)을 비판하자면, 여성은 더 이상 칠거지악이나 여필종부의 당사자도 아니고, 섹스의 화신이나 인류의 타락을 불러 일으켰던 죄악의 장본인도 아니다. 만일, 여성이 존재하지 않았더라면, 우리 인생의 초년의 도움이나 중년의 쾌락, 그리고 만년의 위안은커녕, 남성의 존재 자체가 존재하지 않았을 것이고, 또한 여성이 존재하지 않았더라면, 우리 인간들의 행복한 삶 자체도 가능하지가 않았을 것이다. 세계적인 비교신화학자인 조셉 캠벨이나 우주론적 행복론자인 가스통 바슐라르의 말을 따르면, 모든 여성은 섹스의 화신이나 죄악의 장본인이 아니라, 우리 인간들의 삶을 가능케 한 '속세의 어머니'이며, 풍요로운 대지모신으로서의 생산의 여신이라고 하지 않을 수가 없다. 만일, 속세의 어머니로서의 이브가 없었더라면, "인류가 에덴동산에서 살던 꿈 같은 낙원은 시간도 없고 탄생도 없고 죽음도 없는 곳"인지도 모르고, 우리 인간들은 선과 악을 구별할 줄 모르는 멍청한 바보이거나 어린아이들과도 같은 삶만을 살고 있었을는지도 모른다(14: 103). 죄를 짓고 죄악을 정당화한다는 것은 이 세상의 삶을 살아간다는 것이며, 죄를 짓지 않는다는 것은 그의 존재 자체를 포기하는 것과도 같다. 도덕의 진실과 부도덕의 진실은 구별이 가능하지도 않고, 따라서 남성과 여성은 한 원리의 두 측면에 불과하다고 해도 틀림이 없다.

여름 풀숲에서 익는 여자
익어갈수록 무르고 작아지는 여자
뱀이 먹어도 좋을 여자

푸른 줄기가
하나 잃은 열매를 더듬어
하얀 꽃에 매달린다

木馬의 神話를 아십니까?
회전목마의 神話 아닌 神의 木馬를?
장미를 가슴에 꽂은 노파를 만나려고
기차를 타고
소설 속으로 들어간 젊은 남자를?

우리 앞에
거울이란 아예 없었고
나의 머리카락은 너의
다섯 손가락 빗질로도 윤기 있었다

이브, 사랑이란
가건물에 붉은 등을 걸고
늙음과 죽음에도 떨어지지 않는다
— 이향지, 「뱀딸기」 전문

최두석의 「정여립」이 지배 계급과 피지배 계급 간의 대립 갈등 구조 이외에도 남성과 여성 간의 대립 갈등 구조를 간직하고 있다면, 이향지의 「뱀딸기」는 그 대립 갈등 구조를 무화시켜버리고 있는 시라고 할 수가 있다. 좀 더 과감하게 말한다면 「뱀딸기」는 유교적인 전통과 기독교적인 전통을 일소해 버리고, 여성과 뱀을 좀 더 원색적으로 결합시켜 버리는 '신성모독적', 혹은 '관능적인 상상력'을 펼쳐보이고 있는 시라고 할 수가 있다. 이향지는 "여름 풀숲에서 익는 여자"로서 뱀을 사랑하고, 또한 이향지는 "소설 속으로 들어간 젊은 남자를" 사랑한다. 그녀는 자신의 나이도 잊은 채, 서로 서로 마주보며 서로 서로의 "거울"이 되어주고 싶다는 욕망을 드러내기도 하고, 또한 그녀는 저잣거리의 홍등가에서처럼, 욕망의 포로—"이브, 사랑이란/ 가건물에 붉은 등을 걸고/ 늙음과 죽음에도 떨어지지 않는다"라는 시구가 그것이다—가 되어 있는 자기 자신을 사실 그대로 드러내기도 한다. 이향지는 속세의 어머니로서 칠거지악이나 여필종부라는 범주를 넘어 서 있고, 또한 그녀는 풍요로운 대지모신으로서 섹스의 화신이나 죄악의 장본인이라는 범주를 넘어 서 있다. 죄악 없는 성화가 있을 수가 없듯이, 그녀는 부도덕의 진실에 자신의 몸을 투신시킴으로써, 이 아름답고 풍요롭고 행복한 우리 인간들의 삶을 일구어 낸 것일는지도 모른다.

이 세상의 삶을 아름답고 풍요롭게 바라보느냐, 아니면 더럽고 추하게 바라보느냐에 따라서 우리 인간들의 삶은 정반대의 현상으로 나타나게 되어 있다. 이 세상의 삶을 아름답고 풍요롭게 바라보면, 미래의 인간형으로서의 고귀하고 위대한 인간이 탄생하게 되지만, 이 세상의 삶을 더럽고 추하게 바라보면, 그 어떠한 희미한 빛이나 희망마저도 부정하고, 비천하고 천박한 인간이 탄생하게 된다. 고귀하고 위대한 인간은 종교마저도 현실에 근거를 두고 안출해 내지만, 비천하고 천박한 인간은 종교마저도 천국이라는 가상에 근거를 두고 안출해 내게 된다. 이 세상의 모든 욕망들을 부정하고 있다는 점에서는 기독교와 불교가 다 같지만, 그러나 기독교는 이 세상에서 가장 교활하고 사악하며, 그리고 가장 파렴치한 대사기극에 지나지 않는다. 죄는 기독교의 존재 근거이며, 벌은 기독교의 권력의 지렛대이다. 왜냐하면 우리 인간들은 영원한 죄인이고, 더없이 거룩하고 순결하신 하나님의 아들마저도 희생시킨 중죄인들에 지나지 않고 있기 때문이다. 따라서 우리 인간들은 결코 그 죄의 진창 속에서 헤어나올 수도 없고, 오직, 우리 인간들에게 허용되어 있는 삶이란 영원한 형극의 가시밭길 뿐인 것이다. 이향지의 「뱀딸기」는 이러한 기독교 사상과 남근중심주의를 뛰어 넘어서, 이 세상을 더욱더 아름답고 풍요롭게 바라다 본 시라고 해도 과언이 아니다. 도덕의 진실과 부도덕의 진실은 힘의 균형에 따라서 잠정적으로 갈라진 인위적인 구분에 불과하고, 부도덕의 진실은 도덕의 진실에 대하여—무수하게 짓밟히고 신음하면서도—언제나 도전적인 형태를 띠고 있다고 할 수가 있다. 도덕은 항상 선하다고 생각하는 사람들에 의해서 준수되지만, 그러나 그 도덕은 항상 악인이라고 생각되는 사람들에 의해서 부정된다. 그러나 그 악인이 고귀하고 위대한 사람이 되면, 그는 새로운 도덕의 창시자가 되고, 그는 마침내 선한 사람이 된다. 나는 이러한 선악을 넘어선 관점에서 '비극의 진실'과 '희극의 진실', 그리고 '도덕의 진실'과 '부도덕의 진실'을 매우 깊이 있고, 진지하게 살펴볼 수가 있게 되었다. 힘에 의지하고 있는 도덕만이 도덕이고, 힘에 의지하지 못하고 있는 도덕은 도덕이 될 수가 없다.

하지만 진정으로 이 세상을 더욱더 넓고 풍요롭고 아름답게 바라볼 줄 아는 낙천주의자는 오딧세우스나 김수영이나 박찬일이나 이향지처럼 자기 자신의 진실에 의지하고 있는 인간이며, 곧바로 그는 선악을 넘어서서 행동할 수 있는 위대한 비극의 주인공이라고 할 수가 있다. 진실에 의지하고 있는 자는 제1급의 정신의 소유자로서 자기 자신이 가치판단자이자 명령자이고, 선악의 의미를 넘어서서, 그 모든 것을 가능하게 하고 있는 不死의 神과도 같은 존재라고 할 수가 있다.

1

"잘 봐 주게."

"정직하게 보란 말일세."

"나도 日本 유학 시절엔 記者가 되려고 했지.

倭警들을 혼내 주려고 말이야.

그만둔 게 참 잘 됐지 뭔가."

"나도 놀며 먹고 있지는 않네.

이렇게 붓으로 세상을 다스리고 있지 않나?"

"하하하……"

2

西歸浦에 볼 것 있나.

있다면 붓 한 자루로 세상을 살아가는 이.

보통 키에 여윈 체구.

墨香에 묻혀 인생의 비밀을 캐느라

스스로를 다스리다

눈이 침침해 안경조차 썼다.

낙엽 구르듯 步法에도 墨香이 어리고 술을 마시면 죽겠다

고 저승을 넘나드는 이.

술을 마셔 혹이나 때묻었을까. 툭툭

홍진을 털면 선비의 자세로 돌아가

붓 한 자루로 인간을 다스린다.

—拔山蓋也

"뜻을 모르거든 공부를 하게"

— 문충성, 「西歸浦—素庵 선생에게」 전문

에밀리 디킨슨은 "머리 끝이 잘려나간 듯이 내가 육체적으로 느낄

때, 나는 이것이 시라는 것을 안다"라고 노래했지만, 우리가 에밀리 디킨슨의 말에서 단번에 알아차릴 수가 있는 것은 앎과 행동의 일치라고 하지 않을 수가 없다. 앎과 행동의 일치가 그만큼 어려운 것이기는 하지만, 그 진실에의 의지를 통해서 우리가 얻을 수 있는 것은 인간이라는 종의 건강과 인간의 자기 한계 극복, 그리고 공동체 사회의 행복이라고 하지 않을 수가 없다. 앎은 그 주체자의 자아의 완성을 도와주고 그것의 실천은 그 주체자의 세계의 형성을 도와준다. 달리 말하자면 앎과 행동의 일치는 자아의 발전사가 세계의 형성사가 되어준다고 해도 틀림이 없을 것이다. 문충성의 「西歸浦」는 에밀리 디킨슨의 노래처럼, 앎과 행동을 일치시킬 수 있는 '素菴 선생'을 노래하고 있는 시이기도 하고, 한 사람의 예술가를 '서귀포'라는 관광명소의 절경으로 노래하고 있는 시이기도 하다. '서귀포'가 그 옷자락에 '소암 선생'을 길러준 것이 아니라, 소암 선생 스스로가 서귀포라는 절경이 된 것이라고 해도 좋다. "墨香에 묻혀 인생의 비밀을" 캔다는 것은 그의 자아의 수련을 뜻하고, "낙엽 구르듯 步法에도 墨香이 어리고 술을 마시면 죽겠다고 저승을 넘나"든다는 것은 그의 자아의 완성을 뜻한다. 소암 선생은 헤겔의 말처럼, 세계를 자기 속성으로 인지하여 정신의 자기 소외를 극복하고 자유를 실천한 사람이고, 또한 소암 선생은 더 이상 예술가가 아니라 서귀포라는 풍경 자체가 된 것이라고 해도 좋다. 그는 자기 자신이 가치판단자이자 명령자이고, 선악을 넘어서서 그 모든 것을 가능하게 있는 不死의 神과도 같은 존재라고 할 수가 있다.

언제, 어디서나 앎과 행동을 일치시킬 수 있는 인간, 이승과 저승을 자유 자재롭게 넘나들 수 있는 인간, 앎이 육화되어 步法에도 墨香이 어리고 붓 한 자루로 세상을 다스릴 수 있는 인간, 종의 보존과 증진, 그리고 인간 문화의 성숙과 발전에만 관심이 있고 개인의 불행이나 고통 따위에는 관심이 없는 인간, 독자적인 사상과 독자적인 이념으로 무장되어 있는 인간, 제1급의 정신에 걸맞게 언제, 어디서나 자기 자신의 미덕을 긍정하고 현대 사회의 어중이 떠중이들을 발밑으로 깔아 뭉개버릴 수 있는 인간—, 이러한 인간이 진실에의 의지를 실천하고 있는 인간이며, 위대한 비극의 주인공이라고 할 수가 있는 것이다. 모든 시인들은 「西歸浦」에서처럼, 자기 자신이 인류의 조상과 아버지가 될 수 있는 곳, 그리고 자아의 발전사가 세계의 형성사가 되고 조국의 번영과 행복이 약속될 수 있는 곳에 자기 자신의 존재의 집을 짓지 않으면 안 된다.

오딧세우스에게 있어서 바다는 자기 자신의 존재의 집이며, 자기 자신이 언어 자체의 기원이 되고, 인류의 조상이 될 수 있는 그런 곳이다. 멋진 고통, 우아한 고통, 생살이 찢어지고 모든 뼈마디가 잘려나가는 듯한 고통, 견딜 수 없는 외로움과 슬픔들이 살아서 펄쩍펄쩍 뛰어오르는 고통, 이러한 모든 고통들이 우리 시인들의 일용할 양식이 되지 않으면 안 된다. 젖과 꿀이 없어도 모래와 갈증이 달콤하고, 비단금침이 없어도 만고풍상을 벗 삼아 저절로 잠이 오는 곳, 바로 그곳이 부푼 꿈을 키워나갈 수 있는 모든 시인들의 조국이기도 한 것이다(15).

| 참고 문헌 |

1, 아리스토텔레스, 『시학』, 청년사, 1988

2, 최혁순 편역, 『쇼펜하우어』, 을지출판사, 1984

3, 니체, 『우상의 황혼』, 청하, 1988

4, 반경환, 「퇴폐주의를 어떻게 할 것인가?—황지우, 김현, 정과리 비판」, 1994, 『시와사상』 가을호

5, N. 프라이, 『비평의 해부』, 한길사, 1985

6, 플라톤, 『플라톤과 대화』, 종로서적, 1990

7, 아리스토텔레스, 『니코마코스 윤리학』, 서광사, 1984

8, 에디스 헤밀턴, 『그리스 로마 신화』, 을지출판사, 1985

9, M, 라이트 편, 『제국주의란 무엇인가』, 도서출판 까치, 1985

10, 마키아벨리, 『군주론』, 범우사, 1976

11, 니체, 『짜라투스트라는 이렇게 말했다』, 청하, 1984

12, 반경환, 「한국문학비평의 위상—한국문학의 이론적 정립은 가능한가?」, 미발표

13, 니체, 『선악을 넘어서』, 청하, 1990

14, 조셉 캠벨, 『신화의 힘』, 고려원, 1992

15, 반경환, 「오딧세우스의 바다 3」, 1995, 『시와 사상』 가을호

제5장 거짓에의 의지

네덜란드의 철학자 스피노자의 입장이나 고대 그리스 사회의 소피스트들의 입장에서 아리스토텔레스의 윤리학이나 칸트의 윤리학을 바라보게 되면, 그들이야말로 '도덕의 광기'에 사로잡힌 자들로서 아주 희극적인 배우에 지나지 않을는지도 모른다. 왜냐하면 우리 인간들에게는 거짓말이 아주 유용한 도구이며, 그때 그때마다 거짓말을 유효 적절하게 구사할 수 있는 인간만이 그가 속한 가정과 단체와 국가의 안녕을 보호하고 행복한 삶을 향유할 수가 있기 때문이다. 무자비하고 교활하고 간사한 인간은 거짓에의 의지에 충실한 인간이며, 그는 언제, 어느 때나 타인들의 진실을 짓밟아 버리고 유리한 고지를 점령할 수 있는 인간이기도 하다. 친절하고 정직하고 온화한 인간은 생존경쟁이라는 삶의 자장에서 패배할 수밖에 없는 인간이며, 그는 언제나 타인들의 교묘한 책략의 대상이 될 수밖에 없는 인간이기도 하다. 무자비하고 교활한 간계로써 에서의 축복을 가로채 가는 야곱을 생각해 보고, 성 기능의 강화 차원에서 비롯된 할례 의식을 하나님과의 언약의 징표라고 위장할 줄을 알았던 유태인들을 생각해 보라!

수천 년의 시간과 공간을 넘나들면서 끝끝내 헬렌과의 사랑을 성사시키는 괴테의 대사기극을 생각해 보고, "정의는 강자의 이익"이라는 소피스트들의 진실을 짓밟아 버리고 이타적인 도덕만을 강조하고 있는 플라톤의 대사기극을 생각해 보라!(1: 32)* 야곱, 유태인, 괴테, 플라톤은 이성의 간계의 주체자들이고, 에서, 비유태인, 어중이 떠중이들, 소피스트들은 이성의 간계의 희생자들이다. 이성의 간계는 끝이 없고, 우리 인간들은 그 거짓말을 통하여 행복하게 살아가고 있는 것인지도 모른다.

도덕군자로서 아리스토텔레스는 그의 '목적론적 윤리설'을 통하여 거짓말을 극단적으로 단죄했고, 아리스토텔레스의 후예로서 칸트 역시도 그의 '법칙론적 윤리설'을 통하여 거짓말을 극단적으로 단죄했다. 목적론적 윤리설은 거짓말이 우리 인간들의 궁극적 목표인 행복을 달성하는 데 나쁘다는 것을 뜻하고, 법칙론적 윤리설은 거짓말이 무제약적인 성실성의 요구에 적합하지 않다는 것을 뜻한다. 아리스토텔레스와 칸트는 도덕의 광기에 사로잡힌 판단의 어릿광대들에 불과하고, 그들의 그러한 판단에 의해서 선과 악, 진실과 거짓 등의 이분법적인 대립의 골이 더욱더 깊어졌다고 해도 과언이 아니다. 고대 그리스 사회의 소피스트들은 진리의 절대성을 부정하고 진리의 상대성을 주장했다. 위대한 소피스트들의 후예인 스피노자 역시도 그의 범신론을 통하여 진리의 절대성을 부정하고 진리의 상대성을 주장했다. 소피스트들과 스피노자의 말에 따르면 선과 악, 진실과 거짓의 구분은 매우 자의적인 것이며, 그것은 그들의 입장에 따라서 그 구분이 다르게 되어 있을 뿐인 것이다. 왜냐하면 선과 악이나 진실과 거짓은 그것을 바라보고 욕망하는 주체에 의해서 구분될 수밖에 없기 때문이다. 우리 인간들은 매우 이기적인 동물들이고, 모든 욕망이 집중되어 있는 대상을 선이라고 부르고 있다. 거짓말은 아주 유익하고 유용한 도

* (1: 32)는 1의 책 32면을 말한다.

구이며, 우리 인간들은 거짓에의 의지를 통하여 이 세상의 삶을 긍정하고 찬양하면서 살아간다고 할 수가 있다. 거짓말은 진실보다도 더 시야가 넓고 더 지혜롭다. 거짓말은 악마가 애용하고 있는 말이며, 악마는 그 거짓말을 통해서 수천 년 동안이나 신을 부정하고 행복하게 살아간다. 행복의 이데올로기에 사로잡혀서 진리의 상대성을 인정하지 않았던 아리스토텔레스의 목적론적 윤리설도 거짓에의 의지가 담겨 있는 말이고, 언제, 어느 때나 '네 스스로 보편적인 입법원리에 따라서 행동하라'는 칸트의 법칙론적 윤리설도 거짓에의 의지가 담겨 있는 말이다.

우리는 거짓에 의지하고 있는 자가 거짓말의 중요성을 알고 있다는 점에서 앎에의 의지에 충실한 자라고 말하지 않으면 안 되고, 또한 그 앎에 의지하고 있는 자가 도덕 의식에 대한 전면적인 무지를 드러내놓고 있다는 점에서 무지에의 의지에 충실한 자라고 말하지 않으면 안 된다. 우리는 무지에 의지하고 있는 자가 그 무지를 지나치게 이해하지 못하고 있다는 점에서 진실에의 의지에 충실한 자라고 말하지 않으면 안 되고, 또한 그 진실에 의지하고 있는 자가 그 진실의 허위성을 이해하지 못하고 있다는 점에서 거짓에의 의지에 충실한 자라고 말하지 않으면 안 된다. 거짓말을 부정한다는 것은 삶 자체를 거부하고 부정한다는 것이고, 거짓말을 삶의 조건으로서 받아들인다는 것은 이 세상의 삶을 긍정하고 찬양한다는 것을 의미한다.

인정사정 두지 말고 취조하라
지퍼를 주욱 내려 발가벗기고
수치심을 고문하라
순식간에 드러나는 매끄러운 거짓말
리프트를 타고 하늘 끝까지 올라간다

부드럽고 신속하게 활강하는
발바닥 아래 꼼짝없이
겁탈당하는 부끄러운 비밀
차라리 이대로 혀 깨물고
녹아지고 싶은,

구순기口脣期의 본능을 채우기 위해
공갈 고무젖꼭지를 빨던 힘으로
연약한 네 본심 한 점을 물어뜯는다
— 이인원, 「말」 전문

언어에는 사물의 인식 기능과 의미 전달 기능이 있고, 그리고 우리 인간과 인간들 사이에 의사를 전달해 주는 기능이 있다. 언어는 사회적 규약의 총체이며, 사회적 획득물인 것이다. 괴테의 파우스트 박사가 "태초에 말이 있었다"라고 신약 첫 구절을 번역하고 있는 것처럼, 언어는 한 줄기의 빛이며 소금이고, 아득한 시원의 물이며 생명인 것이다(2: 64). 만일, 언어가 없다면 이 세계는 캄캄한 어둠일 뿐이고, 우리 인간들은 결코 살아갈 수가 없게 된다. 우리 인간들은 언어를 통해서 과거를 기억하고 미래를 상상하고, 상호 간에 희로애락이 교차되는 의사를 표시하면서 살아간다. 언어가 한 줄기 빛이며 소금이고, 아득한 시원의 물이며 생명이라면, 언어를 갈고 닦는다는 것은 그 주체자들의 몸과 마음을 갈고 닦는 것이라고 할 수가 있다. 언어가 불결하면 그 주체자들의 몸과 마음이 불결한 것이며, 언어가 다르면 그 주체자들의 문화가 다를 수밖에 없다. 언어가 건강하고 맑고 깨끗하지 못하면 그 주체자들의 문화가 쇠퇴할 수밖에 없고, 언어가 건강하고 맑고 깨끗하면 그 주체자들의 문화가 건강하게 성장할 수밖에 없다. 영어의 제국주의라는 말이 있듯이, 한 민족의 언어가 국제적인 공용어로 된다는 것은 그 민족의 문화와 힘이 세계를 정복해 가고 있다는 증거가 될 수도 있다. 언어는 결코 한 개인의 천재성의 산물이 아니며, 그것은 사회적 규약의 총체로서 사회적인 획득물이라고 하지 않을 수가 없다.

그러나 우리 인간들의 언어가 사회적 규약의 총체로서 제 기능을 다 하지 못하고 전면적으로 오염되어 있다면 어떻게 할 것인가? 아니, 언어 자체가 선보다는 악을, 진실보다는 거짓을 더 잘 드러내고 있다면 어떻게 할 것인가? 우리 인간들이 언어에 대한 지나친 기대와 과도한 믿음을 가져왔던 것도 사실이지만, 이제는 일물일어설一物一語設에 대한 믿음도 무너진 지가 오래되었고, 언어와 지시대상 간의 관계가 매우 자의적이라는 사실이 증명된 지도 오래되었다. 언어는 한 줄기 빛이며 소금이고, 아득한 시원의 물이며 생명 자체이기는 하지만, 언어 자체가 아주 건강하고 맑고 깨끗하다는 믿음은 매우 순진한 환상이었다고 해도 틀림이 없다. 언어는 선만을 드러내지 않고 악마저도 드러내 놓고 있고, 언어는 진실만을 드러내지 않고 거짓마저도 드러내 놓고 있다. 선과 악은 하나의 끈으로써 이어져 있고, 진실과 거짓 역시도 하나의 끈으로써 이어져 있다. 이인원의 「말」은 진실의 반대 방향에서, 거짓으로 충만되어 있는 언어의 세계를 다소 거칠지만 일도필살一刀必殺과도 같은 파격적인 방법으로 파헤쳐 놓고 있는 것처럼 보인다. 시적 화자인 시인 자체가 남근중심주의의 피해자라는 사실도 망각한 채, 여성의 "지퍼를 주욱 내려 발가벗기"라는 정언명령도 파격적이고, 수많은 말들이 겁탈당하고 있는 설원의 스키장의 현장 묘사 장면도 파격적이고, 리비도의 국소정위局所正位 현상인 "구순기"를 통해서 "공갈 고무젖꼭지"를 빨던 시절을 폭로하고 있는 장면도 파격적이다. 모든 말들을 발가벗기고 그 말들을 성고문하듯이 추궁해 보면, 매일, 매 시간, 어린 아이가 "공갈 고무젖꼭지"를 빨듯이, 거짓말과 함께 살아온 우리 인간들의 "비밀"이 드러난다는 것이 이인원의 「말」의 핵심적인 전언이라고 해도 틀림이 없다. 말, 말, 말, 항상 거짓을 먹고 자라면서 더욱더 거짓에 오염되어가고 있는 말—, 그러나 거짓에 오염되어 있는 "부끄러운 비밀"이 탄로나게 되고, 마침내 빨갛게 얼굴을 붉히고 있는 아름다운 말들, 선과 악, 진실과 거짓이 서로 서로 혼융되고 뒤섞여 있어서 전혀 옥석이 구분되지 않고 있는 말들—. 이인원의 「말」은 시적 화자인 시인에게 그만큼의 분노와 함께, 수치심과 부끄러움을 드러내 주고 있는 시이기도 하지만, 우리 인간들의 삶 자체가 거짓 자체라는 사실을 역으로 반증해 주고 있는 시이기도 하다. 과연, "지퍼를 주욱 내려 발가벗기고" 성 고문하듯이 물리적인 강제력으로 모든 거짓말들을 퇴치할 수가 있는 것이고, 로키산맥의 설원에서 활강하듯이 모든 거짓말들의 정체를 다 폭로할 수가 있는 것일까? 고백과 반고백이 이음동의어이듯이, 거짓과 진실도 이음동의어이다. 우리 인간들은 '공갈 고무젖꼭지'를 빨듯이, 거짓말을 먹고 거짓말과 함께 이 세상을 긍정하고 찬양하면서 살아갈 수밖에 없는 것이다.

> 내두루매기깃에달린貞操빼지를내어보였드니들어가도좋다고그런다.들어가도좋다든女人이바로제게좀鮮明한貞操가있으니어떠냔다.나더러世上에서얼마짜리貨幣노릇을 하는세음이냐는뜻이다.나는일부러다홍헝겊을흔들었드니窈窕하다든貞操가성을낸다. 그리고는七面鳥처럼쩔쩔맨다.
>
> — 이상, 「危篤—白晝」 전문

이인원 시인이 언어의 정체에 대한 명확한 통찰과 함께, 원초적으로 거짓에 오염되어 있는 말들의 기원을 폭로하고 있다면, 이상 시인은 비록, 음담이기는 하지만, 고급 유우머로서의 거짓말들이 통용되고 있는 삶의 현장을 보여주고 있는 것처럼도 보인다. 「危篤」의 주인공의 "내 두루매기 깃에 달린 貞操빼지"는 속으로는 이무기가 다 되어버린 백수건달의 정조뺏지이고, 이미 산전수전을 다 겪은 홍등가의 여인은 "자신의 鮮明한 貞操"—이때의 선명한 정조는 뭇 사내들을 제 마음대로 요리할 수 있는 여인의 섹스의 기교를 뜻한다—로서 그 신사의 지갑을 노리고 있는 것처럼도 보인다. 하지만 겉으로는 점잖고 말쑥한 신사의 정조뺏지로서 홍등가의 여인을 유혹하는 백수건달의 솜씨나 전혀 정숙하지 않으면서도 그것을 노골적으로 드러내 놓고 백수건달을 유혹하는 여인의 솜씨는 똑같다고 하지 않을 수가 없다. 「危篤」은 백수건달과 홍등가의 여인의 섭외 장면과 말싸움의 과정을 고급 유우머의 차원에서 묘사하고 있는 시이기는 하지만, 그 싸움에서 승리를 거두는 것은 "나는 일부러 다홍헝겊을 흔들었다"는 백수건달인데, 왜냐하면 그는 처녀만을 상대하겠다는 뜻을 내보였기 때문이다. 다홍헝겊은 처녀성의 의미를 뜻하고, "窈窕하다든 貞操가 성을 낸다. 그리고는 七面鳥처럼 쩔쩔맨다"는 이미, 처녀성을 상실한 여인의 분노—툇짜를 맞은 여인의 분노—를 뜻한다. 이상의 시, 「危篤」이 '위독'인 것은 백수건달과 홍등가의 여인 사이에 주고 받는 말들이 더욱더 오염되어 있기 때문이고, 서로가 서로를 속이고 속일 수밖에 없는 기만적인 삶의 현장을 희화화할 수밖에 없었기 때문일는지도 모른다. 그들이 주고 받는 말들 사이에는 무자비하고 교활한 간계만이 있을 뿐, 그 주체자들의 진실되고 선량한 의사가 담긴 말로서의 흔적은 그 어디에서도 찾아볼 수가 없다. 이상 시인이 「危篤」이라는 시를 통하여 거짓말에 오염되어 있는 언어와 우리들의 인간 관계를 폭로하고 있기는 하지만, 다른 한편에서는 거짓에의 의지가 우리 인간들의 삶에의 의지라는 사실을 역설적으로 증명해 주고 있는 것처럼도 보인다. 도덕이 도덕인 것은 그것이 강자의 힘으로써 무장되어 있기 때문이고, 진실이 진실인 것은 그것이 무자비하고 교활한 간계로써 무장되어 있기 때문이다. 우리 인간들은 상호 간의 거짓에의 의지를 통해서 생존경쟁이라는 피눈물나는 싸움을 할 수밖에 없고, 그 싸움에서 패배하고 탈락하지 않기 위해서 온갖 지혜를 다 동원할 수밖에 없게 된다. 모든 말들의 기원에도 거짓말이 있고, 모든 지혜의 기원에도 거짓말이 있다.

이인원 시인이나 이상 시인이 매우 비관적으로, 혹은 부정적으로 말들의 오염을 폭로하고, 또한 그 말들에 오염되어 있는 우리 인간들의 삶을 폭로하고 있기는 하지만, 그러나 말들만이 오염되어 있거나 우리 인간들만이 오염되어 있는 것은 아니다. 좀 더 명확하게 말해서, 수많은 말들이나 그 말들의 주체자인 우리 인간들보다도 더욱더 오염되어 있는 것은 선과 악, 진실과 거짓을 매우 극단적이고도 획일적으로 구분해 놓고 있는 우리 인간들의 도덕 감정이며, 그 도덕 감정에 의해서 아주 자연스럽지 못한 말들과 우리 인간들이 있을 뿐인 것이다. 도덕 감정은 선과 악, 그리고, 진실과 거짓을 매우 극단적이고도 획일적으로 구분해 놓고 있지만, 백주의 대낮에 발가벗기고 성 고문하는 사건도 있을 수가 있고, 고급 유우머로써 정숙하지 못한 음담을 주고 받는 사건도 있을 수가 있다. 도덕 감정의 기원도 거짓말이고, 거짓말의 기원도 도덕 감정이다.

똑, 똑, 똑,
문좀 열어주세요
하루밤 자고 갑시다.
밤은 깊고 날은 추운데
거 누굴까?
문 열어주고 보니
검둥이의 꼬리가
거짓부리한걸.

꼬기요, 꼬기요,

달걀 낳았다.

간난아 어서 집어 가거라

간난이 뛰어가 보니

달걀은 무슨 달걀.

고놈의 암탉이

대낮에 새빨간

거짓부리한걸.

— 윤동주, 「거짓부리」 전문

거짓말은 '말'들의 오염에 의해서 시작될 수도 있고, 그 주체자들의 타락한 도덕 감정—말을 사용하는 주체자들의 오염—때문에 시작될 수도 있지만, 윤동주의 「거짓부리」에서처럼, 거짓말이 만물의 척도로서 자연 그 자체에 의해서 생겨날 수도 있다. 「거짓부리」에서의 거짓말은 서로가 서로를 속고 속이는 기만적인 것도 아니고, 사사건건 이해타산과 자기 자신의 욕망에 따라서 반응할 수밖에 없는 자의 그것만도 아니다. 「거짓부리」에서 거짓말은 아리스토텔레스의 목적론적 윤리설과 칸트의 법칙론적 윤리설을 뛰어넘고 있는 거짓말이며, 선악이나 도덕 감정의 차원을 넘어서서 자연의 이치에 따라서 생겨난 유쾌한 거짓말이기도 한 것이다. "똑, 똑, 똑/ 문좀 열어 주세요/ 하룻밤 자고 갑시다"와도 같은 "검둥이의 꼬리"치는 소리가 그렇고, "밤은 깊고 날은 추운데/ 거 누굴까"라고 문을 열어주는 주인의 행위가 그렇다. "꼬기요, 꼬기요/ 달걀 낳았다/ 간난아 어서 집어 가거라"라는 듯한 암탉의 가짜 울음 소리가 그렇고, 그 암탉의 가짜 울음 소리에 감쪽 같이 속아버린 간난이의 행위가 그렇다. 그러나 주인과 간난이의 표정에는 속았다는 것에 대한 분노도 있을 수가 없고, 더더군다나 이인원과 이상 시인에게처럼, 염세주의적인 도덕 감정 따위 등도 있을 수가 없다. "똑, 똑, 똑/ 문좀 열어 주세요/ 하룻밤 자고 갑시다"라는 소리도 반가운 손님의 소리이고, "밤은 깊고 날은 추운데/ 거 누굴까" 라고 문을 열어주는 주인의 독백의 소리도 후덕한 인심을 나타내는 소리이다. "꼬기요, 꼬기요/ 달걀 낳았다/ 간난아 어서 집어 가거라" 라는 암탉의 울음 소리도 반가운 소리이고, 암탉의 가짜 울음 소리에 속아버린 간난이의 모습도 다정다감한 모습이다. 따라서 주인과 검둥이, 간난이와 암탉 등이 연출해 내고 있는 삽화들은 먼 옛날의 이야기처럼 고소하고 또 고소하다고 하지 않을 수가 없는 것이다. 윤동주의 「거짓부리」는 동화적 상상력을 통해서 먼 옛날의 이야기를 들려주고 있는 듯한 대화법이 지배하고 있는 시이며, 거짓이 거짓을 낳고 거짓 자체가 즐겁고 유쾌한 삶의 조건이라는 사실을 증명해 주고 있는 시이기도 하다. 실언, 농담, 의태, 과장된 언어와 과장된 행동, 희극적인 배우의 몸짓 따위 등은 거짓말에 더욱더 가까울 수도 있고, 옛날 이야기, 동화, 신화, 시, 소설 따위 등도 진실보다도 더욱더 아름다운 거짓말일 수도 있다. 윤동주의 「거짓부리」에서의 거짓말은 만물의 척도로서 자연의 이치에 따라서 생겨나고 있는 거짓말이며, 아리스토텔레스와 칸트의 도덕 감정 이전에, 삶의 조건으로서의 즐겁고 유쾌한 거짓말이기도 한 것이다.

거짓말의 사회적 기능이나 그 유형의 범주들은 매우 다종 다양하고 복잡할 수도 있겠지만, 우리 인간들은 오늘도, 지금 이 순간에도 거짓말이라는 나무 위에다가 자기 자신의 둥지를 틀고 아주 행복하게 살아가고 있는 것이다. 진실이, 혹은 매우 선명하고 편협한 도덕 감정이, 마치, 세찬 비바람처럼, 거짓말의 나무와 모든 낙천주의자들의 존재의 집을 위태롭게 하지만, 거짓말의 줄기와 뿌리와 가지들은 너무나도 깊고 견고하고 튼튼하다. 우리 인간들의 존재의 집은 거짓말이라는 반석 위의 집, 어떠한 천재지변이나 수많은 강적들의 물리적인 공격으로부터도 안전하고, 또 안전하기만 하다. 통치자의 거짓말을 할 수 있는 권리, 스승이나 의사나 판사나 검사가 거짓말을 할 수 있는 권리, 인간과 인간을 위한 이타심에 의해서 거짓말을 할 수 있는 권리, 명문의 기원으로서의 부와 행복의 기원으로서의 부를 위해서 거짓말을 할 수 있는 권리, 차마, 양심의 가책 때문에 괴롭기는 하지만, 처절한 생존경쟁의 장에서 살아남기 위한 배신으로서의 거짓말을 할 수 있는 권리, 상대방의 위해나 폭력에 맞서서 아주 지능적인 간계로서의 거짓말을 할 수 있는 권리, 불필요한 상대방의 호기심이나 쓸데없이 타인의 사생활을 침해하려는 자들에 대하여 거짓말을 할 수 있는 권리, 정당방어로서의 거짓말과 오입을 하고서도 하지 않았다고 말할 수 있는 권리, 법을 어기고도 법을 어기지 않았다고 말할 수 있는 권리와 자기 아들이나 아버지를 보호하기 위해서 너무나도 뻔뻔스러운 거짓말을 할 수 있는 권리, 위대한 제국의 건설이든, 지상낙원이든, 하늘 나라의 천국이든 간에 사상과 이념으로 무장하고 수많은 민족과 대중들을 사로잡기 위해 전혀 근거도 없고 검증되지도 않았지만, 그러나 돌 속의 내장을 뚫고 들어가 돌부처의 마음마저도 움직일 수 있는 달콤한 말로써 거짓말을 할 수 있는 권리 등—, 이러한 거짓말들은 얼마나 다종다양하고 아름답고, 또 유용하고 필요한 거짓말이라고 할 수가 있는 것일까? 거짓말은 우리 인간들의 삶을 보다 넓고 아름답고 풍요롭게 하는 역동적인 에너지이며, 모든 거짓말들은—그것이 도덕적이든, 부도덕적이든지 간에—조건없이 허용되지 않으면 안 된다.

거짓말은 너무도 쉽고 뻔뻔스럽고 진실은 너무나도 어렵고 처절하다고 진실에의 의지가 말한다. 그러나 진실은 거짓말을 너무도 학대하고 못 살게 굴고 거짓말만이 더욱더 처절하고 고독하다고 거짓에의 의지가 말한다. 그러나 또 자세히 살펴보면, 진실이 거짓말의 머리채를 붙잡고 거짓이 진실의 멱살을 움켜잡고 있는 것 같지만, 그들은 아리스토텔레스나 칸트와도 같은 도덕군자들의 눈을 피해서 은밀한 연애와 낯 뜨거운 정사까지도 즐기고 있는 것처럼 보인다. 모든 선악이 그렇듯이, 진실과 거짓은 서로 서로 하나의 끈으로써 이어져 있고, 그것들은 또한 도덕적 가치판단의 양면을 이루고 있다고 해도 과언이 아니다. 이인원의 시—오염된 말—와 이상의 시—말을 사용하는 주체자들의 오염—, 그리고 윤동주의 시—만물의 척도로서의 자연 자체에 의한 거짓말의 탄생—를 통해서 '거짓말의 기원'과 그 윤리적인 배경을 살펴 보았지만, 거짓에 의지하는 인간, 거짓을 사랑하고 거짓을 존중할 줄 아는 인간이 나오기 위해서는 그 무엇보다도 무자비하고 교활하고 간사한 성품이 더욱더 요구된다고 해도 과언이 아니다. 거짓을 삶 자체로서 받아들인다는 것, 그것은 새로운 도덕의 출현을 의미하고 모든 가치들의 전복을 의미한다. 거짓에 의지하고 있는 인간, 거짓을 사랑하고 거짓을 존중할 줄 아는 인간만이 진실에 의지하고 있는 자이며, 이 세상을 보다 넓고 풍요롭고 아름답게 바라볼 줄 아는 낙천주의자라고 할 수가 있다.

이제, 우리는 이타적인 거짓말과 이기적인 거짓말, 그리고 특정 이데올로기에 종속되어 있는 거짓말과 진실보다도 더욱더 아름다운 거짓말로써 그것의 사회적 기능을 설명하고, 그 유형의 범주들을 정리할 수가 있을는지도 모른다. 거짓말이 극단적으로 배제되면 말의 풍요로움이 제거되고 삶의 아름다움이 부정되지만, 거짓말이 유효 적절하게 허용되면 말의 생기가 넘쳐나게 되고 아름다운 삶이 가능해진다. 또한 거짓말이 극단적으로 배제되면 모든 시와 예술이 종식되고 삶의 빈곤화가 진행되지만, 거짓말이 유효 적절하게 허용되면 모든 시와 예술이 꽃 피어나게 되고 우리 인간들의 건강한 문화의 축적이 가능해진다. 이미, 시사한 바가 있듯이, 거짓말의 첫 번째 사회적 기능은 이타적인 거짓말이며, 그 거짓말의 전거를 이루고 있는 것은 매우 도덕적인 사실들이라고 할 수가 있다. 국가의 안녕과 국민들의 행복을 위해서 언제, 어느 때라도 조건없이 허용되어야만 하는 통치자의 거짓말을 할 수 있는 권리와 제자들이나 환자들의 이익을 위해서 스승과 의사들의 거짓말을 할 수 있는 권리, 자기가 속한 단체나 가정의 평화를 위해서 상호 간의 비밀을 지켜주면서 거짓말을 할 수 있는 권리와 타인들의 사회적 불운과 재앙을 위로하기 위해서 사해동포주의의 가면을 쓴 자들의 거짓말을 할 수 있는 권리 등이 바로 그러한 것이라고 해도 틀림이 없다. 만일 "그가 진리를 소유하고 있지 않으면 거짓말장이가 되어 철학자의 자격이 없다"라고 역설했던 도덕군자로서의 소크라테스마저도,

소크라테스 진리는 존중하지 않으면 안 되네. 거짓말은 신들에게 무용한 반면 인간에게 유용한 약이 된다면 그러한 약은 의사에게나 쓸모가 있을 뿐 일반 사람들과는 아무런 관계가 없네.

아데이만토스 그렇습니다.

소크라테스 만일 어떤 자가 거짓말을 하는 특권을 가지고 있다면 그야말로 국가의 통치자가 되어야 하네. 통치자들은 적이나 자기의 국민을 대할 때 공익을 위해 거짓말을 하는 것이 허용될지도 모르네. 그러나 그밖의 사람들은 허용할 수 없네. 또한 통치자는 그런 특권을 갖고 있지만, 개인이 통치자에게 거짓말을 한다는 것은 병자나 학생이 의사나 선생에게 바른 말을 하지 않은 것이나 수부가 선장에게 선원이나 동료의 행동을 제대로 말하지 않는 죄보다도 더 중한 죄로 간주될지도 모르네.

아데이만토스 그건 사실입니다.

소크라테스 만일 통치자가 자기 이외에 거짓말을 하는 자가 있다면, 그가 예언자이거나 의사이거나 또는 목수이거나 직공이거나 나라를 정복하려는

자로 간주하여 징벌을 가해야 할 것이 아닌가?(1: 112)

라고, 통치자의 거짓말을 할 수 있는 권리를 적극적으로 옹호하고 역설하지 않았던가? 또한, '근대 정치학의 시조'로서 마키아벨리마저도,

그러나 인간은 본질적으로 악하여 군주와의 신의를 지키지 않기 때문에 군주도 그들에 대한 신의를 지킬 필요가 없다. 그리고 군주는 신의를 깨뜨릴 만한 그럴듯한 구실이나 이유를 언제나 갖고 있다. 여기에 대해선 최근에 일어났던 많은 실례를 들 수 있다. 그리고 군주가 신의가 결여됐기 때문에 얼마나 많은 중대한 조약과 약속이 깨지거나 효력을 상실했는가를 보여주고 있다. 또 여우의 역할을 가장 잘 알고 있는 군주가 가장 훌륭히 성공했다는 것을 보여준다. 정녕 이 성질에 멋진 채색을 하는 것이 필요하며 흉내내거나 얼버무리는 데 능숙해지는 것도 필요하다.

그러나 사람은 아주 단순하며 당면한 필요에 따라 절대적으로 예속되기 때문에 기만하기를 원하는 자는 그 속임수에 잘 넘어갈 사람을 반드시 발견하게 된다. 최근의 한 예에서 내가 그냥 지나칠 수 없는 것이 있다. 교황 알렉산데르 6세는 사람을 속이는 것 이외에는 어떠한 것에도 관심을 갖지 않았으며, 또 그것을 실행할 구실을 항상 찾았다. 이 교황만큼 확약確約을 해놓고 또 중대한 서약을 해놓고 그것들을 지키지 않은 사람도 없을 것이다. 그런데도 그는 인간 본성의 이런 측면을 잘 알고 있었기 때문에 그의 협잡은 항상 성공하였다(3: 101).

라고, '교황 알렉산데르 6세'의 실례를 지적하고 통치자의 거짓말을 할 수 있는 권리와 절대군주론을 적극적으로 옹호하고 역설하지 않았던가?

아리스토텔레스의 목적론적 윤리설은 수단이 궁극적인 목적을 합리화시켜주지 못한다는 것을 뜻하고, 칸트의 법칙론적 윤리설은 궁극

적인 목적이 수단을 합리화시켜주지 못한다는 것을 뜻한다. 아리스토텔레스의 행복의 이데올로기가 칸트의 무제약적인 성실성의 요구에 지나지 않고, 칸트의 무제약적인 성실성의 요구가 아리스토텔레스의 행복의 이데올로기에 불과하다. 하지만 자나깨나 국가의 안녕과 국민들의 행복을 위해서 최선의 노력을 다 하고 있는 통치자에게 있어서, 아리스토텔레스의 윤리학이나 칸트의 윤리학 따위가 문제될 리가 없다. 모든 도덕은 거짓에의 의지를 비웃고 통치자의 거짓말을 할 수 있는 권리를 규제하려고 하지만, 통치자는 그때 그때마다 단칼에 도덕의 동아밧줄을 끊어버리고, 그의 모든 국민들을 통치하고자 한다. "만일 통치자가 자기 이외에 거짓말을 하는 자가 있다면, 그가 예언자이거나 의사이거나 또는 목수이거나 직공이거나 나라를 정복하려는 자로 간주하여 징벌을 가해야 할 것이 아닌가"라는 도덕군자로서의 소크라테스의 말이 그렇고, "교황 알렉산데르 6세는 사람을 속이는 것 이외에는 어떠한 것에도 관심을 갖지 않았다"라는 '절대 군주론자'로서의 마키아벨리의 말이 그렇다. 소크라테스의 사고법이나 마키아벨리의 사고법은 지나치게 단순하고 획일적이어서 거짓말의 사회적 기능이나 그 유형의 범주들을 설명할 수가 없었지만, 단 한 가지의 조건—국가의 안녕과 국민들의 행복—아래서 통치자들의 거짓말을 할 수 있는 권리와 그들의 무자비하고 교활한 간계들만은 인정하지 않을 수가 없었던 모양이다. 통치자가 국가의 적이나 국민들을 대할 때 사회적 공익을 위해서 거짓말을 할 수 있다는 것도 맞는 말이지만, 의사나 스승이나 공동체 사회의 구성원들이 자기가 속한 단체와 가정과 국가의 평화를 위해서 거짓말을 할 수 있다는 것도 맞는 말이다. 그것들은 모두가 다같이 이타적인 거짓말이며, 칸트의 무제약적인 성실성의 요구를 비웃고 도덕의 기원을 형성하고 있는 거짓말이기도 한 것이다. 모든 통치자들의 권력이 거짓말을 할 수 있는 권리로서 무장되어 있는 것처럼, 도덕의 기원에는 수많은 거짓말들이 새로운 도덕 의식의 출현을 서두르고 있는 것인지도 모른다. 이타적인 측면에서, 통치자의 거짓말을 할 수 있는 권리를 가장 웅변적으로 말해 주고 있는 자는 트로이 전쟁 당시, 그리스군의 총사령관이었던 아가멤논 대왕이라고 할 수가 있다. 하지만 그는 비극의 주인공으로서 그의 거짓말과 함께, 가장 비참하게 죽어갔던 인물이라고 할 수가 있다. 일천여 척의 배와 수많은 그리스 병사들이 아울리스라는 항구에 도착했을 때, 사나운 북풍과 거센 파도는 멈출 줄을 모르고 있었고, 수렵의 여신 아르테미스는 그녀의 사슴을 살해한 그리스의 병사들을 향해서 무섭도록 섬찟한 보복을 감행하고 있었다. 그리스의 예언자 칼카스가 아가멤논 대왕의 장녀 이피게니아를 제물로 바쳐야 한다고 예언했을 때,

내가
우리 가정의 기쁨인
내 딸을 죽여야만 하다니.
한 소녀에게서 흘러나온
검은 피로 얼룩진
아비의 손으로
그녀를
제단에 바쳐야만 하는가

라고, 아가멤논 대왕은 그의 비정한 운명 앞에서 울부짖을 수밖에 없었지만, 이내, 그는 그리스군의 총사령관으로서 예언자의 말에 깨끗이 승복할 수밖에 없었다. 그 결과, 아가멤논 대왕의 장녀 이피게니아는 그리스군의 제일의 명장 아킬레스와 결혼시킨다는 명분(거짓말) 아래 살해되고, 아가멤논 대왕은 개선장군의 영광도 누려보지 못한 채, 가

장 처절하고 비참하게 살해당하지 않을 수가 없었던 것이다. 만일, 아가멤논 대왕이 그리스군의 총사령관이 아니었더라면 그의 장녀 이피게니아를 아르테미스의 제물로 바치지는 않았을 것이고, 또한 그가 그의 딸을 살해한 비정한 통치자가 아니었더라면 그의 아내와 정부에게 그토록 처절하고 비참하게 살해당하지 않았을는지도 모른다. 소크라테스와 마키아벨리 이외에도 쇼펜하우어와 니체 역시도 이타적인 측면에서 통치자의 거짓말을 할 수 있는 권리를 적극적으로 옹호하고 역설하고 있지만, 아가멤논 대왕의 거짓말은 이타적인 거짓말이면서도 그 거짓말과 함께, 그의 일생을 마치게 된 가장 극적인 예에 해당된다. 아가멤논 대왕의 거짓말은 통치자의 거짓말을 할 수 있는 권리에도 맞닿아 있지만, 교황 알렉산데르 6세의 반대 방향에서, 자기 자신의 의사에 반하여 어쩔 수 없이 이타적인 거짓말을 한 예에 해당된다고 하지 않을 수가 없다. 아가멤논 대왕의 거짓말이, 어쨌든 통치자의 이타적인 거짓말에 해당된다면, 김종삼의 거짓말은 기독교적, 혹은 사해동포주의적인 거짓말에 해당된다고 할 수가 있을 것이다.

내가 재벌이라면
메마른
양로운 뜰마다
고아원 뜰마다 푸르게 하리니
참담한 나날을 사는 그 사람들을
눈물지우는 어린 것들을
이끌어 주리니
슬기로움을 안겨 주리니
기쁨 주리니.
— 김종삼, 「내가 재벌이라면」 전문

청빈과 겸손과 정숙이 금욕주의적인 이상으로 작용하고 있다면, 자유와 평등과 사랑은 현대 민주주의 사회의 이상으로 작용하고 있다고 할 수가 있다. 청빈과 겸손과 정숙은 사회적 하층민들을 위해서 자기 자신과 그 모든 것을 희생해야만 하는 성직자들의 이상에 해당되고, 자유와 평등과 사랑은 인간 이하의 노예의 신분에서 해방되고자 하는 현대 민주주의 사회의 대부분의 인간들의 이상에 해당된다. 예수는 무지하고 무능하고 죄 많은 사회적 하층민들을 위해서 십자가에 못 박혔고, 부처와 성 토마스 아퀴나스는 고귀한 왕자의 신분과 명문 귀족의 혈통을 헌신짝처럼 내던져 버리고, 가난하고 헐벗고 굶주린 자들과 함께 하는 삶을 살다가 갔다고 하지 않을 수가 없다.

쇼펜하우어가 역설한 바가 있듯이, 가능하면 아무도 해치지 않고 도와주라는 것이 그들의 윤리학의 근본 명제—이것은 사해동포주의와 현대 민주주의 이상으로도 설명할 수가 있다—가 되어 주었던 것이며, 그들은 그 윤리학의 근본 명제를 통하여, 현대 민주주의 사회의 이상을 정립하고, 부단히 학대받고 억압당하고 있는 자들의 힘을 결집시킬 수가 있었던 것이다. 기독교적, 혹은 사해동포주의는 사회적 하층민들을 따뜻하게 어루만져주고 위로해 주는 것을 뜻하고, 또한 그것은 "상호 원조에의 의지, 무리를 형성하려는 의지, 공동체의 의지, 집회에의 의지"에서처럼, 서로가 서로를 도와주는 이타적인 사랑의 힘을 뜻한다(4: 142). '국민들의 첫째가는 공복들과도 같은 선량들'이라는 말에서처럼, 현대 민주주의 사회는 고귀하고 위대한 비극의 주인공들이 사라져 가고 있는 사회이며, 힘 있는 다수자들, 혹은 사회적인 하층민들이 지배하는 사회라고 할 수가 있다.

하지만 기독교적, 혹은 사해동포주의자들이 우리 인간들의 삶을 헐뜯고 염세주의자들과 함께, 적의를 정신화시킨 폐해도 적지 않고, 자유와 평등과 사랑으로 무장되어 있는 사회적 하층민들이 모든 것을 하향적인 평준화에로 깎아내려버린 폐해도 적지 않다. 또한 예수와 부처와 성 토마스 아퀴나스 등은 가난한 자, 힘없는 자, 헐벗고 굶주린 자들을 팔아서 人神으로서의 불멸의 업적을 세운 모순도 없지 않고, 힘 있는 다수자들, 혹은 사회적인 하층민들이 더욱더 크고 작은 부와 명예와 권력에 집착하고 있다는 모순도 없지 않다. 그들의 진실에의 의지는 거짓에의 의지이며, 그들은 다같이 그 거짓에 의지하고 있는 동안, 고귀하고 위대한 비극의 주인공들의 가치관을 아무런 양심의 가책조차도 없이 모조리 전복시켜 나갔던 것일는지도 모른다. 따라서 "내가 재벌이라면/ 메마른/ 양로원 뜰마다/ 고아원 뜰마다 푸르게 하리니"의 가정어법도 이타적인 거짓말에 불과할는지도 모르고, "참담한 나날을 사는 그 사람들을/ 눈물지우는 어린 것들을/ 이끌어 주리니/ 슬기로움을 안겨 주리니/ 기쁨 주리니"의 가정어법도 이타적인 거짓말에 불과할는지도 모른다. 김종삼의 「내가 재벌이라면」이라는 시는 금욕주의적인 이상—청빈, 겸손, 정숙—을 통해서 현대 민주주의의 이상—자유, 평등, 사랑—을 실천하겠다는 진정성이 드러나고 있는 시이기는 하지만, 그것은 어디까지나 가상으로서의 미래의 현실을 노래한 것에 불과하고, 사실 그대로 현실화될 수 없는 이상을 노래한 시에 지나지 않는다. 김종삼의 「내가 재벌이라면」이라는 시는 적어도 재벌이 될 수 없는 자가 거짓말을 노래한 것에 불과하고, 전 재산을 털어서 사회사업가로 변신할 가능성이 천 분의 일도 되지 않는 자가 거짓말을 노래한 것에 불과하다. 한 푼 모으고 두 푼 모아서 태산을 이루고, 수입의 규모보다는 지출의 규모에 더없이 인색한 자가 재벌이 될 수 있는 자이지, 수입의 규모보다는 지출의 규모에 더없이 후덕한 자가 재벌이 될 수가 있는 것은 아니다. 돈 자체가 진리가 되고, 언제나 한결같이 돈 쌓이는 속도가 너무 느리다고 투덜대는 자가 재벌이 될 수 있는 자이지, 아메리카의 어느 인디언 부족처럼, 자신의 부를 아낌

없이 낭비할 수 있는 자가 재벌이 될 수 있는 것은 아니다. 김종삼의 「내가 재벌이라면」이라는 시는 금욕주의적인 이상을 통해서 현대 민주주의 사회의 이상을 실천하겠다는 그의 진정성이 드러나고 있는 시이기는 하지만, 그가 전혀 재벌이 될 수 있는 가능성이 없다는 것과 함께, 그가 만일 재벌이 되었다고 하더라도 사회적인 하층민들을 위해서 전 재산을 아낌없이 희사하지는 않았을 것이라는 거짓말이 중첩되고 있다고 해도 틀림이 없다. 통치자의 거짓말을 할 수 있는 권리도 이타적인 거짓말이고, 기독교적, 혹은 사해동포주의자들의 거짓말을 할 수 있는 권리도 이타적인 거짓말이다. 이것은 모두가, 제자들이나 환자들의 이익을 위해서 스승과 의사들이 거짓말을 할 수 있는 권리와 자기가 속한 단체와 가정의 평화를 위해서 상호 간의 비밀을 지켜주면서 거짓말을 할 수 있는 권리 등과 함께, 거짓말의 첫 번째 사회적 기능에 속한다고 할 수가 있다.

그렇다면 거짓말의 두 번째 사회적인 기능인 이기적인 거짓말의 유형들을 살펴보지 않으며 안 된다.

BYC로 시작된다는 지구촌의 아침
도깨비방망이를 휘두르는 주부들
맞배기 문제 네 문제를 풀고
자 예술과 동화와 무엇과 장소와
화제에 대해 내리쳐라
남보다 빨리
당신의 지식과
당신의 눈치 통박이 즉시 물건화되는
자본주의의 게임
일단의 문제풀이가 진정되면

남이 가져간 물건을 빼앗는 본격 게임이 시작된다
자본의 게임은 냉정하다
빼앗기지 않기 위해
빼앗아 오기 위해
도깨비방망이를 더 빨리 휘둘러라
공격은 최대의 방어
돌고돌고에서 받아서 좋고 나누어서 좋고로
여기서 다시 일등을 잡아라로 명칭을 완곡하여 바꾼
물건 빼앗아오는 화살표 소리 들린다
뚜뚜뚜뚜 빼앗겼던 물건 되찾아오는 소리도 들린다
(시청자들도 그냥 볼 게 아니라 나의 상식과 순발력은
얼마만큼 물질화가 가능한가 견주어 보면 한결 재미 있다)
만점을 넘어서면 금도깨비를 선물로 받을 수 있고
잠깐 소개되는 자랑스러운 남편들
마지막 승자는 행운의 보너스 게임
설악산 제주도 태국을 향하여
주사위를 던진다 꽝을 피하기 위하여 조심조심
자본주의의 위대한 아침을 여는 sbs의 알뜰장난 퀴즈
— 함민복, 「자본주의의 게임」 전문

우리 인간들은 돈을 소유하고 있을 때, 자기 자신이 자유롭고 선하고 행복하다고 생각한다. 그러나 우리 인간들은 돈이 없을 때, 자기 자신이 비천하고 부자유스럽고 불행하다고 생각한다. 왜냐하면 돈이 인간과 신을 짓밟아버리고 돈 자체에 의해서 모든 진리가 생성되고 있기 때문이다. 명문의 기원으로서의 부는 먹고 살 걱정을 없애주기도 하고, 아름다운 옷과 훌륭한 선생 밑에서 교육을 받을 수 있는 기회를 가져다가 주기도 한다. 그리고 무엇보다도 명문의 기원으로서의 부는 눈앞의 사소한 이익을 위해서 비굴한 굴종과 아첨을 하지 않아도 되게 해주고, 아름다운 문화와 예술을 향유하거나 감상할 수 있도록 해주기도 한다. 돈은 시간과 여유와 좋은 영양과 멋진 건강을 가져다 주기도 하고, 다른 한편, 제3세계인들의 특징인 감정의 열렬한 폭발과 험상궂은 인상, 그리고 어렵고 힘든 육체적인 노동을 하지 않아도 되게 해준다. 멋진 아내와 애인과 세계일주여행, 무한히 맑고 푸른 바다와 호수에서의 수상스키와 보우트 놀이, 알프스의 설원과 로키산맥에서의 사냥과 스키놀이, 사르트르 대성당에서의 주말 예배와 푸른 초원에서의 승마와 골프, 이집트에서 남아프리카 공화국까지 아프리카 대륙의 횡단여행과 멕시코공화국에서부터 안데스 산맥을 따라 고대 잉카 유적지의 답사 여행 등—, 돈의 위력은 무소불위이고, 그것의 영향력에 따라서 하늘의 새도 떨어뜨릴 수 있는 권력의 힘이 증대되어 간다고 할 수가 있다. 돈은 가난한 학자의 길을 활짝 열어줄 수도 있고, 건강을 잃고 병마와 싸우고 있는 노인들에게마저도 커다란 위로가 되어줄 수도 있다. 돈은 대정치가의 꿈에도 나타나고, 돈이 돈을 낳고 돈 쌓이는 속도가 너무 느리다고 투덜대는 대재벌의 꿈에도 나타난다. 하루살이 술집 작부의 밑빠진 꿈에도 나타나고, 모든 꿈을 상실하고 악몽마저도 찾아오지 않는 수많은 채무자들의 상실된 꿈에도 나타난다. 제 아무리 청렴결백하고 황금 알기를 돌처럼 알고 있는 현자일지라도 가난 자체가 항상 좋을 리가 없고, 제 아무리 건강한 사람일지라도 생계 자체를 위한 어렵고 힘든 육체 노동이 좋을 리가 없다. 가령, 예컨대,

나는 그들에게 각각 약 80만 프랑씩을 주었네. 그애들이나 남편들이 나에게 이렇게 난폭하게 대할 수는 없는 거야. '아버지 이쪽으로 오셔요, 아버지

저쪽으로' 하고 그애들은 나를 환영했었지. 나는 내 식기를 늘 그애들 집에 두었었지. 나는 그애들 남편들과도 저녁을 같이 먹었는데, 나를 정중하게 대했어. 나에게는 아직도 돈이 있는 것처럼 보였어. 왜 그럴 수 있었을까? 나는 내 사업에 대해서는 아무런 얘기도 안 했었네. 자기 딸들에게 80만 프랑이나 줄 수 있는 아버지를 돌보는 것은 당연한 일이지. 그래서 그애들은 나에게 갖은 시중을 다 들었지만, 그것은 내 재산 때문이었어. 상류 사회는 결코 아름다운 것이 아니야

— 발자크, 『고리오 영감』, 청목출판사, 1991년

라는 발자크의 『고리오 영감』에서처럼, 돈에 의해서 우리 인간들이 울고 웃는 이상, 돈만 있으면 명문귀족이 되고, 문화인이 되고, 현대인이 될 수가 있다. 수백 억대의 부도를 내거나 사기를 치면 위대한 영웅이 되지만, 백만 원이나 천만 원을 훔치다가 발각되면 더 이상 구제할 길이 없는 인간 쓰레기가 되어 버린다. 돈은 약육강식의 논리를 강화시켜 주기도 하고, 수많은 경제인들의 범죄 행위를 위해서 특별사면이나 사회적 지위의 복권과도 같은 면죄부를 마련해 주기도 한다. 돈은 선악이나 진실과 거짓을 떠나서, 자기 자신과 인연이 있으면 모든 방법과 수단을 미화시켜주고, 자기 자신과 인연이 없으면 제 아무리 좋은 기획이나 의도마저도 부도덕한 자의 그것으로 낙인을 찍어 버린다.

이제는 아무도 전지전능하신 신께 예배를 드리지 않고 있는지도 모르고, 또한 인간과 인간에 대한 사랑과 믿음을 노래하지 않고 있는 것인지도 모른다. 왜냐하면 돈이 신과 우리 인간들을 짓밟아버리고 돈 자체에 의해서 모든 진리가 생성되고 있기 때문이다. 돈은 악을 선이라고 부르고, 거짓을 진실이라고 부른다. 돈은 대범한 사기꾼을 위대한 휴머니스트라고 부르고, 모든 검은 것을 흰 것이라고 부른다. 「자본주의의 게임」은 "당신의 눈치 통박이 즉시 물건화되는" 게임이며, 태

어난 지 하룻만에 아폴로의 가축을 훔쳐버린 헤르메스—상업과 시장의 신이자 도둑의 신—가 주재하는 게임이라고 하지 않을 수가 없다. 두 배가 남고 세 배가 남으면 전쟁까지도 불사하면서 꼭 본전만 받고 판다는 장사꾼들의 거짓말, 정당하게 제 값을 받고 팔고 있으면서도 급전急錢 때문에 밑지고 판다는 장사꾼들의 거짓말, 가짜 상표와 함량 미달의 상품마저도 눈 앞의 이익을 위해서는 마구잡이로 팔아 먹는 장사꾼들, 절세가 아니라 탈세와 각종의 사리사욕이나 이권을 위해서는 불법적인 뇌물공여를 더욱더 좋아하는 장사꾼들—. 그들의 경제학의 언어는 거짓말의 언어이며, 그 언어의 주체자들은 밤하늘의 별들마저도 수많은 이권으로 채색되어 있다고 믿어 의심하지 않고 있는 헤르메스의 추종자들이라고 해도 틀림이 없다. 비록, '자본주의의 게임'이 거대한 방송국을 통해서 '알뜰살림 장만퀴즈'라는 명분 아래 진행되고 있기는 하지만, 그것은 한낱 그럴듯한 명분에 지나지 않을 뿐, 실제로는 서로 빼앗고 빼앗는 "도깨비방망이를 휘두르는" 이전투구의 방식으로 진행될 뿐인 것이다. 함민복의 「자본주의의 게임」의 주체자들은 돈 자체가 진리가 되고 만물의 척도가 되어가고 있는 사회의 노예들에 불과하며, 이타적이 아닌 이기주의의 가면을 쓴 자들에 지나지 않는다.

자본의 게임은 냉정하다
빼앗기지 않기 위해
빼앗아 오기 위해
도깨비방망이를 더 빨리 휘둘러라

이기주의의 가면을 쓴 노예들에게 있어서 거짓에의 의지는 그들의 진실에의 의지이기도 하고, 앎에의 의지이기도 하다. 또한 그들의 앎에의 의지는 무지에의 의지이기도 하고, 진실에의 의지이기도 하다. 그들은 상업과 시장의 신이자 도둑의 신인 헤르메스의 보호를 받으며 거짓말과 배신의 중요성을 배우고, 온갖 검은 돈과 모든 국가마저도 다 집어삼키고도 더욱더 번창하고 있는 교회처럼, 돈의 신전 앞에서 언제나 무릎을 꿇고 기도하게 된다.

나 역시도 그 이기주의의 가면을 쓰고 다음과 같이 메모를 해본 적이 있다.

> 오오, 명문의 기원으로서의 부여, 돈이여!
>
> 사람들은 별마저도 자기 소유로 만들고 싶어 합니다. 별이 아름다운 것은 그것이 수많은 이권으로 채색되어 있기 때문입니다.
>
> 저에게 일용할 양식보다는 항상 새롭게 변하고 인식되는 거짓말과 배신의 중요성을 가르쳐 주시고, 언제나 이기적인 동물로서 필요한 것은 빼앗고 약탈할 수 있는 지혜를 가르쳐 주세요.
>
> 오오, 선보다는 악을 사랑하고, 진실보다는 거짓말을 더욱더 사랑할 수 있는 고급문화인이 될 수 있게 해주세요.
>
> 상업과 시장의 신이자 도둑의 신인 헤르메스여!
>
> 오오, 주여! 아멘!

함민복의 「자본주의의 게임」이라는 시가 우리 인간들의 모든 욕망이 집중되어 있는 돈(자본)을 통해서 이기적인 거짓말의 여러 유형들을 풍자와 해학적인 기교를 섞어서 노래해 놓고 있다면, 박노해의 「통박」은 노동자의 언어를 통해서 '자본주의의 게임'의 정체성을 폭로하고 그것을 타파할 수 있는 노동자들의 새로운 세상을 노래하고 있다고 할 수가 있다.

> 어느 놈이 커피 한 잔 산다 할 때는

뭔가 바라는 게 있다는 걸 안다

고상하신 양반이
부드러운 미소로 내 등을 두드릴 땐
내게 무얼 원하는지 안다

별스런 대우와 칭찬에
허릴 굽신이며 감격해도
저들이 내게 무얼 노리는지 안다
우리들이 일어설 때
노사협조를 되뇌이며 물러서는
저 인자한 웃음 뒤의 음모와 칼날을
우리는 안다

유식하고 높은 양반들만이 지혜로운 것은 아니다
일찍이 세상바닥 뒹굴며
눈치밥을 익히며 헤아릴 수 없는 배신과 패배 속에
세상 살아가는 통박이 생기드만

세상엔 빡빡 기는 놈들 위에서
신선처럼 너울너울 나는 놈 따로 있어
날개 없이 기름바닥 기는 우리야
움츠리며 통박을 굴리며 살아가지만
통박이 구르다 보면
통박끼리 구르고 합쳐지다 보면
거대한 통박이 된다고

좆도 배운 것 없어도
돈날개 칼날개 달고 설치는 놈들이 무엇인지
이놈의 세상이 어찌된 세상인지
누구를 위한 세상인지
우리들 거대한 통박으로 안다

쓰라린 눈물과 억압과 패배 속에서
거대한 통박으로 구르고 부딪치고 합치면서
우리들의 통박은
점점 날카롭고 명확하게
가다듬어지는 것이다

우리들의 통박이 거대한 통박으로,
하나의 통박으로 뭉쳐지면서
노동하는 우리들의 새날을 향하여
이놈의 세상을 굴려갈 것이다
— 박노해, 「통박」 전문

사회학자 피터 버어거는 그의 『사회학에의 초대』에서 "모든 사회학자는 압제자의 협력자일 뿐만 아니라 잠재적인 사보타지의 행위자이며, 사기꾼"이라는 파격적인 선언을 해놓고 있지만(5: 204), 그러나 그의 파격적인 선언은 지나치게 사르트르에게 의존하고 있다는 약점과 함께, 매우 도덕적인 측면에서 "자유와 선택"과 "책임"의 문제에 집착하고 있는 것처럼 보인다(5: 194). 판사가 사형선고를 내리고 양심의 가책을 느끼는 것도 그의 자유의 선택의 결과이고, 반유태주의자들이 나치주의자들에게 협력했던 것도 그의 자유의 선택의 결과이다. 따라서 판사가 사형선고를 내리는 것도 전적으로 그의 책임이고, 반유태주의자들이 나치주의자들에게 협력했던 것도 전적으로 그의 책임이라는 것이 사르트르나 피터 버어거의 핵심적인 전언이라고 할 수가 있는 것이다. 하지만 판사와 반유태주의자와 사회학자와 자본가가 되는 것은 전적으로 그들의 자유의 선택의 결과가 될 수도 있겠지만, 가난한 자나 유태인이나 유색인들이 되는 것은 그 주체자들의 의사와는 전혀 상관조차도 없는 것이라고 할 수가 있다. 배신이 이기적인 거짓말의 최정점이기는 하지만, 그것이 "자유로부터의 도피"이며, 불성실하게 책임을 회피하는 어떤 것일 수만은 없다(5: 194). 사형선고를 받은 자가 자기 자신의 생명을 보호하기 위하여 형무소의 탈출을 시도하는 것도 있을 수가 있는 일이고, 가난한 자가 자본주의 사회의 구조적 모순을 타파하기 위하여 공산주의자가 되는 것도 있을 수가 있는 일이고, 부단히 학대받고 억압당하는 유태인들이 반유태주의자들의 등 뒤에서 총부리를 들이대는 것도 있을 수가 있는 일이다. 배신은 이기적인 거짓말이며, 또한 그것은 필요한 것은 빼앗고 약탈하는 고급문화인의 아주 중요한 한 속성을 이룬다고 하지 않을 수가 없다.

박노해의 「통박」은 이데올로기—공산주의—의 전 단계로서 이타적인 거짓말—노사협력이 아닌 자본가 계급들을 타파하기 위한 배신으로서의 거짓말—이 드러나고 있는 시이기는 하지만, 그것은 배신의 중요성만이 자라나고 있는 사회에 대한 통렬한 풍자이자 분노 자체라고 할 수가 있다. '통박'이란 아주 비천한 속어나 비어에 불과하지만, "일찌기 세상바닥 뒹굴며/ 눈치밥을 익히며 헤아릴 수 없는 배신과 패배속에" 살아가는 노동자들에게는 아주 훌륭한 지혜의 도구가 되어줄 수도 있고, 또한 '통박'이란 "돈날개 칼날개 달고 설치는 놈들이 무엇인지/ 이놈의 세상이 어찌된 세상인지/ 누구를 위한 세상인지"를 알기 위한 아주 훌륭한 도구가 되어 줄 수도 있다. 적어도 고상하신 양반의 부드러운 미소는 "변호사란 이름 속에 자신을 숨기고 있는 사람"

이나 "공공복리나 애국심의 가면을" 쓰고 있는 사람의 미소와도 다를 수가 없고, 돈과 명예와 권력을 가진 자들이 이끌어가고 있는 사회가 이기적인 거짓말과 배신의 중요성만을 가르치고 있는 사회와도 다를 수가 없다.

미친 세계다! 미친 왕들이다! 존 왕은 국가 전체에 대한 아아더의 권리를 봉쇄하기 위해 기꺼이 그 일부를 내줘 버리는군. 그리고 프랑스왕은 —양심으로 그 갑옷을 보강하고, 종교적인 정력과 자비심에 의해 신의 용사로서 이 싸움터에 나타난 처지에—바로 저 변덕장이의 속삭임에 속아 넘어가고 마는군. 글쎄 저 간사스러운 악마, 서약을 깨게 하는 저 뚜장이, 저 파약破約의 상습범! 저 착취자, 왕, 거지, 노인, 청년, 처녀들로부터 착취를 하고 잃을래야 처녀의 순결성 밖에는 가지고 있지 않은 처녀들로부터는 바로 그 처녀성까지 착취해 가는 놈, 저 번들하게 생긴 신사, 저 구변좋은 '편의주의 양반', 세상을 삐뚤하게 놓는 저 '편의주의' 양반, 이 기회주의, 악을 장려하는 기회주의. 이 운동을 지배하는 힘. 이 '편의주의' 양반이 세계를 공정함, 모든 방오, 의도, 진로, 목적으로부터 벗어나게만 하지 않는다면 세계는 평탄한 지면을 곧장 달려갈 수 있게 만들어져 있기 때문에 그 자체의 균형을 충분히 유지할 수 있는 것인데…… 바로 이 세계를 삐뚤하게 놓는 자, 바로 이 '편의주의' 양반, 이 매파, 이 뚜장이, 이 뭐고 변하게 해버리는 말, 바로 이것이 주착없는 프랑스왕의 눈에 띄어서, 그로 하여 그의 원조의 결심을 무디게 하고, 단호한 영예의 전투로부터 후퇴케 하여 실로 비열비겁한 화의를 맺게 하고 만거지. …… 허나 어째서 이 '편의주의' 양반을 비난하고 있을까? 그거야 아직 그 자가 내게는 달콤한 말을 해오지 않았기 때문이지. 그리고 또한 그 자의 아름다운 천사(金貨)가 내 손바닥에 인사를 할 때, 내가 주먹을 꼭 쥐고 그것을 거절할 힘을 가졌기 때문이 아니라, 아직 유혹을 받아볼 기회도 못 가져본 이 손이 거지에게 질세라 부자를 욕하고 있기 때문이지. 좋아, 내가 거지 신세를 면치 못하는 동안은 그런 욕을 계속하고, 그리고 내가 부자가 되고 나면, 거지 신세 이외는 악덕은 없다고 떠벌리는 것을 내 미덕으로 삼아야지. 왕들조차도 이익을 위해서는 신의를 깨는 세상이니까. 이득利得아, 네가 내 상전이다.
— 셰익스피어, 「존 왕」, 『셰익스피어 전집 4』, 휘문출판사, 1971

가령, 예컨대, 배신은 「존 왕」에서처럼, 거짓말의 최정점이며, 자기 자신의 이해타산과 사리사욕을 위해서는 언제나 손을 잡거나 등을 돌릴 수가 있다는 것을 말하고, 또한 배신은 "노사협조"를 강조할 때조차도 급진적이고 위대한 사상을 배타적으로 거부하고, 가능하면 천천히라는 보수주의자들의 기막힌 맹목성을 뜻하기도 한다. 자본주의 사회는 공정한 부의 분배보다는 특권을 생산해 내고 있는 사회이며, 오늘날 엄청나게 풍요로운 부의 축적마저도 특권을 가진 자들의 의사에 따라서 구조적 빈곤을 재생산해 내고 있는 사회에 지나지 않는다. 배신은 순진하지 않은 자가 순진한 자를 속이는 것과도 흡사하며, 미셸 푸코에 따르면, "유혹하기", "타락시키기", 그리고 "속이기"와 "시도하기"로 설명할 수가 있다. '유혹하기'는 "일단의 상황에 정통한 자가 순진하게 헤매는 척 하면서 순진함을 교묘하게 이끄는 것"을 말하고, '타락시키기'는 "순진한 자가 순수함만을 간파해 내는 곳에서 노골적으로 악을 드러내고" 그 순진한 자로 하여금 쾌락(악)에 빠져들게 하는 것을 말한다. '속이기'는 마치, "사기꾼이 모든 수단을 이용하여 이를 순진한 사람들에게 내밀듯이 결말을 미리 예측하고 준비해 놓은 것"을 말하고, '시도하기'는 어떤 흐름 속에 편입된 다음 그 유희를 더 잘 골탕먹이기 위해서 사용되는 "권모술수"를 말한다(6: 80). 배신은 사르트르나 피터 버어거의 자유의 선택과 책임이라는 말을 비웃고 있는 '자본주의의 게임'의 원리이며, 유혹하기와 타락시키기, 그리고 속이기와 시도하기 등의 매우 다양하고 복잡한 권모술수가 사용되고 있는 게임의 원리이기도 하다.

박노해의 「통박」은 자본가들의 은밀한 배신에 맞서서 "일찌기 세상 바닥 뒹굴며/ 눈치밥을 익힌" 자들의 은밀한 배신을 뜻하고, 또한 그것은 노동자들의 단체협상권이나 단결권을 무시하는 자본가들의 은밀한 배신에 맞서서 노동자들의 은밀한 배신을 뜻한다. 거짓말을 진실이라고 믿고 있는 것처럼 딱한 일도 없지만, 거짓말을 해야 할 때 거짓말을 하지 못하는 인간처럼 불쌍한 인간도 없다. 거짓말을 하지 못하는 자는 이 세상의 처절한 생존경쟁의 장에서 도태될 수밖에 없는 자를 말하고, 거짓말을 하지 못하는 자는 타인들의 교묘한 책략의 대상이 되거나 이용의 대상이 될 수밖에 없는 자를 말한다. 만일 도덕의 기원이 거짓말이고 거짓말의 기원이 도덕이라면, 이 세상은 여우의 간지와 사자의 용맹성이 필요한 세상이지, 배신의 중요성을 이해하지 못하는 자들이 살아갈 만한 세상은 되지 못한다. 모든 고급문화는 야만적인 노예제도와 폭력과 사기와 오류 위에 기초해 있고, 배신이란 이기적인 거짓말의 최정점이라고 하지 않을 수가 없다. 함민복의 시는 모든 욕망이 집중되어 있는 돈(자본)을 통해서 '자본주의의 게임'을 풍자하고 있고, 박노해의 시는 배신의 중요성을 통해서 자본주의의 정체성을 폭로하고 있다. 우리 인간들은 이타적인 거짓말이 없어도 행복하게 살아갈 수가 있지만, 이기적인 거짓말이 없어도 행복하게 살아갈 수가 없다.

박노해의 「통박」은 자본주의 사회의 정체성을 폭로하고 배신의 중요성을 역설하고 있으면서도 이데올로기의 전 단계로서 공산주의에 대한 인식의 힘이 번뜩이는 시라고 할 수가 있다. 하지만 이러한 사상과 이념이 경직되면, 그의 진실에의 의지는 거짓에의 의지가 되고, 단 하나의 주의—주장만을 선전 선동하는 지적 편식증과 인식적 결함에 빠지지 않을 수가 없게 된다.

역사의 길은
갑옷과 투구로 화려하게 치장한
영웅호걸의 길이 아니지요
강바람에 청포자락 날리며 백마 타고 달리는
초인의 길도 아니고요
역사의 길은 대중의 길이지요
수백 수천만 농부의 길이고 노동자의 길이지요
한데 모여 그들이 들판 같은 데서 광장 같은 데서
천둥 같은 소리도 한 번 질러보고
발을 굴러 땅을 치며 가는 길이지요
빼앗긴 토지와 밥을 찾아
빼앗긴 피와 땀의 노동을 찾아
어깨동무하고 나서는 길이지요
무심한 하늘에 침도 좀 뱉아주고
궁정의 음탕이며 고관대작들의 부패와 타락에
비분강개도 좀 하고
에이 더럽다 이놈의 세상 되어가는 꼬락서니
이대로 살다가는 어디 한 사람인들 성하게 살아남겠나!
불평불만도 좀 퍼뜨리며 가는 길이지요
장구소리 징소리 울리며 전투의 쇠나팔소리와 함께

역사의 길은 또한
무지개 타고 건너는 은하수의 길이 아니지요
단풍나무 숲으로 난 오솔길도 아니고요
아니지요 아니지요 역사의 길은
쉬운 길 반반한 길 걸림돌 하나 없는 평탄한 길이 아니지요

파도로 사나운 뱃길 삼천리
바위로 험한 구만리 산길
천 고비 만 고비 피투성이로 넘어야 할 가시밭길 험한 시련의 길이지요
— 김남주, 「역사의 길」 전문

사르트르는 그의 『지식인의 변명』이라는 책에서 이론이란 기껏해야 실천의 한 동기에 불과하다는 것을 역설하고 있고, 또한 자기 자신을 비롯하여 수많은 지식인들에게 '노동계급이나 농민계급'으로서의 존재론적 전환을 역설하고 있다.

> 그리고 미국의 흑인들이, 반인종차별주의적인 백인 지식인들의 부권적夫權的 보호를 공포에 가까운 심정으로 대하며 거부하는 것은 당연하다 할 수 있다. 지식인이 노동자들과 가까와지기 위해서는 '나는 이미 소시민이 아니다. 나는 보편 속에서 자유로이 살고 있다' 식으로는 안 된다. 오히려 반대로 자신이 소시민임을 시인하고, 노동계급이나 농민계급에 속한다고 생각하고, 항상 소시민이기를 중단한 적이 없으며, 자기 자신을 끊임없이 비판하고 철저히 돌아봄으로써 소시민적인 심리상태를 나 이외의 타인과는 무관하게 한 발 한 발 거부할 수 있을 것이라고 생각해야 한다(7: 69).

하지만 사르트르의 말은 비극의 주인공으로서의 불멸의 업적을 창조하고 독자적인 사상과 독자적인 판단 능력을 지닌 철학자가 되기보다는 한낱 마르크스의 추종자로서 사상누각의 공허한 명성을 얻는 것에 지나지 않고 있는 것인지도 모른다. 사르트르는 단 하나의 이데올로기에 종속되어 있는 거짓말에 파묻혀서, 아무런 양심의 가책도 없이 지식인의 사명을 망각하고, 공정한 부의 분배와 절대 평등주의를 역설하고 있었던 것인지도 모른다. 나는 이미, 사르트르와도 같은 지식인의 위선을 비판하고 공산주의의 본질과 이데올로기의 본질을 상

세하게 살펴본 바가 있지만, 사르트르의 존재론적 전환은 독자적인 사상과 독자적인 판단 능력을 지녀야 할 철학자의 사명에 반하여, 사소한 문제에만 지나치게 집착하는 '정열의 낭비'라는 사실을 지적해 두지 않을 수가 없다. 사르트르나 김남주 시인이 실제로 노동을 하고 농사를 짓지 않는 이상, 사회적인 하층민이 될 수도 없고, 또한 그들이 철학자나 시인이기를 포기하지 않고 있는 이상, 백무산 시인의 「지식인이라는 완장」에서처럼, 더 이상의 존재론적 전환은 가능하지도 않다.

예컨대, 김남주 시인은 「역사의 길」에서도 「나 자신을 노래한다」는 시에서처럼,

> 김남주 시인은 자기 자신과 프로메테우스가 '민중의 벗'이라는 사실만을 알았지, 프로메테우스가 문화의 수호신이라는 사실은 알지도 못했다. 또한 그는 공산주의가 인류의 역사상, 유일무이한 '진리'를 소유하고 있다는 사실만을 알았지, 선진 산업국가에서도 프롤레타리아 계급의 윤택한 생활과 혁명의식의 감소, 자본의 분산, 전문경영 계급의 증대라는 진리가 존재한다는 사실은 알지도 못했다. 그는 "혁명은 전쟁이고/ 피를 흘림으로써만 해결된다는 것"만을 알았지, 만인 평등의 반대 방향에서 부패한 관료 계급이 출현한다는 사실은 알지도 못했다. 또한 그는 앎에의 의지에 따라서 한 치의 빈틈이나 회의도 없이 공산주의의 혁명을 수행하고 있다는 사실만을 알았지, 그것이, 곧 바로 단 하나의 "진리"(이데올로기)만을 믿고 있는 자의 신앙고백이라는 사실은 알지도 못했다.
>
> — 제3장, 「무지에의 의지」에서

라는, 지적 편식증과 인식적 결함의 오류를 범하고, 따라서 "영웅호걸"의 길을 부정하고 있으면서도 기사도적인 모험 정신과 성자의 영웅주의를 찬양해 놓고 있는 것처럼도 보인다. "역사의 길은/ 갑옷과 투구

로 화려하게 치장한/ 영웅호걸의 길이 아니지요/ 강바람에 청포자락 날리며 백마 타고 달리는/ 초인의 길도 아니고요"라는 시구는 그의 반영웅주의에 맞닿아 있고, "역사의 길은 또한/ (……)/ 쉬운 길 반반한 길/ 걸림돌 하나 없는 평탄한 길이 아니지요/ 파도로 사나운 뱃길 삼천리/ 바위로 험한 구만리 산길/ 천 고비 만 고비 피투성이로 넘어야 할 가시밭길 험한 시련의 길이지요"라는 시구는 그의 기사도적인 모험정신과 성자의 영웅주의에 맞닿아 있다. 어떻게 대한민국의 가장 위대한 지식인 중의 한 사람인 김남주 시인이 수천 수백 만의 "농부"와 "노동자의 길"로 존재론적 전환을 이룩하고 반영웅주의자의 길을 갈 수가 있겠으며, 또한 어떻게 반영웅주의에 사로잡혀 있는 시인이 "전투의 쇠나팔 소리와 함께" 모든 것을 다 가지고 있는 지배 계급의 인사들과 맞서서 싸울 수가 있겠는가? 김남주 시인의 자본주의 사회의 구조적 모순에 대한 날카로운 비판과 공산주의에 대한 명확한 통찰은 그의 앎에의 의지를 뜻하고, 단 하나의 이데올로기에 사로잡혀 있는 지적 편식증과 인식적 결함은 그의 무지에의 의지를 뜻한다. 김남주 시인의 단 하나의 이데올로기에 사로잡혀 있는 지적 편식증과 인식적 결함은—그것이 하나의 신앙고백이 되고 있다는 점에서—그의 진실에의 의지를 뜻하고, 반영웅주의자로서의 신앙고백은 "천 고비 만 고비 피투성이로 넘어야 할 가시밭길"이라는 시구에서처럼, 기사도적인 모험 정신과 성자의 영웅주의에 대한 그의 거짓에의 의지를 뜻한다. 앎과 무지는 가장 찬란하고 화려한 인식의 제전의 양면을 이루면서도 서로 서로 그 경계를 넘나들고 있고, 진실과 거짓은 도덕적인 가치판단의 양면을 이루면서도 서로 서로 그 경계를 넘나들고 있다고 하지 않을 수가 없다. 아니, '앎에의 의지', '무지에의 의지', '진실에의 의지', '거짓에의 의지' 등, 이 모든 것들은 서로 서로 대립하면서도 하나의 사슬에 묶여 있고, 그 사슬은 해와 달과 별과 지구의 운행과도 같이, 언제, 어디서나 이 아름답고 풍요로운 세계를 위해서 자전과 공전을 거듭하고 있는 것인지도 모른다.

사회자가 외쳤다
여기 일생 동안 이웃을 위해 산 분이 계시다
이웃의 슬픔은 이분의 슬픔이고
이분의 슬픔은 이글거리는 빛이었다
사회자는 하늘을 걸고 맹세했다
이분은 자신을 위해 푸성귀 하나 심지 않았다
눈물 한 방울도 자신을 위해 흘리지 않았다
사회자는 흐느꼈다
보라, 이분은 당신들을 위해 청춘을 버렸다
당신들을 위해 죽을 수도 있다
그분은 일어서서 흐느끼는 사회자를 제지했다
군중들은 일제히 그분에게 박수를 쳤다
사내들은 울먹였고 감동한 여인들은 실신했다
그때 누군가 그분에게 물었다, 당신은 신인가
그분은 목소리를 향해 고개를 돌렸다
당신은 유령인가, 목소리가 물었다
저 미치광이를 끌어내, 사회자가 소리쳤다
사내들은 달려갔고 분노한 여인들은 날뛰었다
그분은 성난 사회자를 제지했다
군중들은 일제히 그분에게 박수를 쳤다
사내들은 울먹였고 감동한 여인들은 실신했다
그분의 답변은 군중들의 아우성 때문에 들리지 않았다
— 기형도, 「홀린 사람」 전문

김남주 시인이 단 하나의 이데올로기에 종속되어 있는 거짓말을 통해서 위대한 「역사의 길」을 걸어가고 있다면, 기형도 시인은 단 하나의 이데올로기에 종속되어 있는 거짓말의 허위성을 폭로하고, 마치, 광태와도 같은 그들의 신앙고백을 매우 날카롭게 풍자해 놓고 있는 것처럼 보인다. 「홀린 사람」은 예수와도 같은 신적 존재에게 반한 사람, 즉, '사회자'와도 같은 사람을 지시하지만, 그러나 사회자의 말에 따라서 부화뇌동하는 다수의 군중들을 지시하고 있다고 해도 틀림이 없다. "일생 동안 이웃을 위해 산 분", "이웃의 슬픔은 이분의 슬픔", "자신을 위해 푸성귀 하나도 심지 않은 분", 그리고 "당신들을 위해 청춘을 버렸고", 또 "당신들을 위해 죽을 수도 있는 분"이라는 이타적인 거짓말이 예수와도 같은 그분을 감싸고 있지만, 그러나 그것은 어디까지나 단 하나의 이데올로기에 사로잡혀 있는 자들의 거짓말에 지나지 않는다. 전지전능한 신적인 존재에 비해 무지하고 무능하고 죄 많은 존재인 우리 인간들은 하나님의 은총 없이는 구원을 받을 수도 없고, 하나님의 계시 없이는 궁극적인 진리에의 접근조차도 할 수가 없다. 이것이 기독교의 핵심적인 복음이고, 이 복음에 따라서 수많은 이교도들과 원주민들과 제3세계의 토속문화가 말살되어 나갔던 것이라고 할 수가 있다. "일생 동안 이웃을 위해" 살고 "이웃의 슬픔은 이분의 슬픔"이라는 말에서처럼, 자유와 평등과 사랑은 사해동포주의자들의 당근이고, "저 미치광이를 끌어내"라는 시구에서처럼, 일도필살一刀必殺의 거세법은 사해동포주의자들의 채찍이다. 기독교의 복음은 마치, 양날의 칼처럼 당근과 채찍을 들고 있으며, 단 하나의 이데올로기(사해동포주의)를 위해서 수많은 고문과 박해와 전쟁까지도 불사하는 거세법의 채찍을 휘둘러 왔다고 해도 과언이 아니다. 따라서 사해동포주의자들은 만물의 내재적인 원인으로서의 범신론이나 수많은 철학자들의 형이상학적인 신을 인정할 수도 없었고, 그들의 종교가 소중한

만큼, 다른 종교와 다른 신앙이 존재한다는 사실을 인정할 수도 없었던 것처럼 보인다.

위대한 공산주의자의 사상도 자유와 평등과 사랑으로 무장되어 있는 이타적인 거짓말에 해당되고, 위대한 기독교적, 혹은 사해동포주의자의 사상도 자유와 평등과 사랑으로 무장되어 있는 이타적인 거짓말에 해당된다. 그러나 거짓말의 첫 번째 사회적 기능인 이타적인 거짓말이 이데올로기의 전 단계로서 좀 더 티없이 맑고 순수한 자의 그것이라고 할 수가 있다면, 거짓말의 세 번째 사회적 기능인 단 하나의 이데올로기에 종속되어 있는 거짓말은 언제나 호전적이고 포악한 폭군처럼, 일도필살一刀必殺의 거세법으로 작용하고 있다고 할 수가 있다. 이때의 이데올로기란 인간행동의 근본이 되는 사상이나 이념을 뜻하지 않고, 서로 서로 헐뜯고 비방하고, 흑색선전을 해대는 유효한 무기를 뜻한다. 또한 이때의 이데올로기란 역사 철학적인 고향과 배경을 갖고 있는 최고급의 지혜를 뜻하지 않고, 서로 서로 간의 지적 편식증과 인식적 결함만을 드러내 주고 있는 거짓에의 의지를 뜻한다. 이타적인 거짓말의 주체자들은 분명한 목적과 그럴듯한 명분—국가의 안녕과 국민들의 행복, 혹은 가난하고 헐벗고 굶주린 자들을 위한다는 것—이 있지만, 이데올로기에 종속되어 있는 거짓말의 주체자들은 그러한 목적과 명분을 위해서 우리 인간들의 삶을 헐뜯고 비방하고 증오하고 있다고 해도 틀림이 없다. 하지만 이데올로기가 우리 인간들의 삶을 위해서 봉사를 해야지, 우리 인간들이 그 이데올로기를 위해서 봉사해야 하는 것은 아니다. 거짓말의 첫 번째 사회적 기능인 이타적인 거짓말은 소위 개인과 민족과 문화의 건강에 기여하지만, 거짓말의 세 번째 사회적 기능인 이데올로기에 종속된 거짓말은 소위 개인과 민족과 문화의 건강을 좀 먹게 된다. 이러한 점에 있어서 단 하나의 이데올로기에 종속되어 있는 거짓말의 주체자들은 "일단의 상황에 정통한 자가 순진하게 헤매는 척 하면서 순진함을 교묘하게 이끄는" '유혹하기'의 수법을 사랑하고, 또한 "마치, 사기꾼이 모든 수단을 이용하여 이를 순진한 사람들에게 내밀듯이 결말을 미리 예측하고 준비해 놓은" '속이기의 수법'을 사랑하고 있는 것일는지도 모른다. 그 거짓말의 주체자들의 이성은 「홀린 사람」에서처럼, 광기가 되고, 그들의 광기는 공산주의자나 사해동포주의자라는 그럴듯한 이데올로기로 포장된다.

그러나 이데올로기에 종속된 거짓말도 거짓말의 사회적 기능을 가지고 있으며, 또한 공산주의자나 사해동포주의 역시도 분명한 역사철학적인 고향과 배경을 간직하고 있다. 그들은 그 이데올로기를 통해서 단 하나의 진리만을 진리라고 믿으며, 한 치의 빈틈이나 회의도 없이 공산주의자나 사해동포주의자들의 길을 행복하게 걸어갔던 것일는지도 모른다. 거짓말은 우리 인간들의 삶을 보다 넓고 아름답고 풍요롭게 하는 역동적인 에너지이며, 모든 거짓말들은—그것이 도덕적이든, 부도덕적이든지 간에—조건없이 항상 허용되지 않으면 안 된다. 거짓말을 부정한다는 것은 삶 자체를 거부하고 부정한다는 것을 의미하고, 거짓말을 삶의 조건으로서 받아들인다는 것은 이 세상의 삶을 긍정하고 찬양한다는 것을 의미한다.

1

하늘과 땅 사이가 너무 가까워 장백소나무 종비나무 자작나무 우거진 원시림 헤치고 백두산 천지에 오르는 순례의 한나절에 내발길 내딛을 자리는 아예 없다 사스레나무도 바람에 넘어져 흰 살결이 시리고 자잘한 산꽃들이 하늘 가까이 기어가다 가까스로 뿌리 내린다 속손톱만한 하양 물매화와 나비날개인 듯 바람결에 날아가는 노랑 애기금매화 새색시의 연지빛 곤지처럼 수줍게 피어 있는 두메자운이 나의 눈망울 따라 야린 볼 붉히며 눈썹 날린다 무리를 지어 하늘 위로 고사리 손길 흔드는 산미나리아재비 구름국화 산매

발톱도 이제 더 가까이 갈 수 없는 백두산 산마루를 나 홀로 이마에 받들면서 드센 바람 속으로 죄지은 듯 숨죽이며 발걸음 옮긴다

2

솟구쳐오른 백두산 멧부리들이 온뉘 동안 감싸안은 드넓은 천지가 눈앞에 나타나는 눈깜박할 사이 그 자리에서 나는 그냥 숨이 막힌다 하늘로 날아오르는 백두산 그리메가 하늘보다 더 푸른 천지에 넉넉한 깃을 드리우고 메꽃은 우레소리 지나간 여름 한나절 아득한 옛 하늘이 내려와 머문 천지 앞에서 내 작은 몸뚱이는 한꺼번에 자취도 없다 내 어린 볼기에 푸른 손자국 남겨 첫 울음 울게 한 어머니의 어머니 쑥냄새 마늘냄새 삼베적삼 서늘한 손길로 손님이 든 내 뜨거운 이마 짚어주던 할머니의 할머니가 백두산 천지 앞에 무릎 꿇은 나를 하늘 눈 뜨고 바라본다 백두산 멧부리가 누리의 첫 새벽 할아버지의 흰 나룻처럼 어렵고 두렵다

3

하늘과 땅 사이는 애초부터 없었다는 듯 천지가 그대로 하늘이 되고 구름결이 되어 백두산 산허리마다 까마득하게 푸른 하늘 구름 바다 거느린다 화산암 돌가루가 하늘 아래로 자꾸만 부스러져 내리는 백두산 천지의 낭떠러지 위에서 나도 자잘한 꽃잎이 되어 아스라한 하늘 속으로 흩어져 날아간다 아기집에서 갓 태어난 아기처럼 혼자 울지도 젖을 빨지도 못한다 온 가람 즈믄뫼 비롯하는 백두산 그 하늘에 올라 마침내 바로 서지도 못하고 젖배 곯아 젖니도 제때 나지 못할 내 운명이 새삼 두려워 백두산 흰 멧부리 우러르며 얼음빛 푸른 천지 앞에 숨결도 잊은채 무릎 꿇는다

— 오탁번, 「白頭山 天池」 전문

예로부터 우리 시인들은 모두가 거짓말쟁이라는 것이 정평이 나 있지만, 그러나 그렇다고 해서 우리 시인들이 모두가 더럽고 비천하고 전

혀 몰상식한 거짓말장이라는 것은 아니다. 모든 시인들은 사적인 이해타산과 온갖 탐욕적인 이권만을 좇아 다니는 이기적인 동물이기는커녕, 진실보다도 더욱더 아름다운 거짓말로서 미래의 현실을 상상하여 보거나, 즐거움과 기쁨이라고는 전혀 없는 지난날을 미화시켜 봄으로써 어렵고 힘든 오늘의 현실을 참고 살아가게 해준다. 모든 시인들의 언어와 상상력이 그것에 대응하는 구체적인 대상이나 현실적인 근거를 갖고 있지 못하다는 점에서는 한낱 가상의 세계에 지나지 않을는지도 모르지만, 그 시인들의 언어와 상상력이 아무런 만족도 주지 못하고 있는 현실을 비판하고, 그 비판의 힘으로써 현실과의 긴밀한 상동관계를 갖게 된다고 하지 않을 수가 없다. 모든 시인들은 거짓의 세계를 거짓으로 체험해 봄으로써 최초의 진실의 세계를 발견한 자들이고, 그 거짓말에 의해서 모든 것을 가능하게 하고 있는 신이 되었는지도 모른다. 거짓말은 더럽고 추한 것을 아름답게 미화시키고, 가능하지 않은 세계를 가능하게 하고, 그리고 쓰라리고 아픈 추억마저도 아주 행복했던 지난날의 추억으로 재구성하여 주기도 한다. 모든 예술가들은 이 세상을 넓고 풍요롭고 아름답게 바라볼 줄 아는 낙천주의자들이기도 하고, 모든 것을 미화시키고 긍정하고 찬양하고 있는 불멸의 예술가이기도 하다. 거짓 그 자체가 신성화되는 세계야말로 위대한 낙천주의자들의 삶의 터전이기도 하고, 우리 한국인들의 영원한 민족 신화가 살아갈 수 있는 삶의 터전이기도 하다. 거짓말의 네 번째 사회적 기능인 진실보다도 더욱더 아름다운 거짓말은 이타적인 거짓말이나 이기적인 거짓말, 그리고 이데올로기에 종속된 거짓말보다 더욱더 근본적이고 아주 중요한 거짓말일는지도 모른다.

인도의 히말라야의 명산과 그리스의 올림프스 산과 안데스의 명산들이 그렇듯이, 모든 명산들은 하늘과 맞닿아 있는 세계의 중심이며, 수많은 민족 신화가 자라나고 있는 聖所라고 할 수가 있다. 대한민국의 '백두산' 역시도 하늘과 맞닿아 있는 세계의 중심이며, 우리 한국인들의 자랑스러운 민족 신화가 자라나고 있는 聖所라고 할 수가 있다. 어떻게 "하늘과 땅 사이가 너무 가까워 장백소나무 종비나무 자작나무 우거진 원시림 헤치고 백두산 천지에 오르는 순례의" 길이 세계의 중심지를 찾아가는 길이 아닐 수가 있겠으며, 또한 어떻게 "백두산 멧부리가 누리의 첫 새벽 할아버지의 흰 나룻처럼 어렵고 두려운" 곳이 우리 한국인들의 민족 신화가 자라나고 있는 聖所라고 하지 않을 수가 있겠는가? 하늘과 땅 사이가 애초부터 없었다는 듯 천지가 그대로 하늘이 되고 구름결이 되는 백두산, 모든 산과 강의 기원이 되고 수많은 산봉우리와 꽃과 나무와 온갖 동물들을 살아가게 하고 있는 백두산, "쑥냄새 마늘냄새 삼베적삼 서늘한 손길로 손님이 든 내 뜨거운 이마 짚어주던 할머니의 할머니가" "하늘눈 뜨고" 나를 내려다 보는 백두산, "누리의 첫 새벽 할아버지의 흰 나룻처럼 어렵고" 두려운 백두산—, 백두산은 아름답고 크고 장대한 명산이며, 우리 한국인들의 초월성의 징표라고 하지 않을 수가 없다. 오탁번은 「白頭山 天池」의 순례의 길에서 "죄 지은 듯 숨죽이며 발걸음"을 옮기고 있는데, 왜냐하면 백두산 앞에서는 모든 인간이 세속적인 때가 묻어버린 일상인이 되고 있기 때문이다. 또한 오탁번은 백두산 천지 앞에서 "숨결도 잊은 채 무릎을 꿇고 있는데" 왜냐하면 아름답고 크고 장대한 명산 앞에서는 모든 인간이 초라하고 왜소한 존재에 지나지 않고 있기 때문이다. 최초의 하늘이 열린 곳은 신성한 장소이면서도 두려운 곳이고, 수많은 민족 신화가 자라나고 있는 곳도 신성한 장소이면서도 두려운 곳이다. 오탁번은 백두산을 더없이 우러러보면서 "태초에 말이 있었다"는 파우스트 박사처럼, 말들의 아름다움을 가다듬고, 그 말들의 아름다움을 통해서 온갖 꽃과 나무와 동물들을 살아 움직이게 한다. 또한 오탁번은 할머니의 할머니와 할아버지의 할아버지를 더없이 우러러보면서 자기 자신의 탄생을 되돌아 보고, 그 축복된 탄생을 되돌아보면서 위대한 단군의 후예임을 잊지 않으려고 애를 쓴다. 모든 시간이 정지되고 무한한 공간만이 확대된다. 인류의 역사에 있어서 가장 위대한 우리 한국인들의 영원불멸의 삶이 비롯되고 있는 백두산, 세계의 중심지로서의 영원한 초월성의 징표인 백두산—, 오탁번은 그 백두산을 순례하는 성자이다. 백두산이 아름답고 크고 장대한 명산인 것은 오탁번이 백두산보다도 더욱더 아름다운 언어, 혹은 거짓말을 통해서 그것을 미화시켰기 때문일는지도 모르고, 또한 백두산이 아름답고 크고 장대한 명산인 것은 오탁번의 말들의 아름다움에 의해서 그 명산이 새롭게 태어났기 때문일는지도 모른다. 오탁번의 「白頭山 天池」는 그의 신화적 상상력이 아름답게 승화된 시이며, 또한 우리 한국인들의 민족 신화의 비밀과 함께, 시인의 구도자적인 정신이 아름답게 승화되어 있는 기념비적인 명시라고 할 수가 있다. 오탁번의 「白頭山 天池」에 의해서, 진실보다도 더욱더 아름다운 거짓말, 혹은 우리 한국어의 가능성이 열리고, 또한 오탁번의 「白頭山 天池」에 의해서 새로운 민족 신화와 함께, 무한한 역사의 진보가 가능해지고 있는 것인지도 모른다.

우리 인간들은 진실보다도 더욱더 아름다운 거짓말의 사회적 기능을 통해서 더욱더 힘차고 생기 있는 말들의 아름다움을 생산해 놓고, 또한 그 말들을 움직여 나갈 수 있는 기사도적인 모험 정신과 성자의 영웅주의를 통해서 자기 자신을 마치, 최초의 진리의 발견자와도 같이 표준으로 세워놓고 있는 것처럼도 보인다. 우리 인간들은 진실보다도 더욱더 아름다운 거짓말을 통해서 수많은 신들을 창조하고, 또한 그 신들을 숭배하는 척 하면서도 오직 자기 자신만을 숭배하고 찬양하게 된다. 거짓에 의지하는 인간은 고귀하고 굳센 황금의 의지로서 자기 자신을 찬미하고, 이 세상을 무한히 아름답고 풍요롭게만 바라보게 된다. 무한히 아름답고 풍요로운 것은 그가 바라보는 이 세계이며,

또한 이 세계를 행복하게 살아가는 자는 언제, 어느 때나 순진한 자들을 제멋대로 이용하고 부려먹을 수 있는 그와도 같은 거짓말쟁이들이라고 할 수가 있다. 거짓말에 의해서 말들의 아름다움이 탄생하고, 거짓말에 의해서 그 말들의 아름다움과 함께, 그 주체자들의 자유가 증대된다. 거짓말에 의해서 우리 인간들의 자유가 증대되고 거짓말에 의해서 그 자유와 함께, 무한한 가능성이 증폭된다. 무한한 가능성이 증폭된 세계는 아름답고 풍요로운 세계이며, 우리 인간들은 거짓말에 神聖性을 부여하면서 거짓말과 함께, 신이 되어가고 있다. 신은 죽었다, 오직 살아 남은 자는 야만적인 노예제도와 사기와 폭력과 착취로써 현대문명과 문화를 창조한 거지말쟁이들일 뿐이다. 모든 진실은 소멸되었다, 오직 소멸되지 않은 것은 그 진실의 신전의 검은 연기 속에서 악마의 거대한 생식기와 그 부인의 질기고도 질긴 음핵일 뿐이다. 이 아름다운 세계는 거짓말쟁이가 거짓 신성화시켜 놓은 세계이며, 거짓말쟁이는 그 세계 속에서 거짓말이라는 진실과 함께, 수많은 타인들을 속이고, 또, 속이면서 행복하게 살아간다. 낙천주의자는, 이 세계는 가장 아름답고 행복한 세계라는 거짓말쟁이이며, 또한 그는 수많은 호머나 시인들처럼, 거짓말을 해도 숱하게 한다. 그가 속고 속여먹을 수 있는 타인들과 세계가 있다는 것도 즐거운 일이고, 거짓말을 위해서 최고급의 지혜를 연출해 낸다는 것도 즐거운 일이다. 거짓말쟁이는 가장 용기 있게 살아가고 있는 자이기도 하고, 더욱더 지혜를 사랑하는 자이기도 하고, 또한 거짓말쟁이는 언제나 그 지혜를 사랑하고 실천하는 성실한 인간이기도 하다. 지혜, 용기, 성실 등과도 같은 삼박자를 다 갖춘 자가 낙천주의자이기도 하고, 우리 인간들의 조상이기도 하고, 영원불멸의 삶을 살아가는 신이기도 하다.

나는 우리 인간들의 영원불멸의 삶을 통하여 아리스토텔레스와 니체의 '진정제 효과' 이외에도 시의 세 가지 효과—'강장제 효과', '흥분제 효과', '영생불사의 효과'—를 명명하고, 그리고 우리 인간들의 고귀하고 굳센 황금의 네 의지—'앎에의 의지', '무지에의 의지', '진실에의 의지', '거짓에의 의지'—를 통하여 비극의 주인공으로서의 위대한 낙천주의자의 삶을 양식화할 수가 있었다. 나는 한국인 최초로 독자적인 사상과 독자적인 명명의 힘을 지닌 철학예술가가 된 것이고, 어떠한 독자적인 사상과 명명의 힘도 지니지 못한 우리 학자들에게 새로운 가능성과 미래의 지평을 열어준 선구자가 된 것이다. 아리스토텔레스와 니체의 진정제 효과도 나의 세 가지 효과에 비하면 아주 초라하고 빈약한 것에 불과하고, 쇼펜하우어의 염세주의와 니체의 건강한 염세주의 역시도 나의 낙천주의에 비하면 위대한 비극의 주인공의 세계관이기는커녕, 사춘기 소년의 그것에 불과하다. 나는 아직도 쇼펜하우어와 니체의 제자에 불과하기는 하지만, 언젠가, 어느 때는 그 위대한 스승들마저도 무덤 속에서 뛰쳐나와 나에게 경의를 표하게 될는지도 모른다. 나는 우리 한국인들의 미래의 희망이 되고 싶은 것이고, 수천 년, 혹은 수만 년, 아니, 인류의 역사가 소멸되지 않는 한, 모든 인간들의 위대한 스승으로서 영원불멸의 삶을 즐겁고 기쁘게 살아갈 수 있기를 희망하고 있다. 나는 '한국문학비평의 혁명'을 이룩하기 위해서, 무명과 가난과 온갖 중상모략과 싸우지 않을 수가 없었고, 언제나 고귀하고 굳센 혁명가들처럼, '제3세계의 문화적 풍토병'과 '비평의 만장일치제도'와 함께, '저능아들의 집단유희'에 불과한 김현, 김윤식, 유종호, 백낙청, 정과리의 문학비평 따위 등을 발밑으로 깔아뭉개버리지 않을 수가 없었다.

'앎에의 의지'도 영원불멸의 삶과 우리 인간들의 행복에 기여하고, '무지에의 의지'도 영원불멸의 삶과 우리 인간들의 행복에 기여한다.

'진실에의 의지'도 영원불멸의 삶과 우리 인간들의 행복에 기여하고, '거짓에의 의지'도 영원불멸의 삶과 우리 인간들의 행복에 기여한다.

이 세계는 모든 것이 가능한 아름답고 풍요로운 세계이며, 고귀하고 굳센 황금의 네 의지가 자라나고 있는 세계이다.

오오, 고귀하고 굳센 황금의 의지를 갖고 있는 자만이 깊고 깊은 심연에 가 닿을 수가 있고, 하나의 해탈과도 같고 천사의 모습과도 같은 연꽃처럼, 그의 영원불멸의 삶을 꽃 피워낼 수가 있는 것이다.

오오, 행복의 깊이여!

오오, 이 세상의 낙천주의자들이여!

| 참고 문헌 |

1, 플라톤, 『플라톤의 국가론』, 집문당, 1995

2, 괴테, 『파우스트』, 범우사, 1984

3, 마키아벨리, 『군주론』, 범우사, 1976

4, 니체, 『도덕의 계보』, 청하, 1990

5, 피터 버어거, 『사회학에의 초대』, 현대사상사, 1977

6, 김현 편, 『미셸 푸코의 문학비평』, 문학과지성사, 1989

7, 사르트르, 『지식인의 변명』, 보성출판사, 1985

행복의 깊이 2

'삶의 의지'에 대하여

초판 1쇄 발행 2012년 1월 30일

지은이 반경환
펴낸이 반송림
편집디자인 김지호
펴낸곳 도서출판 지혜 | 계간시전문지 애지
주소 300-812 대전광역시 동구 삼성1동 273-6
전화 042-625-1140
팩스 042-625-1140
홈페이지 www.ejiweb.com
이메일 ejisarang@hanmail.net

ISBN : 978-89-97386-05-5 04810
ISBN : 978-89-97386-03-1 (set)
값 : 13,000원